グローバル時代の
対話型授業の研究

実践のための１２の要件

多田孝志

東信堂

はじめに

　学習者が授業において「楽しさ」を感得するのはどんなときか。それは、自分の発想や気づきなどが認められたとき、また、他者の意見や感想などから、未知の世界・新たな発見を知ったとき、さらには、仲間と対話や共同作業をしつつ「深い思考」ができたとき、すなわち、次々と思考が深まり視野が広がる愉悦を感得できたとき、ではないか。

　青少年の現状について、自己肯定感がもてず、また、自分たちが行動するよりも他者依存・体制順応的姿勢、自らが実践主体として活動する姿勢の弱体化、皮相的な人間関係に閉じこもり、新たな人間関係を構築することを忌避するなど「内向き志向」の傾向が指摘されている。

　筆者は、その大きな要因のひとつは、授業において、一人ひとりの学習者が、学ぶことの愉悦を感得していないことにあると自省している。さまざまな新たな学習方法が提唱されてきていても、真に学び手が、学びの愉悦を体感しなければ皮相的・形式的活動になってしまう。このことが学びから忌避する子どもたちを増加させ、「内向き志向」に追いやっているように思えてならない。

　本書執筆の動機は、学ぶことの根本を問いなおし、学習者の一人ひとりが自己成長を確認し、他者と共創する喜びを感得できる学びを探究したいとの思いからであった。

　本書『グローバル時代の対話型授業の研究』は、筆者の公立小学校、私立中・高校での教育実践体験、中近東・中南米・北米における海外滞在体験および大学教員としての研究・実践活動の集大成として、国際理解教育、対話型授業に関する理論と実践研究の成果をまとめたものである。

グローバル時代の対話型授業の目的は、グローバル時代、多文化共生社会に対応した人間の育成にある。そのグローバリゼーションの問題点を検討してみる。

　第1の問題は、人々の精神への負の影響である。グローバリゼーションとは、経済面では国境を越えた貿易、資本の流動等の量の拡大とスピードの加速がある。このことにより、経済の国際化がすすむ一方、貧富の格差が拡大し、深刻な社会不安を起こしている。社会・文化現象としては、社会制度・規範、生活文化などのグローバルスタンダードが蔓延し、人々の生活の同一化が促進され、世界各地の伝統文化の崩壊、地域言語の消滅などの現象がおこっている。また、IT革命による高度通信技術の飛躍的な発展は、情報の意図的操作による誤情報の伝播や思惟的な世論形成、ネットワークの過剰な管理などの危惧も発生させている。

　こうした、グローバリゼーションのもたらすもっとも深刻な問題は、人々の精神面にあらわれている。物質主義、経済的優位性を目指した苛烈な競争社会の中で、「みえざる鞭」ともいうべき、心理的切迫感におわれ、自己が真に願う生き方を見出せず、また、他者信頼の意識が希薄となり、人間関係に疲弊している人々が急増していることにある。自国第一主義の台頭は、アンチグローバリゼーションともみえるが、その根底には、利権・自己中心主義、差別・偏見という共生社会を崩壊させる心的状況を内包する危惧がある。

　第2の問題は、人類史の大転換であるシンギュラリティの衝撃である。近未来の教育は、シンギュラリティの衝撃を意識せざるを得ない。シンギュラリティとは、人工知能が人間を超えること、テクノロジーが変化し人間生活が変容する未来予測のこととされる。

　人工知能が、人間を超えるとしたら、人間の優位性とは何であろうか。私たちは、近未来を見据え人間が多様な他者や人間以外の生物との共生のために、育んでおくべき基礎力とは何かを念頭に、学校の在り方を根底から変えていく必要があろう。

　シンギュラリティの到来、それは、ポスト・グローバリゼーションに向けて、

今後の社会づくりの理念や人間の生き方の再考、競争原理の蔓延の状況下で、生産性の向上を目的とした歯車の一つとして、考える習慣・個性を剥奪された機械的人間像から、個としての生きる力と社会連帯意識、他者の立場や心情に響き感ずる心をもつ人間の育成こそ必要であることを示唆している。

　以上のような社会認識に立つとき、「グローバル時代の対話型授業」研究の課題がみえてくる。それは、グローバル時代に対応した「人間形成」についての深い考察、またそうした時代に活用すべき「対話」の精緻な検討、対話の活用の具体的場面である「対話型授業」の特質や要件を明確にすることである。また、教育実践現場で展開されている「対話型授業研究」の現状を調査・分析し、未来に向けての課題を明らかにすることである。

　本書の特色は、以下の３点である。
　第１は、グローバル時代、多文化共生社会の現実化を念頭に、「グローバル時代の人間形成」「対話」「対話型授業」の概念を考察する理論研究である。このためには先行研究の分析・考察と共に、「共生」「多様性」「関係性」「当事者意識・主体的行動力」「自己変革・成長」などのキーワードの意味を再検討していくことである。
　第２は、学校全体での長期にわたる「対話型授業」の実践研究の取り組みの現状と課題を調査・分析することである。短期間の観察者としての上から目線では、実態を把握することはできない。長期にわたり学校に入り、実践研究の共創者として、教職員と信頼関係を構築すること、他方、授業記録、協議会記録などの文献を収集し、分析し、さらに聴き取り調査をする。こうした姿勢、調査方法により、現状と課題を把握することができよう。
　第３に、理論研究と実践研究の成果を融合させ、「グローバル時代の対話型授業」の授業理論を提示することである。理論研究からグローバル時代の対話型授業の要点を導き出す。これに加え、実践研究の分析調査から導き出される実践知を集約し要点とする。理論・実践研究の成果の集約により、グローバル時代の対話型授業の要点をまとめる。さらに有用性を検証するため、

新たな研究実践校で検証授業を行い、その成果を考察する。こうした作業の上に、グローバル時代の対話型授業の授業理論を提唱することである。

本書の潜在的目的は、教師たちに誇りと自信を復権させることにある。学校教育現場における教師の現状は、次々と打ち出される教育行政施策への対応、ときとして起こるマスメディアの教育現場への正当な認識を欠く報道、常識の欠如した理不尽な要求をする保護者の存在、多様な問題を抱えた子供たちの増加等により、教師たちは、疲れ、自信を喪失している。

学校教育の担い手である教師たちの疲労感、多忙感、自信の喪失は、創意への意欲を喪失させ、型どおりの教育を無難として、冒険せず、定められた知識を子どもたちに伝授していく授業を日常化させている。対話型授業への認識を深め、実践力を高めることは、そうした教師たちに、学校教育の主たる担い手としての誇りと自信を回復させる契機となると考えた。

理論研究と実践研究の融合により、対話型授業の要件と構造を明らかにし、さらにグローバル時代の人間形成における対話型授業の有用性を実証することを意図し、本書は、序章・終章及び5章から構成してある。

序章においては、問題の所在、研究目的、意義、研究方法及び構成について記した。「対話型授業」に関する先行研究を検討し、そこから本研究の特色と意義を導き出し、また本研究の位置づけをなした。

第1章では、第二次世界大戦後の「グローバル時代の人間形成」に関わる先行研究を歴史的に分類・整理し、考察した。さらに新たな教育の潮流としての持続可能な開発のための教育、21世紀型能力に関する答申や報告書を分析・整理した。「共生」「多様性」「関係性」「当事者意識・主体的行動力」「自己変革・成長」などのキーワードを取り上げ、その意味を検討した。これらの成果を活用し、「グローバル時代の人間形成」の要件を導きだし、要件を構造化し、「グローバル時代の人間形成」を定義した。

第2章では、対話型授業を支える対話理論を考察した。人間形成と対話との関わりについての先行研究を分析し、整理した。次に、グローバル時代の

対話に関する先行研究を考察し、整理した。これらの作業の上に、本論考における「対話の概念」を検討し、対話の形態・概念・機能・類型・基礎力を示した。次いで、グローバル時代の対話の特色について考察した。

第3章では、本論の基底をなす「グローバル時代の対話型授業」に関わる学習理論について分析・整理し、対話型授業の理論上、実践上の特質について考察を加えた。さらに、学校全体で対話型授業の実践研究に取り組む学校の調査・分析のための視点を析出した。

第4章では、対話型授業の実践研究の取り組みを調査・分析し、考察を加えた。3年間にわたり、対話型授業の実践研究に取り組んできた4校の実践研究の経緯を調査・分析した。厳密・信頼性を担保するため、研究紀要・授業記録・研究協議会記録などの文献研究と共に、複数以上の調査者による、校長・研究主任や授業者等への観察・面談をなし、調査・分析した。これらの成果を活用し「グローバル時代の対話型授業」の現状と課題を明らかにした。また、「実践の中の知の生成」を探究し、実践研究から導き出される「グローバル時代の対話型授業」の要件を整理した。

第5章では、グローバル時代の人間形成を希求する対話型授業の授業理論を提唱した。理論研究と実践研究の成果を統合し、「グローバル時代の対話型授業」設計の基本原理を考察した。また理論研究及び実践研究から導き出された「グローバル時代の対話型授業」の要件を整理し、12要件に集約した。

この12の要件の妥当性・有効性を検証するため、新たな研究協力校で検証授業を行った。結果の分析・考察により、妥当性・有効性が確認できた。これらの作業の上に、グローバル時代の人間形成を希求する対話型授業の授業理論を構築し、提唱した。

終章では、グローバル時代の人間形成を希求する対話型授業の意義を再考察し、研究のまとめとした。さらに対話型授業における教師の実践的指導力の向上について補説した。最後に、今後の研究の課題を整理した。

日々学生たちと交流していると、一人ひとりの内面には豊かな可能性があり、知的世界への関心、多様な他者との交流への憧れがあることに気づかさ

れる。そうした学生たちは、対話をする愉悦を継続体験すると、自己の殻を破る快感を得て、ぐんぐんとその才質を開花させ、前向きに行動するようになっていく。

　グローバル時代の対話型授業の探究は、自己を見つめ直すこと、他者・対象と関わって学ぶことの愉悦を感得させ、その学習体験が、持続可能で希望ある地球社会・生命系の構築に当事者意識をもち、主体的に取り組み、行動する人間の形成につながっていくと信ずる。

　本書の刊行が、理論と実践の融合による教育実践学の地平を拓くことになり、また対話型授業の開発・発展に貢献できれば幸いである。高遠な内容に取り組んだが故に不備な点が多々あると自覚している。多くの方々からご叱正を頂ければ幸いである。

多田孝志

グローバル時代の対話型授業の研究／目次

はじめに ………………………………………………………………………………… i

序　章　研究の目的、意義、方法　　　　　　　　　　　　　　3

第 1 節　問題の所在 …………………………………………………………………… 3

第 2 節　研究の目的と意義 …………………………………………………………… 6

　　1　研究の目的　6

　　2　研究の意義　7

第 3 節　研究の方法及び構成 ………………………………………………………… 16

　　1　研究の方法　16

　　2　本書の構成　16

第 1 章　グローバル時代の人間形成の要件の考察　　　　22

第 1 節　グローバル時代の人間形成に関わる研究の経緯 ……………………… 22

　　1　黎明期（1940 年代後半〜 1960 年代）　22

　　2　啓蒙期（1970 年代〜 1990 年代）　23

　　3　拡大期（2000 年代〜 2010 年代）　25

第 2 節　グローバル時代の人間形成に関わる新たな教育の潮流 …………… 30

　　1　持続可能な開発のための教育　30

　　2　21 世紀型能力　33

　　3　ESD 及び 21 世紀型能力が提示する資質・能力、技能　35

第 3 節　グローバル時代の人間形成の定義と要件 ……………………………… 38

　　1　グローバル時代の人間形成の要件　38

viii

2 グローバル時代の人間形成の要件の構造　43

3 グローバル時代の人間形成の定義　46

第2章　対話型授業を支える対話理論の考察　52

第1節　人間形成に関する多様な対話理論………………………………………52

1 真の対話と人間形成に関わる対話論　52

2 社会との関連を重視した対話論　55

3 グローバル時代の人間形成に対応した対話論　58

第2節　対話の概念………………………………………………………………60

1 対話の形態　60

2 対話の概念規定　62

3 対話の機能・特色・意義　63

4 対話の類型　65

5 対話の基礎力　聴く・話す　69

第3節　グローバル時代の対話……………………………………………………73

1 グローバル時代の対話の基本認識　73

2 グローバル時代の対話を生起させる要件　75

第3章　グローバル時代の対話型授業の要件の考察　84

第1節　グローバル時代の人間形成に関わる学習論……………………………84

1 「協同」を原理とする学習論　84

2 「構成主義」を原理とする学習論　86

3 「持続可能」を原理とする学習論　90

第2節　対話型授業の特質………………………………………………………92

1 対話型授業に関わる理論　92

2 対話型授業の実践の特質　98

目　次　ix

第3節　グローバル時代の対話型授業の定義と要件························103

　　1　グローバル時代の対話型授業の定義　103

　　2　グローバル時代の人間形成における対話型授業の有効性　103

　　3　グローバル時代の対話型授業分析の視点　106

第4章　対話型授業の実践的研究　　112

第1節　実践研究の分析の観点と配慮事項·····························112

　　1　教育実践の分析方法に関する先行研究の検討　113

　　2　対話型授業の実践研究校の実践研究の調査方法と配慮事項　117

第2節　対話型授業・開発研究校の実践の分析・考察··················120

　　1　対話を活用した協働学習の実践研究　121

　　2　対話の基礎力の向上を指向した実践研究　139

　　3　対話による思考力の深化を目指した実践研究　157

　　4　グローバル時代の人間形成を目的とした実践研究の分析　176

　　総　括　195

第5章　グローバル時代の人間形成を希求する対話型授業の提示　202

第1節　理論研究と実践研究との往還・融合の有効性·················202

　　1　理論研究の成果による実践研究の分析　203

　　2　実践研究から導きだされた実践知　204

第2節　グローバル時代の人間形成を希求する対話型授業の要件········206

　　1　実践研究から導き出される具体的手立て　207

　　2　グローバル時代の対話型授業の要件　212

第3節　対話型授業の実践開発研究校による実践研究の検証·············213

　　1　調査・検証方法　213

　　2　研究授業による調査・検証　215

第4節　対話型授業の実践研究校の実践研究の検証結果と分析·············231

　　1　検証授業の結果の集約　231

　　2　「グローバル時代の対話型授業の12の要件」の妥当性・有効性　233

第5節　グローバル時代の人間形成を希求する対話型授業の授業理論の提示·····234

　　1　理論研究の分析・考察の整理　234

　　2　グローバル時代の対話型授業の提示　236

終　章　研究の成果と課題　　245

第1節　研究の成果···245

第2節　今後の研究課題···247

　　1　対話型授業に関わる理論研究と実践研究との関連の精緻な分析　247

　　2　個人卓越型から協同・共創型教師の育成　249

　　3　学習者主体の対話型授業の探究　250

引用文献一覧···254

おわりに···265

事項索引···276

グローバル時代の対話型授業の研究
──実践のための 12 の要件──

序　章　研究の目的、意義、方法

第1節　問題の所在

　教育の究極の目的は人類が自然と共存し希望ある未来社会を実現すること
にある。教育の真実は、事実として学習者を成長させることにある。

　地球社会・生命系は、貧富の格差の急速な増大、貧困と飢餓、頻発する戦
争・紛争、資源・エネルギー問題、難民問題、地球環境の悪化、多様な生物
の絶滅などの地球規模での危機的な課題に直面している。それらは、膨れ上
がり、互いに絡まり合って、混沌としており、解決の道筋さえ明らかではない。

　さらに、危惧すべきは、社会における人々の生き方・倫理観の変化である。
過度な経済的豊かさの追究は、比較・競争原理を蔓延させ、強者の論理によ
る支配の頻発は、ジェノサイド、難民の増大、少年兵士や児童労働の問題な
どを派生させている。生きることの意味を矮小化させ、相互理解・相互扶助
・協調などの精神の劣化が世界各地に広がっている。自由と秩序との調和、個
と共同体との関わりなど、地球時代の明日の新たな倫理感・モラールの構築
が希求されながら、その具体的内容や方途はいまだ模索状態にある。

　他方、グローバリゼーションによる交通・通信・情報処理手段の高速化と
低価格化により、人、モノ、情報、資本などの国境を超えた交流が増大し、
多様な価値観、行動様式、思惟方式をもつ人々との共生社会が現実化している。

　教育は未来をつくる創造的ないとなみである。いま、学校教育が取り組む
べきは、多様な文化や価値観が混在し、複雑化し、先行き不透明な社会にお
いても、持続可能で、希望ある未来社会を構築できる「グローバル時代に対
応した人間形成」を推進することといえる。

学校教育において「グローバル時代に対応した人間形成」を育成するための具体的かつ有効な手立ては、多様性を尊重し、対立や葛藤をもむしろ生かし、新たな智恵や解決策を共創できる対話を活用した授業（以後、対話型授業と呼称する）の展開である。

　近年、学校教育の主要な教育活動である授業の学習過程において「対話」を重用する必要が指摘されている。この背景には、学びとは、人間同士の協同的な営みであり、対話的関係の中でこそ成立するとの認知科学や心理学、教育学における学習の再定義がある。さらに、対人関係に苦手意識をもち、過剰なほど傷つくことを恐れ、自己表現しない「青少年の内向き志向」[1]が指摘され、その改善のための有用な方途としても「対話」の活用が注目されてきた。

　こうしたことを背景に 2008（平成 20）年 3 月に告示された学習指導要領においては、言語活動、表現活動が重点項目として導入され、さらに、2017（平成 29）年 3 月に告示された学習指導要領では、「主体的・対話的で深い学び」探究の方向が示された。これらの動向を受けて、全国各地の学校で「対話」を活用した授業が行われるようにはなってきている。

　しかし、実施されている対話型授業には、基本的な問題がある。それは、論議を深め、広めるための対話についての考え方や有効な活用の具体的な方途が明確になっていないことにある。

　このため、対話型授業において、発言数は多いが論議が絡まない、また、児童・生徒が教師の期待に応えようとする、あるいは特定の児童・生徒の発言が常にリードする話し合いにとどまる傾向がしばしばみられる。こうした、論議が発展・深化しない皮相的、形式的な話し合いの継続では、個々人の潜在能力が発揮できず、思い込みによる表現力の格差が生じ、対話を忌避する児童・生徒が多発する危惧さえある。

　さらに重要な問題は、グローバル時代に対応した対話型授業の展開が見出せないことにある。グローバル社会では、多様な見解がぶつかり合い、対立が起こる場面が多発する。この状況で異見や対立をむしろ生かし、新たな解や智恵を共創していける対話力の育成が望まれるが、このようなグローバル時代の対話力の育成を明確に意図した対話型授業が実施されているとは言いがたい。

対話型授業の実践研究の現状を概観すると、以下の具体的な問題が存在する。

第1の問題は、基礎要件としての「グローバル時代の人間形成」および「対話型授業」についての理論的な考察の希少さである。

国際理解教育の研究に長年関わってきた米田伸次が「グローバル化の進展に対応して目指すべき地球市民（グローバルシチズン）や価値、態度、スキル等の地球市民の資質（グローバルシティズンシップ）が曖昧なままであった」と述べているように[2]、「グローバル時代の人間形成」を希求する実践とは、どのような資質・能力、技能を育むことを目標とするのかが曖昧となっている。

さらに大きな問題は、「対話型授業に関する」理論的な考察の不十分さにある。「対話」について、「概念・類型・機能・意義」「人間形成と対話との関わり」「グローバル時代の対話のあり方」等についての理論的な検討が充分になされないまま「対話」を活用した対話型授業の実践研究が推進されている。このため、本来、「対話」の活用により涵養すべき広い視野や深い思考力が育まれていかない。また、参加者の多様な発言に秘められた価値を十全に活かすこともできない。そのことにより、学習者の対話への参加意識を希薄にする結果さえ生じさせているのである。

また、「対話型授業」構築のための基本原理や、要件、特質への検討も十分になされているとはいえない。このため、対話の効果的な活用の方途が明確でなく、授業が上滑りになりがちな要因ともなっている。

第2の問題は、長期にわたって学校全体で取り組んできた実践研究の分析・考察の未整理にある。対話型授業を開発していくためには、先駆的実践研究の成果から学ぶことが有効である。梅野正信が述べているように「対象とする教育実践を、歴史資料・聞き取り調査等を用いて記録にとどめ、実践が置かれた条件について検討を加えた実践事例は、教師の実践的能力育成の点でも、広く共有されていかれるべき」[3]といえる。このためには、個人の実践事例の分析もさることながら、長期にわたる学校全体での対話型授業の実践研究の取り組みの綿密な分析・考察が必要である。

学校全体での実践研究の取り組みでは、研究の構想・研究課題への共通認識が重要である。また、研究授業の企画・実施、事後の協議会での論議が行

われる。この過程を経て、成果と課題が明示され、次の研究授業へとつながっていく。管理職の方針、研究推進委員会の機能や研究主任の役割、公式・非公式の会での教師間の論議も実践研究の進捗に関わっていく。このように、学校全体での取り組みが実践研究に大きな意味をもつのである。

　しかし現状は、一単位授業、個人の授業記録の分析に比して、学校全体を対象に実践研究の実相を「長期にわたり」、調査・分析した研究は見当たらない。このことが、全国各地の学校で実践できる汎用性のある、対話型授業が開発されていかない要因ともなっている。

　本研究はこうした対話型授業の実践研究における問題点を直視し、現状を打破するため、理論研究と実践研究の事実を融合させた、グローバル時代の対話型授業の授業理論を構想するための取り組みである。

第2節　研究の目的と意義

1　研究の目的

　本研究の目的は、グローバル時代の人間形成における対話型授業の有効性を理論分析と実践分析により論証し、研究成果を集約し、グローバル時代の人間形成を希求する「グローバル時代の対話型授業の授業理論」を構想し、提示することにある。

　このため次の研究を推進していく。

1　「対話型授業」に関する先行研究を分析・考察し、本研究により明らかにすべき課題を整理し、本研究の位置づけをする。

2　「グローバル時代の人間形成」に関する先行研究及び新たな教育の潮流としての持続可能な開発のための教育・21世紀型能力等について分析・考察し、その成果をいかし、「グローバル時代の人間形成」を定義し、「グローバル時代の人間形成」に必須な要件を抽出する。

3　対話型授業を支える「対話」に関わる多様な言説を考察し、「対話と人間形成」「対話の類型・機能・特色・意義」「対話の基礎力」を検討し、対話の概念を定義する。

4　対話型授業に関わる学習論を考察し、学習方法としての特質を明らかにし、定義づける。また「グローバル時代の人間形成」研究と「対話型授業」研究の成果を関連づけ、「グローバル時代の対話型授業」の要件を析出する。

5　対話型授業の先駆的研究校の実践研究を調査・分析する。各校の研究の経緯や研究進展の契機等を明らかにし、また、実践上の工夫や効果的な手立て等を整理する。1、2、3、4の理論研究の成果から析出されたグローバル時代の対話型授業の要件を視点として、調査対象とした各学校の実践研究を調査・分析する。全校の結果を集約し、分析・考察し、「グローバル時代の対話型授業」の現状を把握し、課題を明確にする。さらに、対話型授業の先駆的研究校の実践研究の調査・分析から導き出された実践知を分析し、実践研究から導き出される「対話型授業」の要件を抽出する。

6　理論研究及び実践研究から導き出された「グローバル時代の対話型授業」の要件を統合・整理する。この要件の妥当性・有効性を検証するため、新たな研究協力校で検証授業を実施する。結果の分析・考察により、妥当性・有効性を確認する。

7　1～6の研究成果を活用し、「グローバル時代の人間形成を希求する対話型授業」の授業理論を提示する。

2　研究の意義

　対話型授業研究として本研究の意義を明確にするため、対話型授業に関わる先行研究を分析・考察・整理し、課題を抽出する。

　対話型授業に関する研究を概観すると、次の3つに分類できる。

○教科教育・道徳・総合的学習の時間で行われる対話型授業に関する研究

　　　既存の各教科・道徳・総合的学習の時間において実施されている対話型授業に関する研究

○対話型授業の学習方法に関する研究

　　　対話型授業の質的向上のための学習方法の工夫に関する研究

　　　実施された対話型授業の分析による学習効果に関わる研究

〇対話型授業の基本理念に関する研究

対話型学習の基本理念である協同学習に関わる研究

対話型授業の基盤となる考え方に関わる研究

これらの3類型に即して、その内容を整理すると共に、そこから抽出される課題について考察する。

(1) 教科教育・道徳・総合的学習の時間で行われる対話型授業に関する研究

わが国の対話型授業に関する研究は主として国語科教育を中心に行われてきた。しかし、グローバル時代の到来と共に、さまざまな教科・道徳・総合的学習の時間等を対象とした対話型授業に関わる研究も行われてきた。

1) 国語科教育における対話を活用した授業に関する研究

国語科教育は伝統的に読解・記述を重視する傾向があった。しかし、先行研究を概観すると、国語科教育の先達により対話活用の重要性が指摘されてきた。

たとえば、澤柳政太郎は「国語教授といえば、読み方や書き方や綴り方にのみに没頭していたのは、間違ったことである。(中略) 児童本位に立脚し、自然の性能に基づいて教育を施すということからいえば、聴くこと話すことを軽視したのは、間違いといわねばならぬ」[4]と述べ、また西尾実は、国語科教育における対話指導の遅れについて「問答や討議は、学習の方法として学校でとりあげられても、その機構をわきまえた指導が、全然といっていゝほどおこなわれていない。お話や討論の学習がおこなわれても、対話や会話の土台が築かれていない学習者の学習であるから、それをおこなったところで、全然といっていゝほどものになっていない」[5]と指摘している。

西尾の国語科教育研究を引き継ぐ、倉澤榮吉は「はなしことばの社会化、領域の拡大によって、私どもは今までのはなしことばに対する観念を改めねばならない。すなわち文字によって表わされたものが高くて、はなしことばによって表現されたものが低いという考えである」[6]と述べ、また、明治期からの教科書研究の碩学として知られる唐沢富太郎もまた「過去の国語教育

では、主に過去の文化遺産を継承して伝達するという点が重視されていたから、どうしても、日常の社会生活で使用する言語について教えるよりも、過去の文化的遺産である文学的なるものが教えられた。しかし、それでは、新しい文化を創造して行く基礎としての国語教育という役割が極めて小さなものになってしまう」[7]と記している。

澤柳、西尾、倉澤、唐沢といった国語科教育の先達たちは、対話に関わる学習の遅れを指摘している。しかし、それらの言説は、対話の必要性の指摘にとどまっていた。

やがて、対話を活用した学習方法に関する研究が、田近洵一、村松賢一、藤森祐治、高橋俊三、有元秀文、山元悦子、桂聖たちにより推進されてきた。

田近洵一は、コミュニケーションを深める話しことばの授業の意義について、「話し合いを通して、ひととひととは共に生きていく、同じものに対しても、自分とは違うものの見方、考え方があることを知り」[8]、「話し合いは、ひとと面と向かいあった上で、共生の可能性をひらこうとするものである」[9]。と論じている。この田近の言説は、対話型授業の基本的考え方を提示しているといえる。

さらに、村松賢一は「国語教室で展開される音声言語活動は、すべて対話的性格を備えていなければならない」[10]、「他者と向き合い、関係を結ぶ中で、それぞれが自分というものを発見し変容させるプロセスが不可欠である。そのようにして、新たな自己同士が関係性を組み直して、初めて異なる考えの持ち主の間で共同性が実現するのである」[11]と述べている。村松の見解は、異質な他者との対話の意味を、自己発見、変容を通して新たな関係を構築することと明示しており、国語科教育における対話の概念を広げ、その有用性に言及したといえよう。

田近の示す「共生社会」、村松の指摘する「共同性」に通底して、共生社会における対話の意義を論じたのは山元悦子である。山元は「対話ということばには、立場の違う者同士が、その違いを乗り越えて歩み寄ろうとする決意が感じられる。対話能力は、異質な考え方を持つ者同士が、立場を超え、国を越えて相互に助け合い共存を図る、共生社会を支える能力であろう」[12]と記している。

本研究に直接関わる、国語科の授業における対話活用の基本的要件を解明したのは、桂聖の論考とみることができよう。桂は「国語科の授業で〈対話〉が活性化するとは、・他者との〈対話〉・自己内〈対話〉・ことばと本質との〈対話〉これら３つの〈対話〉が活性化する中で・共感的な呼応関係」[13]、「新しい意味を創造することだと考える」[14] と述べているが、この桂の見解は対話型授業の基本的な構成要件を指摘したと受けとめられる。

　山本麻子は、英国の国語教育について「英国の国語教育は単に読み書きの能力の助長だけでなく、公の場で個人として独立した意見や筋道を立てて、まとまりとして、述べたり書いたりすることを重視している」[15]、「聞き手は、読み手などを意識して、人前では決して他人を中傷したりしない、反対意見を持つ人を傷つけないように上手に言ったり、書いたりする。人の考えや述べたことを引用するときにはその情報源を必ず出す、などといった言語ルールも小さい時から教える。そのための技術や能力を子どもたちが身につけることに学校教育の焦点がある」[16] と紹介している。山本の言説は、グローバル時代の対話を活用した授業の基本的な考え方を示唆しているといえよう。

　2008 年３月に告示された学習指導要領で言語活動・表現活動が重点目標として導入された。こうした文部科学省の方針を受け、国語科教育において対話を活用した実践研究が活発化してきた。

　北川雅治による論考「協働研究を志向した討論力の育成―協同討論と対話論的討論の開発―」は、協同討論と対話論的討議を比較検討し、授業目的により討論形態が異なることを指摘した[17]。本研究の主要課題である理論研究と実践研究の往還・融合に関わって注目されるのは、理論研究と実践研究を往還させた植西浩一の論考である。植西は、ユルゲン・ハーバーマス、齋藤美津子、ミハイル・バフチンの理論を分析・援用し、対話を拓く主体的・能動的な「聴く」の重要性を指摘する。また西尾実、大内善一、多田孝志、平田オリザ、山元悦子等の対話論を整理し、そこから、「人と人とが真摯に向き合い、互いに言葉を尽くしながら、価値観やものの見方、考え方の差違を乗り越えて、相互理解を深め、関係を編み直し、新たな知を創出する言語行為」「ものやこと、自分自身と真摯に向き合い、思索を深め、認識を新たにする行

為」との自身の対話の概念規定を導き出している。さらに、理論研究の成果を活用し、34 年間の中学国語教師の実践体験をもとに、具体的な対話指導の構想を提唱した [18]。植西の論考は、理論研究と実践知の往還の有用性を示したといえる。

国語科教育における先行研究の検討から、明らかになったことを整理すると、第 1 に、国語科の授業に対話を活用する必要性は多く研究者により指摘されてきたこと。第 2 に、対話の構成要素として「自己との対話」「他者との対話」「対象との対話」が提唱されたこと。第 3 に、国語科教育における対話について、「異質性の重視」「他者意識」などの重要性が指摘され、グローバル時代に対応した捉え方が広がってきていること。第 4 に、しかしながら、グローバル時代の人間形成に対応した対話型授業の具体的な研究は殆ど見いだせないこと。第 5 に、理論研究と実践研究の往還による先駆的対話型研究が行われはじめてきたが、まだ希少である。以上 5 点が指摘できる。

2) 多様な分野における対話型授業研究

グローバル時代、多文化共生社会の現実化は、対話型授業の必要性を増幅させ、2000 年代以降になると、さまざまな分野、教科・領域での多様な先行研究が展開されてきた。

各教科・道徳等における主な対話型研究を列挙してみる。松山一樹「対話型鑑賞法による鑑賞授業の可能性を探る─対話授業による学習効果を検証する」[19]、堀田竜次・假屋園昭彦・丸野俊一「道徳の授業における対話活動が道徳性に変容を及ぼす効果」[20]、小池順子「アイデンティティ形成と音楽の授業─対話と承認の問題を通して」[21]、岡野昇・山本裕二「関係論的アプローチによる体育授業デザイン」[22]、湯川笑子・高梨庸雄・小山哲春による『小学校英語で身につくコミュニケーション能力』[23] がある。直山木綿子は『小学校外国語活動のコツ』において、「コミュニケーション能力の基礎を培うことが小学校外国語活動の基礎」であると述べている [24]。

持続可能な発展のための教育の展開にともない、この教育の具体的推進の

ために社会科、総合的学習の時間等において、対話型授業が効果的との実践先行研究がなされてきた、泉貴久・梅村松秀・福島義和・池下誠らによる『社会参画の授業づくり』における対話型実践はその例である[25]。また、田尻信壹により、グループ学習の世界史学習過程で対話を活用した実践研究が展開されてきた[26]。安藤知子は、学級の社会学研究において、話し合い活動の重要性を指摘している[27]。

　先行研究の分析から、次の2点が明らかになった。第1に対話型授業研究は、さまざまな教科・領域を対象に行われてきた。「グローバル時代に対応した対話型授業」への試みも実践研究されてきてはいること。第2に、しかしながら、それらの実践研究に通底すべき「グローバル時代の人間形成の定義」や「グローバル時代の対話型授業の基本理念や構成要件」は、十全には解明されてきてはいないこと。

　ここにも対話型授業に関わる理論的研究の必要性を見出すことができる。

(2) 対話型授業の学習方法に関する研究

　対話型授業の先駆ともいえるディベートを活用した授業の先行研究では、渡部淳が討議型授業の意義や内容を記し[28]、北岡敏明はディベートの手法を紹介し[29]、岡田真樹子はディベートを活用した対話型授業を提唱している[30]。

　対話の多様な活用方法を探究した研究として、西原雅博「交渉を基盤とした授業改造の挑戦—伝達型授業から対話型授業へ」[31]、茂木和行「ソクラテスのカフェ—対話型授業への挑戦」[32]、小林敬一・小澤敬「相互指名を用いた対話型授業の参加構造—教師のステップ・インと指名主導権の関係」[33]、村田康常「哲学的人間学を学ぶ試み—絵本を用いた対話型授業—」[34]、中井良・田代千晶・永岡慶三「教科・情報・モラルジレンマ教材を用いたオンラインディスカッション対話型授業の実践」などの研究がある[35]。鹿野敬文「グローバル社会にふさわしい2つの対話力育成方法」は、対立や葛藤を克服するグローバル時代の対話の在り方を提言している[36]。

　対話型授業の学習方法の基本理念に関わる研究としては、假屋園昭彦・永

田孝哉・中村太一・丸野俊一「対話を中心とした授業デザインおよび教師の指導方法の開発研究」[37]、梅原利夫・増田修治・鎌倉博「対話とコミュニケーションの中で育つ学力と生きる力」がある[38]。假屋園等による開発研究は、児童の発言を構図化する授業デザインの開発・提案であり、児童主体の授業づくり、実施された授業の分析の手法として、教師の介入、資料、発話、深いレベルの問いかけ、グループ同士の関係性など具体的観点を示している。宮崎清孝の論考は、理論を実践化する視点を、梅原利夫は対話型授業における教材開発の意義を論述している。和井田清司は「探求型ディベート学習の理論と実践」においてディベートを競技型と探究型に分類し、公的論争における後者の有用性を論述した[39]。

森美智代『〈実践＝教育思想〉の構築―「話すこと・聴くこと」教育の現象学』は、「話すこと・聴くこと」の理論研究の成果を実践に結びつける方途を開拓した論考である[40]。また、秋田喜代美は『対話が生まれる教室』において、授業・カリキュラムを支える授業研究の在り方を提示している[41]。

対話型授業の学習方法に関する研究を概観すると、次のように整理できる。第１に、授業での対話の活用方法は多様であることが明らかになったこと。第２に、対話型授業の学習方法の特質を明確にする研究は未開拓といわざるを得ないこと。また対話型授業を構成する要件を系統的に整理した研究も見当たらないこと。第３にさまざまな学習方法の試みは報告されているが、質の高い実践研究を希求するための「理論と実践の橋渡しする研究」までは発展していっていないことである。

(3) 対話型授業の基礎的概念に関する研究

対話を活用した授業の基本理念に関わる研究を概観してみる。尾之上高哉「対話型授業を通した共感性の形成」[42]は、「話し合うことの価値」を実感する過程に注目し、共感性を認知的共感性と情動的共感性に分類し、日常化への汎化を目指し、対話型授業分析を行った論考である。宮崎清孝の論考「授業はどんな意味で対話足り得るのか―バフチンの対話論から―」は、真の対

話を探究するバフチンの対話論と授業との関わりを論じている [43]。高岸美代子「談話分析を活用したコミュニケーションについて考える授業」は、コミュニケーションの機能や意義そのものを授業のテーマとした高校での実践研究である [44]。

　異文化間教育の視点からの研究には、鈴木による日本での異文化コミュニケーション授業についての調査研究、鈴木有香・八代京子・吉田友子による企業が求める異文化間コミュニケーションについての考察がある [45]。

　北田佳子の論考「協同学習における異種混交グループの機能」は、「質問―応答―リアクション」という分析枠組みと、「成績×性別」という複合的な視点を導入することで、協同学習における異種混交グループにおける機能を明らかにしている [46]。また、吉村雅仁の論考「国際理解教育としての外国語授業」は、小学校外国語活動における、多言語化・多文化化する小学校の実態を明示しつつ、多言語主義の重要性を指摘している研究である [47]。

　対話型授業の基礎的概念に関する研究を集約すると、「共感性」「多様性」「真の対話」などについて考察した研究は散見できるが、「対話型授業の基礎的概念」を明確にしていく体系的に論じた研究には至っていないことが指摘できる。

　「教科教育・道徳・総合的学習の時間で行われる対話型授業に関する研究」「対話型授業の学習方法に関する研究」「対話型授業の基本理念に関する研究」の3つの側面から先行研究を考察し、分析してきた。全体を概観するとき、「グローバル時代の対話型授業」の研究の視点からは次の問題点が析出できる。

　第一に、「グローバル時代の人間形成」を希求した対話型授業の理論・実践研究の稀少さである。第二に、対話型授業の定義や構成要素について体系的に論じた論考は殆ど見出すことができないことである。第三に、質の高い実践を希求するための理論と実践を往還する研究が十全にみられないことである。

　第四は、対話型授業研究における実践研究の問題である。それは、ひとつの授業の事例紹介・調査にとどまる調査・分析が殆どであり、学校全体での長期的な対話型授業研究の取り組みをテーマとした研究が見当たらないことである。

学校全体での長期的な対話型授業研究の取り組みをテーマとした先行研究は、学校全体で３年間にわたり取り組んだ山口修司「小学校における教育成果を着実に高める対話型授業探究の視点から」、対話型授業そのものを対象にはしていないが、教師の成長を長期にわたり追跡調査した、北田佳子による「日本の学校教育と教師―協同的な学びの文化の形成を目指して―」のみであった。

　なお、学校教育に関わる研究としては、秋田喜代美の「学校文化と談話コミュニティー―教育実践を語る談話への視座」がある。この論考は、異文化間コミュニケーションを研究する研究方法に着目し，制度的な教育の場でのコミュニケーションの分析における射程を，教育心理学の立場から整理した研究である[48]。

　第五に対話型授業を推進する教師に関わる研究の稀少さである。教師がいかにして認識を深め、実践的指導力を向上させるかについて、学校全体の実践研究と関連づけた研究は見当たらない。

　「グローバル時代の人間形成を希求する対話型授業研究」に関わる先行研究により解明されてきた問題点を把握し、課題を整理すると、次の３点に分類できる。これらの課題を探究していくことに本研究の意義がある。

　第一は「グローバル時代の人間形成」「対話」「対話型授業」に関する理論研究である。グローバル時代の人間形成の定義と要件の考察、対話の概念、機能・特色・意義、類型、基礎力に関する理論的考察、対話型授業の特質、要件の検討である。

　第二は、学校における対話型授業研究の分析による実態の把握と課題の明確化及び対話型授業の要件の析出である。対話型授業の実践研究に長期にわたり取り組んできた学校の研究の経緯の調査、対話型授業研究の課題の明確化、実践研究から紡ぎ出される対話型授業の要件の析出である。

　第三は、理論知と実践知の往還・融合による対話型授業の考察である。グローバル時代の対話型授業の要件の有効性の検証、グローバル時代の人間形成を希求する対話型授業の授業理論の提示である。

　次節では、先行研究の分析から導き出された上記の課題を探求するための

研究方法と、論文構成を記す。

第3節 研究の方法及び構成

---

1 研究の方法

本研究は、各章の論述に適した次の3つの研究方法を用いることにより、「グローバル時代の人間形成を希求する対話型授業」を理論的かつ実証的に明確にしようと試みている[49]。

第一に、研究者および実践者による理論的文献や諸機関による行政資料を基礎資料とする文献研究である。これは、第1章〜第3章の理論的研究の基本的な方法論となる。

第二は、第4章における論者が参加してきた、対話型授業の実践研究の調査研究である。研究方法は、小田博志の示すエスノグラフィーの7つの方法を基調とする[50]。さらに、矢守克也の提示する社会変革への志向性[51]、山住勝広の提唱する「介入」[52]を加味した。なお、できる限り、実践の実相を正確に把握するため、教育実践創造の同僚として研究対象校の教職員の求めに応じて参加・介入する姿勢をとり、融和的な関係の構築・維持に留意する。

第三は、第5章の論述内容に対応した理論と実践の融合である。文献研究による理論研究の成果と、実践研究から紡ぎ出された実践知を往還・融合させる方法により、グローバル時代の対話型授業の授業理論を構築する。

研究全体に関連する方法として、カリキュラムマネジメントの手法を採用し、理論と実践の往還・融合を目指していく。すなわち理論研究の成果を援用し、実践研究の実態を調査・分析し、その作業の上に検証実践を行い、理論を再構築する過程をとることにより、理論と実践の往還・融合を目指す論述としていく。

2 本書の構成

序章及び5章、終章からなる構成とする。各章の概要は下記の通りである。

序章では、問題の所在、意義、研究方法について記した。問題の所在、研

究目的を記述、さらに「対話型授業」に関する先行研究を検討し、そこから本研究の意義を導き出し、研究の位置づけをした。

なお、第1章～第3章は、理論研究、第4章は実践研究としての実践事例の分析・考察、第5章は、理論研究と実践知とを融合させた本論文の成果の集約の章と区分している。

第1章では、第二次世界大戦後の「グローバル時代の人間形成」に関わる論考を考察・分析し、そこから導き出された基本的な考え方を活用し、「グローバル時代の人間形成」を定義する。さらに新たな教育の潮流としての持続可能な開発のための教育、21世紀型能力に関する答申や報告書を分析し、整理し、先行研究の考察結果と融合させ、そこから「グローバル時代の人間形成」の要件を析出する。

第2章では、マルティン・ブーバー、マックス・ピカード、オットー・フリードリッヒ・ボルノー、ミハイル・バフチン、パウロ・フレイレなどの人間形成と対話との関わりについての先行研究を分析し、整理する。次に、グローバル時代の対話に関する先行研究を考察し、これまでの研究の経緯を把握する。

これらの作業の上に、本論考における「対話の概念」を検討し、対話の形態・機能・類型・基礎力を提示する。次いで、グローバル時代の対話の特色ついて検討する。

第3章では、本論の基底をなす「グローバル時代の対話型授業」に関わる学習理論について分析・整理する。まず、多様な学習方法を「協同」「構成主義」「持続可能」「21世紀型能力」の四原理から分析する。これらの分析をもとに、対話型授業の理論上・実践上の特質について考察を加える。また「多重知能理論」「システム論」「複雑性の科学」「統合の思想」「批判的思考」について考察し、対話を拡大・深化させていくための理論的背景を探究した。さらに、第4章で取り上げる、学校全体で対話型授業の実践研究に取り組む学校の調査・分析のための要件を析出する。

第4章では、学校における対話型授業の実践研究の取り組みを分析・検討する。3年間にわたり、対話型授業の実践研究に取り組んできた4校の学校の実践事例を調査・分析する。調査・分析の信頼性を担保するため、研究紀

要・授業記録・研究協議会記録などの文献研究とともに、聴き取り調査をする。複数以上の調査者による観察・面談等をなし、調査・分析する。

　これらのことにより、理論研究と実践研究の融合・往還の有用性、実践研究の具体的な進捗や組織体制の開放性などが、実践研究の推進に重要であることが把握できる。

　また、第3章までの理論研究から析出した要件を視点として、調査対象校の実践研究を分析し「グローバル時代の対話型授業」の現状と課題を明らかにする。

　第5章では、グローバル時代の人間形成を希求する対話型授業を提示した。まず、理論研究及び実践研究から導き出された「グローバル時代の対話型授業」の要件を整理し、12要件に集約する。

　この12の要件の妥当性・有効性を検証するため、新たな研究協力校で検証授業を行う。結果の分析・考察による、妥当性・有効性が確認できる。これらの作業の上に、グローバル時代の人間形成を希求する対話型授業の学習理論を提唱した。

　終章では、グローバル時代の人間形成を希求する対話型授業の意義を再考察し、研究のまとめとする。最後に、今後の研究の課題を整理する。

　序章では、「グローバル時代の対話型授業」に関わる、問題の所在を記し、研究の目的、対話型授業に関わる先行研究の考察・分析から導き出された本研究の課題と意義について述べた。さらに、研究の方法、論文の構成について記した。

　対話型授業に関わる先行研究の考察・分析から「グローバル時代の対話型授業」を探究するためには、「グローバル時代の人間形成」「対話」「対話型授業」に関する理論研究が必要なことが明示された。

　本研究のテーマ「グローバル時代の対話型授業」を探究していくためには、「グローバル時代の対話型授業」において、希求すべき「グローバル時代の人間形成」について明確にしていくことが必須である。

　よって第1章では、本研究のテーマ「グローバル時代の対話型授業」の理論的背景を明らかにするため、「グローバル時代の人間形成」に関する理論研究をしていく。先行研究や新たな世界の教育潮流を考察し、その成果を分

析・整理し、「グローバル時代の人間形成」の定義をなし、構成要件を抽出していくこととする。

注

1　外務省「外務省のグローバル人材育成推進会議報告書」2012 年 6 月 4 日。同報告書は、わが国の青少年が「内向き志向」であるとし、「このままでは中長期的な観点で経済成長の原動力となるべき有意な人材が枯渇し」「変化の激しいグローバル化時代の世界経済の中で、緩やかに後退していく危機感をもつ」と指摘し、グローバル人材の育成のための教育のあり方の転換を迫っている。

2　米田伸次「国際化に対応した教育のこれまでとこれから」図書文化社『指導と評価』，図書文化，Vol.158-4（No.543），2000 年，pp.24-27

3　梅野正信「地域教育サークルの実践に学ぶ―上越教師の会・江口武正実践の軌跡から」日本学校教育学会『学校教育研究』24，2009 年，p.246

4　澤柳政太郎『教育読本』第一書房，1937 年，pp.172-173

5　西尾実『日本人のことば』岩波書店，1957 年，pp.32-33

6　倉澤榮吉『國語教育概説』岩崎書店，1950 年，p.53

7　唐沢富太郎『現代に生きる教育の叡智』東洋館出版社，1959 年，p.159

8　田近洵一『話しことばの授業』国土社，1996 年，pp.12-13

9　同上

10　村松賢一『対話能力を育む話すこと・聞くこと―理論と実践―』明治図書，2001 年，p.44

11　同上

12　山元悦子「対話能力の育成を目指して―基本的考え方を求めて―」，福岡教育大学国語科・福岡教育大学附属中学校『共生時代の対話力を育てる国語教育』明治図書，1997 年，p.14

13　桂聖「対話を成立させている条件」筑波大学附属小学校初等教育研究会『教育研究』2013 年，pp.39-41

14　同上

15　山本麻子『ことばを鍛える英国の学校』，岩波書店，2003 年

16　同上

17　北川雅治「協働研究を志向した討論力の育成―協同討論と対話論的討論の開発―」日本国語教育学会『国語教育研究』No.505，2014 年，pp.50-57

18　植西浩一『聴くことと対話の学習理論』渓水社，2015 年

19　松山一樹「対話型鑑賞法による鑑賞授業の可能性を探る―対話授業による学習効果を検証する」美術教育学会『美術教育』，2007 年，pp.52-54

20　堀田竜次・假屋園昭彦・丸野俊一「道徳の授業における対話活動が道徳性に変容を及ぼす効果」鹿児島大学教育学部『鹿児島大学教育学部実践研究紀要』Vol.17，2007 年，pp.195-211

21　小池順子「アイデンティティ形成と音楽の授業―対話と承認の問題を通して」音楽学習学会『音楽学習研究』第 7 巻，2011 年，pp.37-45

22 岡野昇・山本裕二「関係論的アプローチによる体育授業デザイン」日本学校教育学会『学校教育研究』No.27，2012 年，pp.80-92

23 湯川笑子・高梨庸雄・小山哲春『小学校英語で身につくコミュニケーション能力』，三省堂，2011 年

24 直山木綿子『小学校外国語活動のコツ』，教育出版，2013 年

25 泉貴久・梅村松秀・福島義和・池下誠『社会参画の授業づくり』，古今書院，2012 年

26 田尻信壹『探究型世界史学習の創造』，梓出版社，2012 年

27 安藤知子『学校の社会学』，ナカニシヤ出版，2013 年

28 渡部淳『討議や発表を楽しもう』，ポプラ社，1993 年

29 北岡敏明『ディベートの技術』，PHP 研究所，1993 年

30 岡田真樹子『コミュニケーション能力を高める授業』，学事出版，2005 年

31 西原雅博「交渉を基盤とした授業改造の挑戦—伝達型授業から対話型授業へ」富山高等専門学校『富山高等専門学校研究収録』，2000 年，pp.55-65

32 茂木和行「ソクラテスのカフェ—対話型授業への挑戦」聖徳大学『聖徳の教え育てる技能』第 1 号，2006 年，pp.101-125

33 小林敬一・小澤敬「相互指名を用いた対話型授業の参加構造—教師のステップ・インと指名主導権の関係」静岡大学教育学部附属実践総合センター『静岡大学教育学部附属実践総合センター紀要』No13，2007 年，pp.287-296

34 村田康常「哲学的人間学を学ぶ試み—絵本を用いた対話型授業—」名古屋柳城短期大学『名古屋柳城短期大学研究紀要』第 34 号，2012 年，pp.119-127

35 中井良・田代千晶・永岡慶三「教科・情報・モラルジレンマ教材を用いたオンラインディスカッション対話型授業の実践」日本教育工学会『日本教育工学会研究報告集』12，2012 年，pp.23-30

36 鹿野敬文「グローバル社会にふさわしい 2 つの対話力育成方法」日本グローバル教育学会『グローバル教育』9，2006 年

37 假屋園昭彦・永田孝哉・中村太一・丸野俊一「対話を中心とした授業デザインおよび教師の指導方法の開発研究」鹿児島大学教育学部『鹿児島大学教育学部実践研究紀要』Vol.19，2009 年，pp.123-163

38 梅原利夫・増田修治・鎌倉博「対話とコミュニケーションの中で育つ学力と生きる力」和光大学現代人間学部『和光大学現代人間学部紀要』第 4 号，2011 年，pp.145-196

39 和井田清司「探求型ディベート学習の理論と実践」武蔵大学『武蔵大学教職課程研究年報』27 号，2013 年，pp.13-21

40 森美智代『〈実践＝教育思想〉の構築—「話すこと・聴くこと」教育の現象学』，渓水社，2013 年

41 秋田喜代美『対話が生まれる教室』，教育開発研究所，2014 年

42 尾之上高哉「対話型授業を通した共感性の形成」九州大学大学院行動システム専攻修士論文，2013 年

43 宮崎清孝「授業はどんな意味で対話足り得るのか—バフチンの対話論から—」教

育と医学の会『教育と医学』，2010 年，pp.62-68

44　高岸美代子「談話分析を活用したコミュニケーションについて考える授業―コンフリクト・リゾリューションを導入した『異文化コミュニケーション』授業の可能性―日本人学生と留学生の学びの比較から」異文化間教育学会『異文化間教育』通号 20，2009 年，pp.77-89

45　鈴木有香・八代京子・吉田友子「「阿吽の呼吸」が終焉する時代―平成不況後に企業が求める異文化間コミュニケーション能力」異文化間教育学会『異文化間教育』通号 29，2009 年，pp.16-28

46　北田佳子「協同学習における異種混交グループ機能」日本学校教育学会『学校教育研究』No.24，2000 年，pp.112-125

47　吉村雅仁「国際理解教育としての外国語授業」日本国際理解教育学会『国際理解教育』Vol.16，2010 年，pp.57-66

48　秋田喜代美「学校文化と談話コミュニティー―教育実践を語る談話への視座」異文化間教育学会『異文化間教育』通号 29，2009 年，pp.3-15

49　小林淳一「実践的研究の課題と方法」日本学校教育学会　第 28 回大会（2013 年）ラウンドテーブルにおける資料。普遍性と信頼性を確保し、研究論文として成立させる要件としてトライアンギュレーション（三角測量）を提示した。

50　小田博志『エスノグラフィー入門』，春秋社，2014 年。小田は方法概念としてのエスノグラフィー（ethnography）には、以下のような 7 つの特徴を有していると述べている。①「現地の内側から理解する」②「現地で問いを発見する」③「素材を活かす」④「ディテールにこだわる」⑤「文脈の中で理解する」⑥「A を通して B を理解する」⑦「橋渡しをする」である。

51　矢守克也『アクションリサーチ』，新曜社，2014 年。矢守はアクションリサーチの特性は、第 1 に「現状よりも望ましい斯く斯くしかじかな社会的状態を創りましょう」という価値判断による研究活動、第 2 に「観察や測定という行為も、目標とする社会状況の実現のために、有用な情報を得るために、両者が共同で取り組む実践にある」と記している。なお、教育の場におけるアクションリサーチの具体的方法については、秋田喜代美「保育・教育の場におけるアクションリサーチの実践的知識」，やまだようこ・麻生武・サトウタツヤ・秋田喜代美・能智正博・矢守克也編『質的心理ハンドブック』新曜社，2013 年 からも示唆を受けた。

52　山住勝広『活動理論と教育実践の創造―拡張的学習』，関西大学出版社，2004 年。山住は、拡張理論（activity theory）の探究を基盤に、学校の「教育実践」（pedagogic practice）の「拡張的学習」（expansive learning）への転換を提唱し、「活動理論は、通常の標準的な科学が『観察』や『分析』にとどまることを旨とするならば、むしろ変化を創り出すことへ研究者を参入させるものである。そこで『介入』と呼んでいるものは、人々の行為や実践に対し、理論をトップダウンに適用する、ということではない」（山住，2010: Ⅱ - Ⅲ）と記している。本研究における論者の立場は、各学校の実践研究のさまざまな局面での事象の意味を問う、観察・分析者であるとともに、そこにとどまらず、研究実践への介入者、協働者の立場と位置付けている。

第1章　グローバル時代の人間形成の要件の考察

　第1章から第3章までを理論研究と位置づける。本章においては、第二次世界大戦後の「グローバル時代の人間形成に関わる研究」の経緯を黎明期、啓蒙期、拡大期に大別し、分析し、「グローバル時代の人間形成」に関わる主張・用語や文章を整理する。

　さらに、世界の注目すべき新たな教育の潮流としての持続可能な開発のための教育・21世紀型能力についての答申・報告書等を分析し、「グローバル時代の人間形成」に関わる資質・能力、技能に関する例示や提言を考察する。

　上記の作業の上に、「グローバル時代の人間形成」を定義づけ、また要件を析出する。要件相互の関わりを考察し、構造化し、「グローバル時代の人間形成」の概念を明らかにしていく。

第1節　グローバル時代の人間形成に関わる研究の経緯

　グローバル時代の人間形成に関わる研究は、概ね、黎明期（1940年代後半～1960年代）、啓蒙期（1970年代～1990年代）、拡大期（2000年代～2010年代）の3つの時期に大別できよう。各時期の研究について考察していく。

1　黎明期（1940年代後半～1960年代）

　黎明期の端緒はユネスコ（国際連合教育科学文化機関：UNESCO ＝ United Nations Educational, Scientific and Cultural Organization）の国際理解教育研究にみられる。ユネスコの国際理解教育に関する研究は、1940年代後半には、当時のユネスコ国内委員会会長であった森戸辰男やユネスコ国際セミナーの日本代表（オブザーバー）であった勝田守一等によって、その意義や原則等が

紹介されることから始まった[1]。1950年代から60年代にかけて、内海巌[2]、中島彦吉[3]らがユネスコの国際理解教育の方向を紹介し、その必要性を主張する論考を発表した。また永井滋郎らによりユネスコ協同学校での実験研究が行われた[4]。内海巌は、この時期のユネスコ国際理解教育共同学校計画を中心とした国際理解教育の思想的系譜と変遷を集約し、また当時の実践研究を紹介している[5]。

　この期の「グローバル時代の人間形成に関わる」研究は、グローバル時代の人間形成に関わる具体的な資質・能力、技能に関する論究ではなく「外国理解」「人権の尊重」「国連活動の理解」「平和維持」といった大きな目標を掲げる段階にあったとみることができる。

2　啓蒙期（1970年代〜1990年代）

　1970年にはパリで「国際理解と平和のための教育―特に道徳・市民教育を中心として―」に関する専門家会議が開かれた。この会議の報告書では「寛容、相互尊重、正義と自由に関する関心、他者への思いやり等の基本的価値観を強化する」ことが明示された。同年設置された教育開発国際委員会は「未来の教育」と題する報告書をユネスコに提出した。同報告書は「教育の一つの使命は、外国人を抽象概念としてではなく、彼ら自身の理性や苦しみや喜びをもつ具体的な人間としてみる」と記し、人間を尊重し、理解することを重視する方針を示した[6]。1974年には我が国の国際理解教育推進の契機ともなった「国際理解、国際協力および国際平和のための教育ならびに基本的自由についての教育に関する勧告」が出された。この勧告においては「文化間理解」重視の方向が強調された[7]。

　1970年代を転機とし、欧州を中心に開発教育（Development education）が起こってきた。室靖はユネスコの国際理解教育の果たしてきた役割を評価しつつ「世界の最も深刻な、そして緊急の問題」[8]への対応に限界があるとし、そのための教育概念として開発教育を提唱した。また、田中治彦は、開発教育の変遷や開発の定義、また日本における開発教育の現状と課題に関する論考を発表している[9]。開発教育の特質は、現実世界の諸問題に主体的、積極

的に取り組むことを重視することにあるといえる。我が国の開発教育の推進に主要な役を担ってきた開発教育協議会の定義には「開発を進めていこうとする多くの努力や試みを知り、そして開発のために積極的に参加しようとする態度を養うことをねらいとする」[10] とある。文化・人間・世界の現実への理解が国際理解にとって重要との認識が広まっていったのである。また、開発教育の掲げる「主体性」、またユネスコの専門家会議で示された人間を理解するための「他者への思いやり」が示されていたことが注目される。

　1980年代、海外・帰国子女の増加により、この教育への関心が高まった。小林哲也[11]、川端末人[12]、鈴木正幸[13]、佐藤弘毅、中西晃、小島勝、佐藤群衛[14] 等により、適応教育から、異文化体験の活用の方向への転換を主張する研究が行われた。海外・帰国子女教育問題は、その後、異文化間教育、多文化教育と深く関わり、心理学・言語学・教育社会学などと関連させたさまざまな研究が展開されることになる。

　1991年日本国際理解教育学会が創設され、天城勲、川端末人、中島章夫、米田伸次、千葉杲弘、新井郁夫などにより、国際理解教育の概念や日本の教育における意義、ユネスコの新たな動向に関する多彩な研究が行われてきた[15]。

　1997年には日本グローバル教育学会が設立され、魚住忠久[16]、加藤幸次、石坂和夫、樋口信也等により、海外のグローバル教育の紹介、グローバルな視野からの教育活動推進の意義などの研究が行われた。

　1997年、天城勲（日本国際理解教育学会会長　当時）は、ユネスコ21世紀国際教育委員会に参加し、同会議の報告書を翻訳し刊行した。この報告書は経済開発から人間開発への転換を主張し、「学習（教育実践）こそが、明日の社会を拓く」との考え方に立ち、学習の4本柱として提示した。すなわち知ることを学ぶ（Learning to know）、為すことを学ぶ（Learning to do）、（他者）と共に生きることを学ぶ（Learning to live together）そして人間として生きることを学ぶ（Learning to be）である。この学習の4本柱は、21世紀の人間形成にとって学習こそ重要であるとの提言ととらえることができよう[17]。

　この時期、千葉杲弘は1974年勧告以降のユネスコ動向を紹介する論考を発表し[18]、米田伸次は、1994年のユネスコ「平和、人権、民主主義のため

の教育」の示す「平和の文化」の提唱を評価した論を述べている[19]。これらの論考には、グローバル時代の人間形成における「未来指向性」「持続可能性」の重視につながる指摘が見出せる。

啓蒙期における先行研究を概観すると、ユネスコや欧米の教育動向の紹介や、国際化時代、グローバル時代の人間形成の必要性は主張されるものの、教育実践の手掛かりとなる「グローバル時代の人間形成」の要件や定義について詳細に検討した論考は稀有であったといえよう[20]。

3 拡大期（2000年代〜2010年代）

2000年代初頭には、グローバル時代の人間形成の基調に関わる注目すべき宣言が出された。2001年のユネスコ「文化の多様性に関する世界宣言」の提示である。その第1条「人類の共有遺産としての文化の多様性」、第3条では「発展の要因としての文化の多様性」、第4条では「文化の多様性を保証する権利」が述べられ、「多様性」が、グローバル時代を構築するキーワードであることを示した[21]。

2000年代に入ると、田渕五十生[22]、渡部淳[23]、嶺井明子[24]、大津和子[25]、森茂岳雄・高橋順一[26]、藤原孝章[27]、多田孝志[28]等により、国際理解教育の概念の再検討、学習方法、カリキュラム・教材開発、多様な教育資源の活用などに関する研究が展開された。国際理解教育学会は2010年、学会を挙げての「グローバル時代の国際理解教育—実践と理論をつなぐ—」をテーマとする共同研究により、国際理解教育の目標を**表1-1**のように設定した。

この目標からは多様性、関わり・関係性、主体的行動力、コミュニケーション能力が国際理解教育の主要な目標と受け止めることができる。

グローバル教育学においては今谷順重[29]、西村公孝[30]などにより、学習論・カリキュラム論など実践現場に結びつく研究がなされてきた。

開発教育においても黎明期の遠く離れた地域の開発について知る教育から、山西優二、上條直美、近藤牧子等により「人間の価値観と生活を変える」ことにより「当事者意識をもち主体的に行動する」教育の在り方が研究され、推進されはじめた[31]。佐藤郡衛は、異文化間教育研究の立場から、子

表 1-1　日本国際理解教育学会による国際理解教育の目標構造

目標の類別	項　目
体験目標	（人と）出会う、交流する、（何かを）やってみる、挑戦する（社会に）参加する・行動する
知識・理解目標	文化の多様性、相互依存、安全・平和・共生
技能目標	コミュニケーション能力、メディアリテラシー、問題解決能力
態度（関心、意欲）目標	人間としての尊厳、寛容・共感、参加・協力

（出典　日本国際理解教育学会編『グローバル時代の国際理解教育―理論と実践をつなぐ―』2010, pp.29-31 より作成）

どもたちが育むべき力として、「①相互作用的に道具を用いる能力」「②異質な集団で交流する能力」「③自律的に活動する能力」を挙げている [32]。さらに、吉谷武志 [33]、中山あおい [34]、野崎志帆 [35] 等は、欧州で、居住する民族の多様化の現実を受け入れ、新たなヨーロッパ市民の形成を希求する「民主的市民（Education for Democratic Citizenship）」教育が起こってきたことを紹介している。この教育では、多様な文化を持つ人々との共生社会では、「知る」ことから、「共に（living together）生きる、他者との（inter-action）共同の教育」が重視されていることを指摘している。

　やがて、さまざまな視点から、グローバル時代の人間形成に関わる研究が展開されてきた。永田佳之は人間を全人的にみるホリスティックな手法について論述し [36]、横田和子は人と人との関係を深く考察し、葛藤・ケアの重要性を論じ [37]、石森広美は「シティズン・シップの涵養のために、知識理解・態度・姿勢、スキルのバランスをよくする」必要性を述べ [38]、藤田英典は、1984 年の臨教審答申以来始まり、現在に至る教育改革の基本的特徴を考察した上で、グローバル時代の学校づくりの課題について 5 つの視点から言及し、その第 4 の視点として個々人の存在を尊重する「名誉の等価値性（parity of esteem）を基本に据え、努力と賞賛のカルチャーを豊かにする」重要性を指摘した [39]。

　世界の教育の潮流を概観すると、グローバル時代の急速な進展・多文化社

会の現実化に対応し、地球的視野をもった地球市民の育成を目指す、「地球市民教育（Foster Global Citizenship Education）」の重視、共生社会の実現に向けての「インクルーシブ教育システム（inclusive education system）」の必要性、先行き不透明で複雑化する社会に対応する「社会の複雑化への対応する教育（diversity of the society）」の必要性が提唱されてきた。さらに、21世紀国際教育委員会の示した学習の4本柱に加えた Learning to Transform Oneself Society の提示など新たな教育の潮流が起きてきている[40]。

　グローバルな視野をもち、複雑に絡み合い、多様化する地球社会の諸課題に主体的に対応でき、予測不能な事態に柔軟に対処できる人間の育成が教育の現実的課題となってきたのである。そのための具体的なスキルとして、松尾知明は「21世紀の激しいグローバルな知識基盤社会の中で、コンピテンシーの育成を目指した教育改革が世界的中流となっている」と指摘し、21世紀型スキルの習得こそ、学校教育の緊急の課題であると主張している[41]。

　他方、石井英真は、「言語活動の充実」「活用する力」の次がコンピテンシーという流れについて、「目先の『改革』に翻弄されずに、教師一人ひとりが自分の頭でめざすべき学力や学びや授業のあり方を考えていくには『改革』の背景にある社会変化、およびそれにともなう学校に期待されている役割の変化といった根っこの部分をつかんでおく必要」があると警句しているが、教師における教師に役割を重視する立場から深く共感する[42]。

　グローバル時代の教育の研究理論と実践の融合を目指した先行研究として、教師がつくりだす場や教師の置かれた磁場（ミクロポリテックス）を精査することを通して、シティズンシップ教育における教師の役割と実践構図を解明した望月一枝『シティズンシップ教育と教師のポジショナリティ』、グローバル時代のシティズンシップ教育を視野に、小中高一貫カリキュラムの開発と、その授業実践開発に論究した西村公孝『社会形成力育成カリキュラムの研究』[43]、グローバル教育におけるアセスメントの観点からグローバル教育の理論と実践の統合を希求した石森広美『グローバル教育の授業設計とアセスメント』[44]がある。

　西村は社会を形成する「主体」としての「公民」の概念を論じ、イギリス

のシティズンシップ教育を紹介し、「討議能力重視の市民性育成など実践カリキュラムとして大いに示唆をうることができ、シティズンシップ教育が多文化共存の社会にあって現代的課題となっている」[45] とシティズンシップ教育における討議能力の重要性を記し、石森はグローバル教育について「地球的視野から様々な問題を抱え、多角的にものを考え、人権や文化的多様性の尊重、平和、地球環境の持続可能性を土台としてグローバル社会に生きる市民としての自覚と責任をもって課題解決にあたろうとする地球市民の育成を目指す教育」と述べ、「多様性や主体的行動力」の育成がグローバル時代の人間形成にとって重要であると指摘した [46]。

　この期の研究を概観すると、世界の教育の潮流の紹介、言語教育、国際理解教育、開発教育、異文化間教育など、多様な分野から「グローバル時代の人間形成」の基調に関わる論考が発表されてきた。しかしながら「グローバル時代の人間形成」について本格的に検討し、定義づけた研究はない。また、望月、西村・石森の研究にみられるような、理論と実践の往還による研究は全体的には希少であったといえる。

　歴史的変遷全体を概観すると、「グローバル時代の人間を希求する教育」とは、1990 年代後半、米田が既にユネスコの勧告を資料に提示していた「未来指向性」「持続可能性」に対応した教育に位置づけられるのではなかろうか。

　システム哲学と一般進化理論の創始者として知られるアーヴィン・ラズロは「世界は大転換期を迎えており、持続可能な社会を目指した『局面打破』と、途絶・断絶し、それにより暴力の拡散と無秩序な状態に進む『世界崩壊』との岐路にある」とし、その分岐点を 2005 ～ 2010 年とした。しかして、今後の教育には、「歴史的知識を伝授する機能だけでなく、歴史的に先例のない問題を解決するための判断力・創造力（タイムリー・ウィズダム）の育成」が必要であると提言した [47]。

　「グローバル時代の人間形成」に関する多様な研究は、ラズロの指摘する世界の大転換期の教育の未来の方向を模索したものといえよう。共通して論述されているのは、「多様な文化や価値観をもつ人々と共に生きる社会の現

実化」にともなう「新たな資質・能力、技能をもった人間形成の必要」であると受けとめることができよう。

北村友人は、日本の教育改革と新自由主義について論じ、「経済成長モデルの開発ではなく、人間中心の社会のあり方」「『市民』による自立的・自律的な『下からの改革』を提唱し、「理念としては学校やコミュニティと言ったローカルレベルからの自立的・自律的な教育活動が目指されている市民性教育であるが、実際には行政側からの働きかけが大きな役割を担っている」と指摘する[48]。

本研究においては、「教育の真実は学習者を事実として成長させることにある」との主張を基調に、理論知と、「下からの改革」としての実践現場の事実が生起させている実践知とを往還・融合させつつ、「グローバル時代の人間形成を希求する対話型授業」を探究していく。

表1-2 は、各時期の先行研究の考察から抽出されたグローバル時代の人間形成に関わる用語を比較しやすいように抽出し、集約した一覧表である。

次節では、今後のグローバル時代の人間形成に多大な影響を与えることが予想される持続可能な発展のための教育について考察する。また先行研究の考察結果をいかし、「グローバル時代の人間形成」に必須の要件について検討していく。

表1-2　先行研究の考察から抽出されたグローバル時代の人間形成に関わる用語

	グローバル時代に人間形成に関わる用語
黎明期 （1940年代〜1960年代）	外国理解　人権の尊重　国連活動の理解　平和維持
啓蒙期 （1970年代〜1990年代）	寛容、相互尊重、正義と自由に関する関心、他者への思いやり　人間を尊重　文化間理解　未来への教育　理性や苦しみや喜びをもつ具体的な人間としてみる　現実世界の諸問題に主体的、積極的に取り組み　文化・人間・世界の現実への理解　グローバルな視野からの教育活動推進　学習の4本柱　21世紀の人間形成　平和、人権、民主主義のための教育　未来指向性　持続可能性
拡大期 （2000年代〜2010年代）	発展の要因としての文化の多様性 国際理解教育学会の目標（表1-1） 当事者意識をもち主体的に行動する　相互作用的に道具を用いる能力　異質な集団で交流する能力　自律的に活動する能力 共に（living together）生きる、他者との（inter-action）共同の教育 地球市民教育　共生社会の実現　名誉の等価値性 インクルーシブ教育システム 社会の複雑化への対応する教育 グローバル時代のシティズンシップ教育 21世紀型スキル　「主体」としての「公民」 多様性や主体的行動力　人間中心の社会の在り方

（出典　グローバル時代の人間形成に関わる先行研究の考察から筆者が抽出し作成）

第2節　グローバル時代の人間形成に関わる新たな教育の潮流

　本節においては、グローバル時代の人間形成に関わる世界的な教育の潮流である「持続可能な開発のための教育」について考察する。

　また、世界各国の教育の潮流を精緻に調査し、その結果を踏まえて提言され、今後のわが国の教育に多大な影響を与えることが予想される「21世紀型能力」についても検討する。

1　持続可能な開発のための教育

　学校教育における「グローバル時代の人間形成」に関わり、注目される新

たな教育の潮流の1つは持続可能な開発のための教育である。

（1）経緯

2002年に開催された"持続可能な開発に関する世界首脳会議（ヨハネスブルグサミット）"の実施計画の議論の中で、わが国が「持続可能な開発のための教育（ESD）の10年」を提案し、各国の政府や国際機関の賛同を得て、実施計画に盛り込まれることとなった。

2002年の第57回国連総会に、2005年からの10年間を「ESDの10年」とする決議案が満場一致で採択された。この国連決議では、「ESDの10年」の推進機関としてユネスコが指名された。そこで、ユネスコは2005年9月に国際実施計画を策定した。

わが国では、ユネスコの計画に対応し、「ESDの10年」関係省庁連絡会議を内閣に設置した。同連絡会議は、2006年3月に国内実施計画を策定した。2007年10月には第34回ユネスコ総会において、ドイツと共に、ESDの更なる推進のための決議案を提出し、採択された。

（2）持続可能な開発のための教育の理念

社会・文化的視点、環境の視点、経済的視点から、より質の高い生活を次世代も含むすべての人々にもたらすことのできる状態の開発を目指したこの教育は、「持続可能な未来と社会の変革のために行動できる人」の育成を目的に掲げた。

さらに持続可能性を基盤とし、「未来に希望がもてる社会を築く」ため、「自分の考えをもって、新しい社会秩序を作り上げる地球的視野をもった市民の育成」の必要を示した。

日本ユネスコ国内委員会は、ESDの目標を次のように示している。

- ・ 持続可能な発展のために求められる原則、価値観及び行動が、あらゆる教育や学びの場に取り込まれること
- ・ すべての人が質の高い教育の恩恵を享受すること

・ 環境、経済、社会の面において持続可能な将来が実現できるような価値観と行動の変革をもたらすこと

　ESD の実践活動については、多田孝志・手島利夫・石田好広は「子どもから大人まで全ての人々に、『社会に参画する力』を育むことが求められる。一人ひとりが、世界をよりよく変えていく力と責任があるという信念を持ち、今の社会の現実と課題を認識・共有し、望ましい未来の姿（＝持続可能な社会）とは何かを話し合い、そこで描かれた将来像を共通の目標として、その実現に向けて取り組む、そのような教育・学習・実践活動が ESD である」であると、記した。

　持続可能な開発のための教育とは、その本質を考察するとき、地球環境の保全、生物多様性の維持、難民・貧困問題、さらには、近未来のシンギュラリティ（技術的特異点：Technological Singularity）への対応による、科学知の問い直し等を包含する、人類史の大転換期に、希望ある未来を具現化するための教育であり、単なる新たな教育の流行にとどまらず、21・22 世紀に向けての、教育の在り方を根本的に見なおす教育思潮と解するべきであろう。

（3）関連庁連絡会議による「国連持続可能な開発のための教育の 10 年」 実施計画報告書

　2009 年にドイツで開催された ESD 世界会議で取りまとめられたボン宣言で、「より強力な政治的コミットメントと断固たる行動が求められている」と記述された。これを受け、日本政府は有識者からなる「国連持続可能な開発のための教育の 10 年」円卓会議を開催して意見交換も行いながら 2009 年までの前半 5 年の評価を行い、それを基に実施計画の改訂を行ってきた。

　円卓会議は、平成 21（2009）年 6 月 3 日、「国連持続可能な開発のための教育の 10 年」実施計画報告書を提出した。本報告書で注目されるのは、ESD により「育みたい力」を示したことである。体系的な思考力（システムズシンキング（systems thinking））を育むこと、批判力を重視した代替案の思考力（クリティカルシンキング（critical thinking））を育むこと、データや情報を

分析する能力、コミュニケーション能力、リーダーシップの向上を重視すること、である。また、人間の尊重、多様性の尊重、非排他性、機会均等、環境の尊重といった持続可能な開発に関する価値観を培うことも重要とした。

(4) 国立教育政策研究所「学校における持続可能な発展のための教育（ESD）に関する研究」報告書

国立教育政策研究所は、平成21（2009）年に「学校における持続可能な発展のための教育（ESD）に関する研究」プロジェクトを発足させた。

同プロジェクトは、持続可能な発展のための教育の学校現場への指針をつくるため、3年間にわたる取り組みを行っている。平成22（2010）年9月、中間報告書が刊行された。

このプロジェクトの特色は学校での実践研究への具体的な取り組みの在り方を明らかにすることにあった。本研究に関わって、特に注目されるのは、「学習指導で重視する能力と態度」の提示である。それらは、以下の7点であった。

すなわち、①つながりを尊重する態度、②批判的に思考・判断する力、③未来像を予測して計画を立てる力　④コミュニケーションを行う力、⑤多面的・総合的に考える力、⑥責任を重んじる態度、⑦他者と協力する態度、である。

図1-1 は、同プロジェクトが提示したESDの視点による学習指導を進める上での枠組みである。

2　21世紀型能力

国立教育政策研究所は、次世代の教育の方向を検討するため、世界6カ国の教育課程の編成について調査した。この結果を分析し、わが国にあった資質・能力モデルとして「21世紀型能力（試案）」を提案している。

この「21世紀型能力」は、21世紀を生き抜く力をもった市民として日本人に求められる能力であるとされ、「思考力」「基礎力」「実践力」の3層から構成されている。「思考力」は、問題の解決や発見、アイディアの生成に関わる問題解決・発見力・創造力、その過程で発揮され続ける論理的・批判的

【ESDの視点に立った学習指導の目標】
教科等の学習活動を進める中で、
「持続可能な社会づくりにかかわる課題を見いだし、

それらを解決するために必要な能力や態度を身に付ける」ことを通して、
持続可能な社会の形成者としてふさわしい資質や価値観を養う。

【持続可能な社会づくりをとらえる視点】
① 相　互
② 多　様
③ 有　限
④ 公　平
⑤ 責　任
⑥ 協　調

【ESDの視点に立った学習指導で重視する能力と態度】
①つながりを尊重する態度
②批判的に思考・判断する力
③未来像を予測して計画を立てる力
④コミュニケーションを行う力
⑤多面的、総合的に考える力
⑥責任を重んじる態度
⑦他者と協力する態度

【ESDの視点に立った学習指導を進める上での留意事項】
①教材のつながり　②人のつながり　③能力・態度のつながり

教科・分野・単元等の目標・内容・評価規準等に付加・関連付け

図1-1　ESDの視点による学習指導を進める上での枠組み
（出典　学校における持続可能な発展のための教育（ESD）に関する研究中間報告書10頁）

思考力、自分の問題の解き方や学び方を振り返るメタ認知、そこから次に学ぶべきことを探す適応的学習力などから構成されている。「思考力」は21世紀型能力の中核として一人ひとりが自ら学び判断し、自分自身の考えをもって、他者と話し合い、考えを比較吟味して統合し、よりよい解や新しい知識を作り出し、さらに次の問いを見つける力として位置づけられている。

「21世紀型能力」では、世界の教育の潮流を概観しつつ、社会的な関係の中で学び、考え、「自分の考えをしっかりもつ」「目標を達成するために他者と力を合せる」「広い視野をもち、他者の立場に立って物事を考える」「次々と新しいものを生み出す創造的な力」「論理的にものごとを考える力」「ものごとを深く考える力」などが、グローバル時代の人間形成には必須であることを示している。

(3) ESD及び21世紀型能力が提示する資質・能力、技能

持続可能な発展のための教育、21世紀型能力に関する報告書等を手掛かりに、グローバル時代の人間形成の要件を考察してみる。**表1-3**は、ESD及び21世紀型能力に関わる計画書・報告書が掲げるグローバル時代の人間形成に関わる用語や文章を集約したものである。

表1-4は、ESD及び21世紀型能力に関わる資質・能力、技能を分類・整理したものである。

国連持続可能な開発のための教育・21世紀型能力に関わる資質・能力、技能を提言書、報告書等から析出し、考察すると、使用されている用語の違いはあっても、共通する内容として、「多様性」「関係性」「批判的思考力」「自己変革・成長力」「当事者意識・主体的行動力」「コミュニケーション能力」「未来志向性」に大別できた。これらをさらに整理し、グローバル時代の人間形成の要件にまとめる。

なお、本研究においては、上記の提言書・報告書からは抽出されなかった「共感・イメージ力」をグローバル時代の人間形成に重要と捉え、「多様性」「関係性」「自己・成長変革力」「当事者意識と主体的行動力」の基盤と位置づけることとした。その詳細については後述する。

表 1-3　グローバル時代の人間形成に関わる資質・能力・技能（ESD 及び 21 世紀型能力）

	グローバル時代の人間形成に関わる用語
関連庁連絡会議 「国連持続可能な開発のための教育の 10 年」実施計画報告書	「持続可能な未来と社会の変革のために行動できる人」「未来に希望がもてる社会を築く」「自分の考えをもって、新しい社会秩序を作り上げる地球的視野をもった市民の育成」社会に参画する力 体系的な思考力（システムズ シンキング（systems thinking）） 批判力を重視した代替案の思考力（クリティカル シンキング（critical thinking）） データや情報を分析する能力 コミュニケーション能力 リーダーシップの向上 人間の尊重 多様性の尊重 非排他性機会均等 環境の尊重
国立教育政策研究所 「学校における持続可能な発展のための教育（ESD）に関する研究」報告書	つながりを尊重する態度、批判的に思考・判断する力 未来像を予測して計画を立てる力 コミュニケーションを行う力 多面的、総合的に考える力 責任を重んじる態度 他者と協力する態度
国立教育政策研究所 「21 世紀型能力」報告書	基礎力・思考力・実践力 自分の考えをしっかりもつ 目標を達成するために他者と力を合せる 広い視野をもち、他者の立場に立って物事を考える 次々と新しいものを生み出す創造的な力 論理的にものごとを考える力 ものごとを深く考える力

（出典　「国連持続可能な開発のための教育の 10 年実施計画書」2009 年，及び「国立教育政策研究所報告書」2011 年，同報告書 2014 年から筆者が抽出し作成）

第 1 章　グローバル時代の人間形成の要件の考察　37

表 1-4　ESD 及び 21 世紀型能力に関わる資質・能力、技能の分類

分類項目	ESD 円卓会議 （2009）	ESD 国研報告書 （2011）	国研報告書 21 世紀型能力（2014）
多様性	人間の尊重 多様性の尊重 非排他性	多面的・総合的に考える力	広い視野をもつ
関係性	リーダーシップの向上	つながりを尊重する態度 他者と協力する態度 責任を重んじる態度	目標を達成するために他者と力を合せる 他者の立場に立って考えられる
批判的思考	批判力を重視した代替案の思考	批判的に思考し、判断する力	ものごとを倫理的に考える ものごとを深く考える
思考力 （自己変革・成長）	自分の考えをもって、新しい社会秩序を作り上げる	体系的な思考力	思考力 自分の考えをしっかりもつ 次々と新しいものを生み出す創造的な力 論理的にものごとを考える ものごとを深く考える力
当事者意識 ・主体性	持続可能な未来と社会のために行動できる		実践力
コミュニケーション （対話）力	コミュニケーション能力	コミュニケーションを行う力	基礎力 コミュニケーション能力
未来志向性	未来に希望がもてる社会を築く	未来を予測して計画を立てる力	
その他	環境の尊重		基礎力 情報活用能力

（出典　各機関の刊行物から筆者が抽出し作成）

第3節　グローバル時代の人間形成の定義と要件

　本研究における、「グローバル時代の人間形成」を定義する。その前提として、構成している要件を考察する。

1　グローバル時代の人間形成の要件

　グローバル時代とは、多様な他者と共存し、共に生きていく社会である。グローバル時代の人間形成の基本理念は、広義な意味での「共生」と考える。

　また、先行研究を考察すると、ユネスコ「文化の多様性に関する世界宣言」や欧州の「民主的市民（Education for Democratic Citizenship）」に示されたような「多様性」の重視、ユネスコ21世紀国際教育委員会報告書に示されたLearning to live togetherや、日本国際理解教育学会が提示した体験目標としての「人との交流」や知識・理解目標に位置づけられた「相互依存」などは、グローバル時代の人間形成における「関係性」の重要性を指摘している。「国連持続可能な開発のための教育の10年」実施計画報告書や21世紀型能力に関わる提言等においても「多様性」「関係性」が重視されていることは前述した通りである。

　また、「国連持続可能な開発のための教育の10年」実施計画報告書や21世紀型能力は「深い思考力」の必要を提唱しているが、それは、思考の深化による「自己変革・成長力」と受け止められる。

　開発教育の先行研究や、日本ユネスコ国内委員会の示すESDの目標には、「社会参画力」としての「当事者意識と主体的行動力」の必要を示している。ESDは希望ある未来社会の構築のための人間形成を志向しており、「当事者意識と主体的行動力」とは、「未来志向性」を内包する「当事者意識と主体的行動力」と位置づけたい。「未来志向性」は、時空をこえた関係を視野に入れるという意味で「関係性」にも含まれる。

　先行研究を概観すると多数の言説において「コミュニケーション能力」は、グローバル時代を生きるための必須の技能とされている。「国連持続可能な

開発のための教育の 10 年」実施計画報告書や 21 世紀型能力に関わる提言等においても同傾向である。

本研究においては、「コミュニケーション能力」を相互理解、相互補完、共創などのための人間としての行為との観点から「対話力」とする。

論者は、これらに加えて、「共感・イメージ力」の重要性を指摘したい。佐藤学は、「グローバル時代の教育としての持続可能性の教育」について、「持続可能性の教育は、知識にとどまらず実践の基盤となる思想と哲学の教育であり、さらに知識、思想、哲学にとどまらず価値と倫理の教育であり、知識、思想、哲学、価値、倫理にとどまらず、感情と行動と生き方（ライフ・スタイル）の教育である。その教育は、総括的に表現すれば、『自律的で創意的な主体の革命』を要求する教育である」と記している[49]。また「人は想像力によって『もう一つの真実』『もう一つの現実』と出合い対話し、その経験を表現する」と記し「創造性と想像性」の教育の重要性を提唱している[50]。

佐藤の指摘にあるように、「知識、思想、哲学、価値、倫理にとどまらず、感情と行動と生き方」が重要と捉え、さらに想像が気づかせる「もう一つの真実」「もう一つの現実」の重要性を認識し、「共感・イメージ力」をグローバル時代の人間形成に必須の資質・能力の基盤に位置づけることとした。よって本研究においては、「多様性」「関係性」「批判的思考力」「自己変革・成長力」「当事者意識・主体的行動力」「共感・イメージ力」「対話力」をグローバル時代の要件とする。

以下に、グローバル時代の人間形成の要件について、順次さらに深く考察していく。

（1）多様性の尊重

「多様性」は現代の社会を読み解く重要なキーワードである。グローバル時代の人間形成における多様性とは、文化や価値観、知性、感性・感覚、環境・自然などを含む高遠な内容を包含する。

2001 年、ユネスコは「文化の多様性に関する世界宣言」を示したが、そ

の条文には、「第1条：人類の共有遺産としての文化の多様性、第2条 文化的多様性から文化的多元主義へ、第3条：発展の要因としての文化の多様性、第4条：文化の多様性を保証する権利が明記されている。第3条には、発展の1要素としての文化的多様性は、すべての人に開かれている選択肢の幅を広げるものである。文化的多様性は、単に経済成長という観点からだけ理解すべきではなく、より充実した知的・感情的・道徳的・精神的生活を達成するための手段として理解すべき、発展のための基本要素の1つである」と記されている[51]。

　グローバル時代の人間形成における多様性とは、多様な人・モノ・事象・生物・感覚等との出合いは、対立や混乱を生起させるが、そこにこそ、新たな知見が生みだされ、発展への要因となるとの捉え方である。

(2) 関係性

　人間は地球生命系の一員であり、大気や水、大地や海、森林等に生息するさまざまな動植物との有機的な関連により生き続けることができる。また世界はグローバル化が進展し、文化・経済・政治、環境など多様な分野で相互に影響し合っている。

　こうした世界に多様な他者と共に生きるグローバル時代の人間形成における関係性を次の3つに収斂した[52]。

○　立体的な関わり

　　地球時代に生きる私たちは、事象をみるとき、点としてではなく、立体的な関わりを意識する必要がある。自分たちの生活が地域や世界各地とつながりをもっていること、現代社会は、過去と未来の歴史の流れの中に位置づいていることを認識し、行動する姿勢をもつ必要がある。

○　相互的関わり

　　関わりの基本は、対話において語り手と聴き手が交互に入れ代るように、相互的である。お互いが自由で平等の立場で、相互理解、相互信頼、相互尊重を心掛けることは、自立と共生による社会の人間関係の基本的な要件といえる。

第1章　グローバル時代の人間形成の要件の考察　41

○　共創的関わり

　　社会・集団などに、傍観者的に参加するのではなく、自分が共同体を構成する当事者であることを自覚し、知見を出し合い、少しでもよい結論を見つけようとする、「文殊の知恵」の意識をもつ、共に創る関わりが重要である。

(3) 当事者意識・主体的行動力

　当事者意識は、社会に生きる他者との関係を基調におき、能動的に社会行為を生み出す精神的態度である。

　当事者意識には、個人的当事者意識と社会的当事者意識がある。グローバル時代の当事者意識は、2つの視点から重要である。第1に、個々人の当事者の主権に関する事項である。障害者、子ども、女性、患者等、社会的弱者とみなされている人々が「自分のことは自分で決める」との基本的な権利をもつことを明らかにする方向である。第2に、グローバル時代の到来、多文化共生社会の現実化に対応した人間形成に関わる視点である。自分の考えをもって、希望ある未来社会の形成のために主体的に行動する地球的視野をもった市民としての当事者意識である[53]。

　主体的行動力とは、よりよく生きるための、自分（あるいは集団）の願いに基づき、自分の意志で判断し行動する姿勢や態度である。当事者意識が、より能動的行為となるのが主体的行動力と関連づける。所属社会の一員としての自覚をもちながら、さまざまな活動に参加し、自己の思考・判断により、選択し、当事者意識をもち、主体的に考え、行動する、その当事者意識・主体的行動力は、自己の生き方を自ら選択し、判断できる自立的選択権によって支えられている。

　共生社会において留意すべきは、個人的主体性と社会的主体性の調和である。個の主体性の強調が他者を強引に隷属させては、本来的意義が喪失する。個人的主体性と社会的主体性を統合的に高めていくことが必須なのである。

　なお、自立は、なすべきことが明確な状況下で、そのことに向かって、率先して行動することであるのに対し、主体性は、状況を把握し、なすべきこ

と自体をも考察し、判断し、行動することである。

(4) 自己変革・成長力

　自分の思想・信念・意見をもちながら、深く思考し、納得できる・共感できる他者の思想・信念・意見に啓発され、自己の考え方を変化させていくことは、グローバル時代の人間形成の重要な要素である。また未知なもの、自分とは異なる生き方や見解に、知的好奇心をもち、それらを吸収し、自己を変革・成長させていく柔軟な姿勢をもつことが大切である。

　自分を錬磨し、高みを求めていく自己変革・成長力は、グローバル時代を生きていく根本的な要件といえる。事象に遭遇したときに、高みを求めて、深く考え、感じつつ自己を広げていこうとする姿勢をもつことが、納得できる自分の生き方へと導き、自己の生き方（哲学）を形成していく。

　そうした意味で深い思考力は自己変革・成長の基盤といえる。

(5) 共感・イメージ力

　深遠な繊細さは、ものごとの本質を見とり、些細な行為にもそこはかとない配慮があることを感得させる。相手の立場や心情に響き合い、感じ取ろうとする姿勢が深い人間理解をもたらし、また、相手から信頼を得て、良好な人間関係を形成することにもつながる。こうした意味から「共感・イメージ力」は、「多様性」「関係性」「自己・成長変革力」「当事者意識と主体的行動力」の基盤と位置づけておく。

　多様な相手の立場や文化的背景などを想像する力が、相互理解を促進し、信頼感を育む。相手の心情に共感する感性をもつことが、人間同士としての、深い信頼をもたらす。一方、推察・イメージ力に欠ける言動は不信感、深刻な対立を生起させてしまう。相手が本当に伝えたいことへの共感が、納得できることを受け入れ、自己変革をもたらす。また、ものごとの本質を洞察する力が、当事者意識を高め、主体的に行動する意欲を高めていく。

　共感・イメージ力を育むことはグローバル時代の人間形成の基盤に関わるきわめて重要なことである。

第1章　グローバル時代の人間形成の要件の考察　43

目白大学人間学部児童教育学科編纂の論集『未来を拓く児童教育―現場性・共生・感性』には、グローバル時代の到来を視野に、人間形成における「共感・イメージ力」に関わる多数の論考を掲載している[54]。このことは、「共感・イメージ力」を育む教育の重要性を示唆したと受けとめられる。

2　グローバル時代の人間形成の要件の構造

グローバル時代の各要件間の関連・構造について検討する。その前提として、各要件を包含する「共生」の概念について考察する。

(1) 共生とは

「共生」とはいったいどのような概念なのであろうか。共生には、同質との共生と、異質との共生があろう。多様な文化・価値観をもつ人々が共存する諸国・地域に比して、わが国の社会は比較的同質な文化・価値観をもつ人々によって構成されてきた。しかし、グローバル時代の到来は、異質との共生を基調として社会への転換を現実化している。グローバル時代の人間形成の基調としての共生とは、文化や価値観などの異なる人々と共存し、対立や葛藤を克服し、希望ある未来社会を構築する異質との共生なのである。

以下に、異質との共生で重視すべき事項について考察していく。ユネスコ（United Nations Educational, Scientific and Cultural Organization）に長く勤務し、国際的な場で多彩な活動をしてきた千葉杲弘は「共生とは、自然と人間との共生、宇宙の秩序との共生の意味を包含する。いま新たな時代の教育と注目されている持続可能な開発のための教育（ESD：Education for Sustainable Development）の根底にも自然と人間と宇宙の秩序との共生がなくてはいけない。日本における共生は調和を重んじる傾向がある。しかし調和ばかりでなく未来に向けて何かを積極的に動いて変えて行く、共生観を発信していていく必要がある」[55]と述べている。

グローバル教育の研究者小関一也は合意や一致を必ずしも必要としない共生の在り方を論じている。

小関はカナダで出会った敬虔なカトリックとラディカルなフェミニストと

いう不思議な組み合わせの二人の友人たちが、「中絶や離婚、男女平等の在り方など、およそ合意が得られないようなテーマについて、身近な例を引き合いに出しながら、何度も何度も繰り返し話し合ってい事例を紹介し、「相手を説得するためにではなく、自分の考えを深く豊かにするために、二人は惹かれあうように時間を過ごし、語り合うことを止めなかった。共生とは、必ずしも合意や一致を必要としない。合意や一致が共生の最終目的ではない。たとえ、本質的に分かり合えない部分があっても、共にあることができる。合意や一致をえることの前に、共にあることそのものの意義に、私たちはもっと目を向けるべきだろう」[56]と記している。

　共生を動的な状態と捉えたのは山西優二の言説であった。山西は「現在の社会において、『人の間』に『人の中』に、文化間の対立・緊張関係が顕在化する中にあって、それぞれの人間が、その対立・緊張関係の様相や原因を、歴史的空間的関係の中で読み解き、より公正で共生可能な文化の表現・選択・創造に、参加しようとしている動的な状態として捉えることができる」[57]と述べている。

　千葉の見解に示された、「自然と人間との共生」「未来に向けて何かを積極的に動いて変えて行く」共生観、小関の示す「合意や一致がなくとも共にあること」の意義、山西の指摘する「動的な状態」としての共生は、異質との共生の根本理念と受けとめられる。

　共生に関する先達の見解に示唆を受けつつ、本研究では、「共生とは自然との共生を包含する深遠な概念」としつつ、人間社会における共生を「多様な他者が時空を共有することであり、ときには、恐れ、戸惑い、葛藤、対立などもあろうが、相互に影響し合い、新たな解や智恵を共創し、共に何かを変えていく。さらには、出会う前には、予想しなかった知的世界を共創していく動的状態」を「共生」とよぶこととする。

　共生社会において、留意すべき点を付記しておく。「平和」がときとして、時代の支配者にとって優位な状況をつくることと相似に、共生には、強者の論理による、均一化・個性の軽視・差異の抑圧・境界の固定などを誘発する危惧がある。あらゆる生命がひとしく尊重され、その融和が希望ある未来を

共創させる「共生」を希求したい。

(2) グローバル時代の人間形成の要件の構造の検討

　グローバル時代の人間形成とは、グローバル時代が現実化させた、異質との共生社会に生きる人間の形成である。それでは、グローバル時代の人間形成の要件とした、「多様性」「関係性」「自己変革・成長」「当事者意識・主体的行動力」「共感・イメージ力」の5つの要件はどのように関連し合っているのであろうか。構造的に検討する。

　多様な人・モノ・事象・感覚等との出合いをもたらす「多様性」、立体的な関わり、相互的な関わりによる「関係性」、自分の思想・信念・意見をもちながら、深く思考し、納得できる・共感できる他者の思想・信念・意見に啓発され、自己の考え方を変化させていく「自己変革・成長」、希望ある未来社会の構築・共創に向けての社会参画力として「当事者意識・主体的行動力」、この「多様性」「関係性」「自己変革・成長」「当事者意識・主体的行動力」の4つの要件は単体としてではなく、各要件が、特性をもちながらも、相互に関連し、相互浸透し合い、影響し合っている。

　その4つの要件が統合された中核を「共創」と位置づけた。「多様性」「関係性」「自己変革・成長」「当事者意識・主体的行動力」が、相互に関連し、相互浸透し合い、影響し合うことによって新たな解や叡智が共創されるからである。

　ものごとの本質を見とり、些細な行為にもそこはかとない配慮があることを感得させる。相手の立場や心情に響き合い、感じ取ろうとする「共感・イメージ力」は「多様性」「関係性」「自己変革・成長」「当事者意識・主体的行動力」の基調となる。「共感・イメージ力」が発揮されてこそ、多様な知見・感覚などを深く理解でき、対立や異見があろうとも、相互信頼が構築できるなど、共創にむけての各要件の有用性が増していくからである。

　4つの要件が「共感・イメージ力」を基調におきながら、共創に向かう、そのための基本の技能が「対話力」と捉えることとする。相互理解のための心性・態度とともに「自己内対話と他者認識を往還する対話」[58]によってこそ、

多様な文化や価値観をもつ人々とも相互理解を深め、相互信頼を醸成し、希望ある未来社会を共に構築できる。グローバル時代の人間形成は、さまざまな要件が統合、融合することにより実像となっていく。

3　グローバル時代の人間形成の定義

　人は、さまざまな人や事象との遭遇により、衝撃を受けたり、考え込んだり、悩んだり、歓びがこみ上げてきたりする。それらが内面で渦巻き、震動し、やがてそうしたものが、吸い寄せられるように集約し、表出される。また、他と出合い、絡み合い、啓発され、視野を広げ、思考を深めていく。こうした心揺さぶられる体験の中で「自己内対話と他者との対話」の往還が起こる。その累積から体得したエキスが、心に沁みこみ、やがて人間としての生き方の思想（哲学）となる。

　先行研究の分析・考察の成果から、本研究におけるグローバル時代に生きる人間を「世界（社会）がつながり、関連性をもって成り立っていることを認識し、さまざまな民族・生物が共存・共生する社会において、多様な文化・価値観などの差異を調整・調和し、また活用し、相手の立場や心情に共感し、イメージでき、利害の対立等の困難さをなんとか克服し、その過程で自己成長・変革しつつ、持続可能な地球社会を構築し、発展させる資質・能力、技能をもった主体的行動力をもつ人間」と定義しておきたい。

　共生社会とは、多様な他者との新たな解や叡智の共創を重視する社会である。「多様性」「関係性」「自己変革・成長」「当事者意識と主体的行動力」「共感・イメージ力」は、共創のための要件と位置づけられる。これらを有用に活用するための具体的な手立てが「対話力」なのである。

　図 1-2 はグローバル時代の人間形成の要件相互の関わりを表している。

　図 1-2 における「共生」とは、グローバル時代の人間形成が共生を基調におく社会に生きることを表している。共生の空間に「多様性」「関係性」「自己変革・成長」「当事者意識と主体的行動力」「共感・イメージ力」の 5 つの要件の関連を構造的に位置づけている。

　図に位置づけた「対話力」は、共生を基調におく社会において、「多様性」

第1章　グローバル時代の人間形成の要件の考察　47

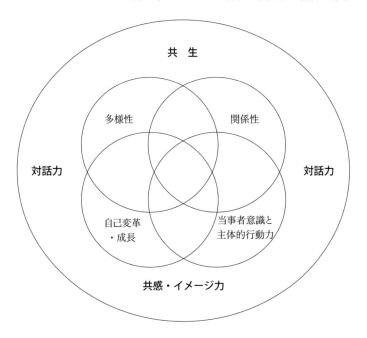

図1-2 グローバル時代の人間形成の要件相互の関わり

「関係性」「自己変革・成長」「当事者意識と主体的行動力」「共感・イメージ力」の5つの要件を結びつけ、融合させ、「共創」をもたらす基本技能であることを示している。

　本章において明らかになった事項を集約すると以下となる。
　第1に、グローバル時代の人間形成とは、グローバル時代が現実化させた、異質との共生社会に生きる人間の形成であること。第2に、グローバル時代の人間形成の要件は、「多様性」「関係性」「自己変革・成長」「当事者意識と主体的行動力」「共感・イメージ力」に整理できること。第3に、各要件は特性をもちながらも、相互に関連し、相互浸透し合い、影響し合っていること。第4に、「多様性」「関係性」「自己変革・成長」「当事者意識・主体的行動力」

が統合された中核に新たな智の「共創」が位置づけられること、その基調に「共感・イメージ力」があること。第五に、「多様性」「関係性」「自己変革・成長」「当事者意識と主体的行動力」「共感・イメージ力」の4つの要件が「共感・イメージ力」を基調におきながら、共創に向かう、そのための基本の技能が「対話力」であること。

　大きな課題は、グローバル時代の人間形成の基本技能としての対話力に関する理論的な考察が不十分な点にある。

　次章では、グローバル時代の人間形成における対話型授業の意義を明確にしていくため、対話型授業を支える「対話」の概念やグローバル時代の対話の在り方について分析・考察することとする。

注

1　森戸辰男『日本教育の回顧と展望』，教育出版，1959年
2　内海巌『国際理解教育』，民主教育協会，1962年
　　ユネスコの指導理念は、その時点での国際情勢や社会的背景の影響を強く受けて推移してきた。1947年の「国際理解のための教育」は、1950年には「世界市民教育」となり、さらに、1953年には「世界共同社会に生活するための教育」、1955年「国際理解と国際協力のための教育」、1960年「国際平和のための教育」、同年「国際教育と平和のための教育」と受け継がれていった。
3　中島彦吉『現代国際理解教育思想の展開―ユネスコの勧告とそれに対応する教育施策との関連を追って―』，表現社，1983年
　　中島はユネスコの国際理解教育を系統的に考査し、そこからわが国の国際理解教育の課題を明示した。
4　ユネスコの協同学校計画については、日本ユネスコ国内委員会編『国際理解教育の手引』，東京法令出版社，1983年、内海巌『国際理解教育の研究』第一法規，1973年、永井滋郎「ユネスコ協同学校計画専門家国際会議に関する報告」，『広島大学教育学部研究紀要』第2号，1973年，『国際理解教育　地球的な教育のために』第一学習社，1989年等を参照。
5　内海巌『国際理解教育の研究』，第一法規，1973年
6　日本ユネスコ教育開発国際委員会著，国立教育政策研究所内フォール報告書検討委員会訳『未来の学習』，第一法規，1975年
7　文化理解の重視に方向は、1956年の『東西両洋文化価値相互理解に関する重要事業計画』に概に示されていなが、この勧告によってユネスコの基本理念となっていった。なお、勧告は10節45項目からなり国際教育の各分野にわたり網羅的に組織づけられている。

8　室靖「新しい国際理解教育としての開発教育」帝塚山学院大学国際理解研究所『国際理解』第 12 号，1980 年，pp.3-4
9　田中治彦「日本における開発教育の現状と課題」日本教育学会『教育学研究』第 51 巻 -3，1985 年，p.49
10　開発教育協議会『開発教育―入会のご案内』，1983 年
11　小林哲也『海外子女教育・帰国子女教育』，有斐閣選書，1981 年
　　小林哲也編『異文化の育つ子どもたち』，有斐閣選書，1983 年
12　川端末人「歴史的展望による帰国子女教育問題」東京学芸大学海外子女教育センター編『国際化時代の教育』，1986 年，pp.19-20
13　鈴木正幸「海外・帰国子女の教育」日本教育学会『教育学研究』第 51 巻，第 3 号，1985 年，p.38
14　佐藤弘毅・中西晃・小島勝・佐藤群衛・坂下英喜・多田孝志編著『海外子女教育史』，（財）海外子女教育振興財団，1991 年
15　多田孝志「日本国際理解教育学会の回顧と展望」，日本国際理解教育学会編『グローバル時代の国際理解教育』，明石書店，2010 年に詳記
16　魚住忠久『グローバル社会と教育』，記念選集刊行委員会，2005 年
17　天城勲監訳『学習:秘められた宝―ユネスコ「21 世紀教育国際委員会」報告書―』，ぎょうせい，1997 年
18　千葉杲弘「1974 年国際教育の改訂を巡って」日本国際理解教育学会『国際理解教育』Vol.1，創友社，1995 年，pp.6-41
19　米田伸次「「平和の文化」の創造にむけて」帝塚山学院大学国際理解研究『国際理解』，30 号，1999 年，p.3
20　加藤幸次・小林哲也・新井郁男らにより『国際化時代に求められる資質・能力と指導』（『教職研修』教育開発研究所，1996 年）が編集された。本格的な論考集とはいえないが、20 名の研究者が、国際化時代に求められる資質・能力について分担・執筆している。国際化の到来に対応した人間形成に関わる資質・能力、技能について集約された萌芽といえよう。
21　多田孝志他編『現代国際理解教育事典』，明石書店，2012 年，pp.311-313
22　田渕五十生「世界遺産と国際理解教育」，日本国際理解教育学会編『グローバル時代の国際理解教育』，明石書店，2010 年，pp.196-201
23　渡部淳「国際理解教育の理念と概念」，同上，pp17-27
24　嶺井明子「シチズンシップ教育と国際理解教育」同上，pp.208-213
25　大津和子「国際理解教育の目標と内容構成」，同上，pp.28-39
26　森茂岳雄・高橋順一「国際理解教育における社会連携」，同上，pp.160-163
27　藤原孝章「教師のカリキュラムデザイン力」，同上，pp.40-45
28　多田孝志「学びの基本技能としての対話力」同上，pp.52-57
29　今谷順重『総合的学習の新視点―21 世紀のヒューマンシティズンシップを育てる』，黎明書房，1997 年
30　西村公孝『地球社会時代に「生きる力」を育てる』，黎明書房，2000 年

31 山西優二・上條直美・近藤牧子編著『地域から描く―これからの開発教育』,新評論,2008 年,pp. ii - iii

32 佐藤郡衛『異文化間教育』,明石書店,2010 年

33 吉谷武志「ヨーロッパにおける新しい市民教育―多様性への対応―」,佐藤群衛・吉谷武志編『ひとを分けるもの　つなぐもの』ナカニシヤ出版,2005 年,pp.91-112

34 中山あおい「国を越えるリージョナブルシティズンシップ教育」『国際理解教育』Vol.17,明石書店,2011 年,pp.55-64
　　　中山論文は、EDC は以下の 3 つの目標を提示していることを紹介している。①民主主義社会に積極的に参加するために必要となる知識、スキルとそうした能力を市民に提供すること。②対立と議論、葛藤の解決と合意、コミュニケーションと相互作用の機会をつくり出すこと。③権利と義務、行為と規範と価値、コミュニティにおける倫理的、道徳的課題について気づき（awareness）を提供すること

35 野崎志帆「市民性教育における人権と国際理解教育」日本国際理解教育学会『国際理解教育』Vol.17,明石書店,2011 年,pp.77-86

36 永田佳之「持続可能な開発のための教育（ESD）と国際理解教育」,日本国際理解教育学会編『グローバル時代の国際理解教育』,明石書店,2010 年,pp.214-219

37 横田和子「葛藤のケアからみる国際理解教育の課題」日本国際理解教育学会『国際理解教育』Vol.17,明石書店,2011 年,pp.23-33

38 石森広美「グローバルシチズンシップの育成に向けて」日本国際理解教育学会『国際理解教育』Vol.17,明石書店,2011 年,pp.3-12

39 藤田英典「グローバル時代に学校教育」,多田孝志・和井田清司・黒田友紀編『グローバル時代の学校教育』,三恵社,2013 年,p.67

40 北村友人「アジアの教育改革における公共性の問題―グローバル市民の育成と公正な社会の実現―」学習院大学における国際シンポジュウム配布資料,2013 年,
　　　北村は地球市民教育について下記に整理している。
・ポスト 2015 年開発・成長アジェンダにおいて、「地球市民教育」の重要性を提示する必要性。なぜなら、GCE は 21 世紀及びそれ以降に生きていくために 1 人 1 人が必要とする cognitive skills を補完する知識、スキル及び能力（competencies）を備えさせる教育である。
・GCE とは国際社会において共通する価値観（values）、態度（attitudes）及びコミュニケーションスキルを提供する教育である。現在の国際社会では政治、経済及び技術的な介入のみでは解決困難な問題が多く存在し、GCE が促進する共通の価値観などを国際社会が分かち合うことによって持続可能な開発（ESD）が保たれる。
・社会、政治、文化において、国際問題の理解、解決及び紛争予防のためには平和教育、人権教育、公平性及び多様性を受け入れるといった「地球市民教育」の役割が非常に重要となる。
・また GCE とは 1 人 1 人が地球市民教育を受けることによって、1 人 1 人が社会に積極的に参画し、社会の一員としての意識が向上し社会に還元する役割を備えている。
・さらに、GCE は学校環境においてジェンダー不平等を含む全ての差別、いじめ、暴

力、搾取、排除を取り除く教育であるべき。

41 松尾知明『21世紀型スキルとは何か』明石書店，2015年，p.9

42 石井英真『今求められる学力と学びとは』日本標準ブックレット，No.14，2014年，pp.2-3

43 西村公孝『社会形成力育成カリキュラムの研究　社会科・公民科における小中高一貫の政治学習』，東信堂，2013年

44 石森広美『グローバル時代の授業設計とアセスメント』，学事出版，2013年

45 西村公孝　前掲書，p.52

46 石森広美　前掲書，p.14

47 アーヴィン・ラズロ「持続可能な開発と21世紀の教育」教育改革国際シンポジウム基調講演，2006年

48 北村友人『国際教育開発の研究射程』，東信堂，2015年，p.192

49 佐藤学「持続可能性の教育の意義と展望」，佐藤学・木曾功・多田孝志・諏訪哲郎編著『持続可能性の教育』，東洋館出版社，2015年，p.13

50 佐藤学「想像力と想像性の教育へ」，佐藤学・今井康夫編著『子供たちに想像力を育む』，東京大学出版会，2007年，pp2-25

51 文化審議会文化政策部会 文化多様性に関する作業部会「文化審議会文化政策部会 文化多様性に関する作業部会報告―文化多様性に関する基本的な考え方について」，2006年

52 多田孝志「21世紀の人間形成に向けた学習論と移民学習」，森茂岳雄・中山京子編著『日系移民学習の理論と実践』，明石書店，2008年，pp.439-448

53 多田孝志 「当事者意識」，日本国際理解教育学会編『現代国際理解教育事典』，明石書店，2013年，p.131

54 目白大学児童教育学科編『未来を拓く児童教育―現場性・共生・感性―』，三恵社，2013年
　　本論集に掲載されている、小林恭子「積極的に音楽に取り組む感性の育て方」，佐藤仁美「アートコミュニケーション活動の教育効果」，江川あゆみ「清方の感性」は、「共感・イメージ力」の重要性を記している。

55 多田孝志『共に創る対話力』，教育出版，2008年，p.27

56 小関一也「ESD おける共生：合意や一致をこえたつながり」，多田孝志・手嶋利夫・石田好広編著『未来を拓く教育―ESD のすすめ―』，日本標準，2008年，pp.18-19

57 山西優二「エンパワーメントの視点からみた日本語教育―多文化共生に向けて―」『日本語教育』155号，2013年，p.10

58 佐々木文「国際理解教育の教材開発における〈動的対話〉の意義―安重根と千葉十七の相互理解の心理過程をめぐって―」日本国際理解教育学会『国際理解』Vol.l5，1999年，pp.24-38

第2章　対話型授業を支える対話理論の考察

　本章においては、対話型授業を支える対話理論を分析し、第3章の「グローバル時代の対話型授業」を考察する基礎研究を行う。

　まず、多様な対話理論に関わる先行研究を「真の対話と人間形成に関する対話論」「社会との関連を重視した対話論」「グローバル時代の人間形成に対応した対話論」に大別し、分類・整理する。

　この作業の上に、対話の概念を明らかにし、また、対話の機能・特色・意義・類型及び対話の基礎力について考察する。

　さらに、グローバル時代の現実化を視野に、そうした時代に対応したグローバル時代の対話の基本認識、グローバル時代の対話を生起させる要件を明らかにしていく。

第1節　人間形成に関する多様な対話理論

　対話は人間形成とどのような関わりをもっているのであろうか。対話型授業の学習効果を高めるには、真摯な態度で、深層性ある対話を生起させることが必須である。深層性ある対話を生起させる対話型授業を検討する基礎作業として、対話型授業を支える「対話と人間形成」との関わりを考察していく。

　「対話と人間形成」に関わる先行研究を「真の対話と人間形成に関わる研究」「社会との関連を重視した対話と人間形成に関わる研究」及び本研究に関わる「グローバル時代の人間形成と対話に関わる研究」の3類型に整理する。

1　真の対話と人間形成に関わる対話論

　「対話と人間形成」との関わりを考察するためには、真の対話とは何かを

検討することは重要である。真の対話こそが自身を高め、他者との共創的な関係を構築させると考えるからである。

真の対話とは何かを追求するため、対話と人間形成に関わる代表的な思想家である、オットー・フリードリッヒ・ボルノーとマルティン・ブーバーの言説を考察していく。ボルノーの言語観については、広岡義之[1]、森田孝[2]、川森康喜[3]等によって研究されてきた。

ボルノーは、「真の対話のなかで真の内省の問いが口を開くのです。それゆえ、困難になると容易に一つの問題から他の問題へと移行することによって、問題を巧みにかわすことは許されません。真の対話は、その対象に頑として留まらなくてはなりません。それは真剣に、また頑強に、問いが投げかける疑わしさを耐え、そうしてその深部に迫るのでなくてはなりません」[4]と記している。ボルノーはまた「対話においてのみ、人間の人間性は完成される」[5]と、人間形成における対話の役割の重要性を指摘した。

ボルノーの対話と人間に関わって注目されるのは菅沼静香の研究である。菅沼の論考「ボルノーにおける言語と人間形成との関わり」は、ボルノーの「人間としての尊厳」を豊かに表出する言語教育についての見解を考察している。菅沼は「彼は話を一般的現実に戻し、対話の人間的意義について述べる。即ち、相互的な対話において初めて人間の思索は創造的になり、深い認識に達すると考えた。ボルノーは対話のもつ深い人間的意義をここに提唱しているのである」[6]と記し、思索は相互的な対話によって創造されるとのボルノーの見解を指摘している。

吉田敦彦は、ブーバーの「対話しているかのようにみえる饒舌な二人が、実は独白を交換しているだけだということがよくある。結局のところ、自分のなかですでに出来上がった物語を交互に語っているだけで、関心があるのは自分であって相手ではなく、自分を語るために相手に向かって（しかし実は自分自身に向かって）語っている」[7]との言説を紹介している。

ブーバーはこのような「対話的に偽装されている独白」をする者を、「鏡の前の独白者 Spiegel-Monologist」と呼び、さらに「対話する二人の人間の、いずれか一方でも、また両方でもない。語られる言葉は、むしろ私が

〈Zwischen〉と名づける、個人と個人との間の波打ち振動する場に生起する。その〈間〉は、そこに関わる両方の人物には決して還元できない場である」と記している[8]。ブーバーの見解は、真の対話とは汝と我との「真摯な相互行為」であることを示したといえる。

ボルノー、ブーバーの言説から、真の対話は、真剣・真摯に自己や他者と向かい合う真摯な相互行為であるといえる。

次に、人間形成と対話との関係を森昭、海後勝雄の言説から解明していこう。

教育人間学の先達、森は「人間は言語によって事実を表示するだけでなく、それについて彼の意味する（思考する）ことを通して他人に通報する」、言語によって「会話が成立し、人の体験を認識でき、思想を吸収し、自分の物にできる」と記し、さらに、思考の本質とは「関係を発見する意識の作用」と規定した上で、「人間は知能（→思考）面で、世界に対して開かれた関係に立ち、またさまざまな関係に向かって開かれているだけではない。感情生活の面でも、世界とのあいだに豊かな関係をくりひろげていく」[9]と述べ、対話が「人格」の陶冶に深く関与することを示した。

また、教育学者海後勝雄は「言語教育の目的は、ただ認識や思考の力を育てたり、コミュニケーションの要求を充たすことに止まるものではない。そうではなくて、それらのはたらきを通じて、自由で能動的な人間を形成すること自体を目指すものなのである」[10]と論じ、言語教育の目的が「自由で能動的な人間を形成する」にあると指摘した。森・海後の言説は、対話が単なる情報の伝達にとどまらず，人間性の陶冶に関与していることを示している。

論者は沈黙の時間が人間性の陶冶に意味があると捉えているが、このことをスイスの思想家マックス・ピカードの言説にみてみよう[11]。

ピカードは、沈黙の意味について、「沈黙は単に人間が語るのを止めることによって成り立つのではない。単なる『言語の断念』以上のものである」「沈黙はその人間の中心なのである。人間のうごきは、ひとりの人間から直接に他の人間にはたらきかけるのではなく、ひとりの人間の沈黙から他の人間の沈黙に働きかけるのである」と述べ、また「人間の眼差しそれが包括的なるところの内在的な原動力である」とも記し、人間形成における沈黙の重

要性を指摘した。このことは、人間形成における「自己との対話」の意義を示したと受けとめられる。

　これらの真の対話に関する言説から、対話が人間形成に深く関与していること、皮相的・形式的でない「自己内対話」及び「他者と真摯に語り合う対話」が重要なこと、また対話が「関係性の形成」「能動的な人間の形成」に有用であること、また人間形成における「沈黙」の意義について示唆を受けた。

2　社会との関連を重視した対話論

　対話研究はやがて社会（人や事象、社会現象）との関わりを課題とする研究へと拡大していく。

　パウロ・フレイレは、社会改革の視点から対話研究に取り組んだ教育者である。彼は、ブラジル北東部の貧しい町、レシフェで貧しい農村の非識字の農夫たちに、意識化力としての言葉の読み書きを教えるという斬新な識字教育を始めた。

　フレイレは、「対話とは出合いであり、対話者同士の省察と行動がそこでひとつに結びついて、世界の変革に向かうもの」であり、「創造的行為」であるとし、「対話」の条件としては「愛　謙虚さ　信頼　信用　希望　批判的思考」の6つを上げている[12]。

　フレイレは、「対話とは世界を媒介とする人間同士の出会いであり、世界を"引き受ける"ためのものである」とし、「言葉を話すという本来の権利を否定されてしまった人がこれらの権利を得ることがまず必要だし、このような非人間的な攻撃を止める必要もある」と対話が社会変革や個々人の人間性の回復の手立てになることを主張した[13]。

　なお、フレイレは「一方の主体の思考内容を他方の主体に移し入れることを『伝達』と呼び、思考する諸主体が思考される対象を共に見つめつつ、互いにコミュニケートし合い、お互いの考えをお互いにとって意味のあるものにしようとする努力を『対話』と記している[14]。フレイレの言説は、個人と個人にとどまらず、「対話が社会との関連」をもつことを示したと言えよう。

　対話が社会との関わりをもつには、他者との関わりが重要な意味をもつ、

その他者との関わりについて、さらに考察を深めるため、バフチンの言説を検討する。

　ロシアの思想家・哲学者のミハイル・バフチンの言説は、対話における「他者との関わり」の意味を示している。バフチンは「文化はもう一つの文化のまなざしに照らされてはじめて、より完全に、より深く自らを明らかにする。一つの意味は、別の〈他者の〉意味と出会い、触れ合うことで、深みを増す。両者の間でいわば対話がはじまるのであり、対話はこれらの意味や文化の閉鎖性と一面性を克服するのである」[15]と述べ、さらに「対話を交わす両者の究極的な一致をめざすものではない。それは、差異を認め合い、差異を喜ぶだけでなく、場合によっては、論争、闘争を交わすもの」[16]と記している。

　バフチンの見解は、差違を認め合い、対立や異見をむしろ活用し、変革をもたらす対話の方向を示したといえる。このことは、冷厳な現実世界における「グローバル時代の対話力」の基本的な方向を示していると受けとめることができる。

　対話による他者との関わりの在り方を追求したのはドイツの哲学者ユルゲン・ハーバーマスであった。ハーバーマスは人間の相互行為を「成果志向行為」と「コミュニケーション的行為」にわけ、前者を道具的行為・戦略的行為とし、行為主体の主観に基づく独我論的理性のある一方的行為と断じ、後者、すなわちコミュニケーション的行為は、相互主観性や議論を重視する、とした。

　彼は、相互主観的なコミュニケーションとは、「複数の主体」が相互に意見や感情を表現することであり、その表現を他者（聞き手）が「了解」することで「合意としての真理」が非暴力的に形成できるとするものであるとし、「生きている他者の主張（反論）」を無視した「独我論的・モノローグ的な思想展開（一般的な結論や規則の提示）」に強く反対し、実際に相手とコミュニケートして「了解」を得るというプロセスを重視する相互主観的なコミュニケーション論を提起した[17]。

　ハーバーマスの言説は、対等な立場の参加者が「了解」し合うことを求め、コミュニケーションの在り方を提唱した点で、「共生社会における対話」の

在り方の根本ともなろう。このことは、対話場面における受容的雰囲気の大切さや、強圧的権力構造の打破などが「対話」による共創の要件であることを明示していると解することができる。

　直塚玲子、村松賢一、平田オリザらは、日本の風土の特質と対話との関わりや、日本のグローバル時代に対応した対話力を根づかせるための問題点について論究している。直塚は、欧米人と日本人とのコミュニケーション方法の相違と、そこから派生する誤解や摩擦について自己体験や調査をもとに、米国の教室での事例を「それぞれ意見の違いがあって当然で、対立意見を大いに歓迎する、という教師の態度はすがすがしかった。自信と余裕にみちていて、かつ謙虚であった。学生の方も、下手な遠慮をせずに、真正面から教師に挑戦していく、その率直さがそばでみていてほほえましかった。'Be original'（人まねをしないで、独創的であること）が、社会的に大きな価値をもっているからだろう」[18]と記している。

　他方、村松は「わが国の言語教育は伝統的に独語能力を目標としてきた」と指摘し、「話し合いによって意見を調整したり問題を解決したりする対話能力『ダイアローグ型言葉教育』への転換」を主張している[19]。また、平田オリザは、日本の社会において対話があまり使われなかった理由について、安土桃山時代以降の約300年間、人口の大半を占める農民たちが、「異なる価値観を持っている人々との対話がほとんどなかった」と記し、日本の伝統的な社会が対話力を育まなかったことを指摘し、その変化の必要を示唆している[20]。

　直塚、村松、平田の言説は、わが国における言語教育において、対話の在り方をグローバル時代に対応したものとする必要を示している。

　社会との関連を重視した対話論の考察から、対話は「社会との関わり」をもつこと、「多様性・複数の理性や感性などとの出合いによる対話」によってこそ思考が深まっていくこと、個々人を重視した「相互主観的な対話」こそ本来的であることなどを導き出すことができた。また対話における受容的雰囲気作りである「環境設定」の大切さが考察できた。さらにわが国は、伝

統的に異質な価値観をもつ人々との対話が少ない社会であったことが明らかにされた。

3 グローバル時代の人間形成に対応した対話論

　グローバル時代・多文化共生社会の現実化に対応した対話の在り方に関わる研究を検討してみよう。

　グローバル時代の対話の在り方について基本的考え方を示す、デヴィッド・ボームの言説を考察する。

　ボームは、「対話する際、さまざまな背景を持つ人々の基本的な想定や意見は、異なっているのが普通である」「また、サブカルチャーというものもあり、民族グループや経済状態、人種や宗教、その他何千もの基準によって、他と区別されているのである」と述べた上で、「自覚はないかもしれないが、自分の想定や意見が誤りだという証拠を示されると、受動的な態度でそれを守ろうとする傾向が見られる。別の意見を持つ人に対して、単に自分の意見を弁護しようとするだけの場合もあるだろう。このように自分の意見に固執していては対話などできまい」と記している[21]。ボームの示す、多様な文化・サブカルチャーの存在の認識と、異なるものへの対応の在り方は、グローバル時代の対話の要諦といえよう。

　服部英二はユネスコによる「文化の多様性に関する世界宣言から読みとらなければいけない非常に大きな点は、あの宣言では、他者の存在というのが、いわゆる寛容とか、異文化理解の領域をもっと越えているんです。自己が存在するためには他者が必要だといっているんです。他の存在が自己の存在にとって必要条件だといっているんです」[22]と述べ、グローバル時代の対話において、「寛容とか、異文化理解の領域」を超えて、他者の存在の意義を深く認識することの重要性を指摘する。

　ボームや服部の言説は、対話の本質が、一方からの理解・受容ではなく、相互の関わりによる相互浸透による自己変容であることを示している。また、批判的思考による真摯な論議こそが大切なことこを示唆していると受け止められる。

第 2 章　対話型授業を支える対話理論の考察　59

　グローバル時代の対話に関わる日本人の問題点と対応の方向を論じたのは
有元秀文であった。有元は、日本人の言語能力、コミュニケーション能力に
ついて「賛成か反対かをはっきり言わないのでもめごとが少ない」「質問を
したり、人を批判したりしないので、お互いに傷つかない」という長所があ
る。一方で、その長所が「お互いに理解するのが難しい」「よく話し合って
課題を解決するのが困難だ」という短所にもなってしまい、「国際化する現
代社会での相互理解と意思決定の障害になっている」と指摘し、さらに、国
際的な言語能力を高める方法として「自分の意見を率直に積極的に表現でき
るようにすること」「論理的に自分の意見を表現できるようにすること」「話
し合って論理的に課題が解決できるようにすること」の 3 つの手段を挙げて
いる[23]。

　グローバル化の進展と共に、グローバル時代の対話の方向について、さま
ざまな研究分野から見解が示されてきた。遠藤誠治、小川有美らは、世界の
冷厳な現実、グローバル対話社会の到来を視野に「分断や対立の現実を見据
えつつ、無力感や諦念に陥ることなく、対立や亀裂を克服し、社会的な紐帯
と連帯を創造する」ための対話の役割や可能性について論究をした[24]。

　また、門倉正美は日本語教育の立場から「学習者の既知の知識や関心を活
用させながら他者や社会と交わり、思考を深めるコミュニケーション能力を
育む」ことの必要を記している[25]。渡邊あやは、フィンランドのカリキュ
ラムすなわち『全国基礎学校教育課程基準』(Perusopertuksen opetussuunnitelman
perusteet) においては「言語をすべての学習の基盤として位置づけ、国語の
みならず、その他の教科等においても意識して育成に取り組むものであると
明記している」と報告している[26]。

　異文化間理解教育やグローバル教育、国際理解教育の視点からの対話研究
として、山岸みどり[27]、佐々木文[28]、倉地暁美[29]、吉村巧太郎[30]や横田
和子、岡本能里子の研究がある。倉地は、異文化間教育の立場から異質な文
化的背景を持つ人々との対話の在り方について論究し、横田は、国際理解教
育研究の立場から、ことばの身体性に焦点をあて、「個人のことばの能力とは、
他者のことばを獲得しながら、それまでにあった自らのことばの体系を壊し、

更新し、自らのことばを創造するというプロセスを指すものであり、それは
その人の生そのものを貫いて行われるプロセスということになる」と記して
いる[31]。

さらに、岡本は社会言語学研究の立場から、グローバル時代における対話
の在り方について、「ことばの学びは、他者とのコミュニケーションを通して、
不断に変化し協働構築される動的なプルーラルアイデンティティの更新を通
して起こる。これらの複数のアイデンティティ間を自由に行き来できる柔軟
性は、異なるコミュニティを構築する上で、貴重なリソースとなる」と差異
や対立・葛藤を生かし新たな知的世界を共創する方向を示している[32]。

グローバル時代の対話に関わる多様な論考から、世界の冷厳な現実を直視
しつつ、「異質な文化や価値観を持つ人々、相互理解が難しい人々との対話」
の必要が明らかになった。また、対話における「多様性の重視」「対立や異
見を克服し、むしろ活用していく対話力」の育成の必要が明示できた。また
このための「変化・継続する対話力」「批判的思考力」「ことばの多義性への
認識」、身体等による「非言語表現力」の必要も明らかにできた。

第2節　対話の概念

本節では、対話と人間形成に関わる先行研究の分析の成果を基調におきつ
つ、対話の概念について考察し、さらに機能・特色・意義の3つの事項を検
討することにより、本研究における対話の概念を明らかにしていく。

その前提として、対話の形態についての先達の研究を検討しておく。

1　対話の形態

対話の形態について、大石初太郎は、「会話」は日常の社交における応接
的談話や日常生活上の応待の話し方であり「対話」は広い範囲にわたるもの
であるとしている。また「対話」を知的要素の濃い「問答」と、情的要素の
濃い「会話」と、論理的要素の濃い「討論」とした[33]。大石は、対話の形
態について、1対1の対話と、それの複合形態としての「会話」に分類して

第2章　対話型授業を支える対話理論の考察　61

いる[34]。

　西尾実は「談話の形態は、まず話し手との関係が、話手は話手、聞手は聞手として固定するばあいと、話手と聞手とが交互に交替するばあいによって、独語と対話・会話との別が生じ、聞手の数が、一人であるか、二人以上であるか、また集団であるかによって、対話と会話と独語の別が生じる」と述べ、対話を1対1、会話を一対多数、独語を一対集団に分類している[35]。西尾は、集団の中での会話や自己内対話は対話には含めていない。

　倉澤榮吉は、西尾の対話論をふまえつつ、「対話ということの最も拡大解釈した端に、自己内対話がある。自己内対話の反対の端には（対話を拡大解釈した場合に）会話がある。会話というのは、対話型無秩序に飛びかうものである」と記し、対話の概念を自己内対話まで広げ、会話も広義には対話に含まれるとした[36]。

　翻訳家池田康文は、「従前の『ダイアローグ』と共に『トライアローグ』（古典ギリシャ語のトレイス＝3に由来）という、より複雑で創造的な対話がある。古典物理学では、2つの物体が重力で引き合う2体間の運動は容易に記述できても、3体間（多体間問題）は難しいとされてきた。運動を解析する要素が、より複雑になるからである。「対話」も、2人の間で交わされる（ダイアローグ）のときと、3人（あるいはそれ以上）のとき（トライアローグ）では、複雑さが異なってくる」と記し[37]、複数以上での対話の有用性としている。

　対話と会話の相違について、高橋俊三は、目的・性格・雰囲気・話題・結果の5つの視点から会話と比較し、表2-1 にまとめている[38]。

　劇作家平田オリザは、会話と対話の違いについて「『会話』＝価値観や生活習慣なども近い親しい者同士のおしゃべり。『対話』＝あまり親しくない人同士と価値や情報の交換。あるいは親しい人同士でも、価値観が異なるときに起こるその摺り合わせなど」と説明している[39]。

　対話の形態や関する先達の研究に示唆をうけつつ、本研究では、対話の形態を「自己との対話」および、1対1のみならず、複数以上の参加者同士による対話とする。また、さまざまな事象・生物等の対象をみつめての無言の語り合いも対話に包含する。

表 2-1　対話と会話のちがい

	目的	性格	雰囲気	話題	結果
対話	問題解決・創発 自己伸長	生産的	高質の真剣さ	深く固定的	物事や他者に対する 認識の深まり
会話	心身の新鮮さ	消費的	軟質の楽しさ	広く流動的	他者との人間関係の 広まり

（出典：高橋俊三『国語科話し合い指導の改革―グループ討議からパネル討論まで―』明治図書,2001 年,p.222）

2　対話の概念規定

　前節の対話理論の考察においてボルノーとブーバー、ピカード、フレイレ、バフチン、ボーム、さらに西尾実等、わが国における対話研究者たちの言説を検討してきた。

　先行研究に示唆を受けつつ、本論考における対話の概念を明らかにするため、バフチンの対話論についてさらに考察してみる。

　バフチンは、「言語活動（言語・発話）の真の現実とは、言語形態の抽象的な体系でもなければ、モノローグとしての発話でもありません。ましてや、モノローグ＝発話を産出する心的・生理的な作用でもありません。それは、ひとつの発話と多くの発話とによって行なわれる、言語による相互作用［コミュニケーション］という社会的な出来事［共起・共存］です」「言語とは本来、一方から他方へと受け渡されるようなものではありません。それは連続しているものです。しかも、絶えざる生成の過程として連続しえるものです。個々人の出来合いの言語を受け取るのではありません。個人の方から言語コミュニケーションの流れの中に入ってゆくのです」と記し、話し手が能動的、聞き手が受動的との安易な前提でなく、「相互作業による共存・共起」が対話の本質であると主張している[40]。

　バフチンは、話し手と聞き手の双方に「意味のある対話」を行うためには、決して自己と同一にならない「他者の存在」を必要とした。

　桑野隆は「バフチンにあっては対話は、複数の主体そのものの存在ではな

第2章　対話型授業を支える対話理論の考察　63

く、複数の十全の価値をもった了解が不可欠となっている。このような場合にはじめて、対話的関係が生まれる」と記している[41]。

　バフチンの思想を探求したマイケル・ホルクウィストは、バフチンのダイアローグ論における自己および他者との対話における「差異的関係」の重視を指摘し、「ダイアロジズムにおいては、意識をもちうる能力自体が他者性に基づいている。この他者性はたんなる弁証法的疎外ではない。弁証法では疎外は止揚への途次にあり、止揚は疎外に、高次の意識において統合的同一性を与えるが、そのような疎外ではないのである。それとは逆なのである。つまり、ダイアロジズムにおいては意識とは他者性のことなのである。もっと正確に言うと、意識とは、中心と中心でないすべてのものとの間の差　異　的関係なのである」と述べている[42]。

　このことは「他者との差違（ズレ）」こそが対話を意味あるものにするとの指摘と受けとめられる。

　なお、対話には自己と他者にとどまらず、自然・社会的事象や人間以外の生物などとの無言の語り合いがある。これらを総称して本研究では「対象」と呼ぶこととする。

　対話に関するさまざまな言説に示唆を受けつつ、本書では対話を「対話とは、自己および多様な他者やさまざまな対象と語り合い、差異を生かし、新たな智恵や価値、解決策などを共に創り、その過程で創造的な関係を構築していくための言語・非言語による、継続・発展・深化する表現活動」と概念規定しておく。

3　対話の機能・特色・意義

　対話の概念をさらに明確にするため、機能・特色・意義について考察する。

　対話の機能の第1はお互いの考えや感想、情報など伝達し合うことにある。しかし、対話の機能は、相互に情報や知識を「伝え合う・知らせ合う」ことにとどまらない。対話の第2の機能は、意思や感情を伝え合うことを通しての「人と人とのかかわりづくり」でもある。この対話の機能は、説明、説得、納得、共感などの行為となる。さらに相互理解、相互啓発、相互扶助を生起

させ、創造的・発展的な関係が構築できていく。したがって、対話力を高めていくことは、人間関係形成力の育成にもつながっていく。

　対話の第3の機能は、自己との対話や他者との対話，対象との対話を通して、新たな解や智恵を創発していくことにある。前述したバフチンは、「文化はもう一つの文化のまなざしに照らされてはじめて、より完全に、より深く自らを明らかにする。1つの意味は、別の〈他者の〉意味と出会い、触れ合うことで、深みを増す。両者の間でいわば対話がはじまるのであり、対話はこれらの意味や文化の閉鎖性と一面性を克服するのである」[43] と述べている。また、ブラジルの教育学者フレイレは、「対話とは出合いであり、対話者同士の省察と行動がそこでひとつに結びついて、世界の変革に向かうものであり、創造的行為である」と記している[44]。バフチンとフレイレは共に、対話が相互に影響し合う創造的行為であることを示している。

　先行研究の考察から、対話の特色は次の2点に収斂できよう。その1つは「相互的な関係」である。「相互に影響を与え合う言語・非言語による活動」である対話では、話し手と聴き手は絶えず入れ替わる。また、話し手は常に聴き手を意識し、聴き手は話し手に共感したり、納得したり、反発したりしつつ受け止めていく。こうした「相互的な関係」は、対話の2番目の特徴を生む。すなわち「継続・変化・発展・深化」である。

　話し手は、聴き手の反応により、話の内容や表現方法を変化させていく。聴き手は、話し手から受ける影響により、自分を変化させて、新たな自分の思考や感情を再組織する。この話し手と聴き手の変化は絶えず継続しつづける。そうした意味で「対話」とは終わりなき知的世界への旅であり、1つのステージにとどまらず、次々と深まり、広がっていく。したがって、対話とは継続であり、常に「プロセス」といえる。

　対話の意義の第1は、自分の考えを伝え、誰かに認識・理解・共感・納得してもらうこと、他者の考えを認識・理解・共感・納得することを通して相互理解を深めることにある。第2に、多様な人々が参加することにより、対立や異見を生かし、新たな解や智恵を共創することにより、協働の愉悦を共有し、信頼感を醸成していくことにある。第3に、そのプロセスを体験する

ことにより、参加者一人ひとりが自己成長し、対話する集団そのものも高まっていくことにある。

田近洵一は「話し合いは、相手の話をうけて、それとの関係でこちらの考えをまとめていく。当然、自己自身に対する（対自的な）問い直しもあれば、相手に対する（対他的な）反論もある。そこでは、相手と自分との関係をとらえる力や、相手に対して自分を関係づける力、その場で、思考をまとめる力など、関係の中で自己形成する論理的な思考力が求められるのである」と記し、対話における関係づくりや、参加者の成長の意義を示した[45]。

確かに、対話の意義は、1つの結論に至るよりも、それによって参加した人々が、思考を深めたり、広げたりし、その過程で、創造的な関係性を構築し、自己変革・成長していくことにある。

4 対話の類型

論者は、対話を4つの型に分類している。すなわち真理探究型・指示伝達型・対応型の対話、そして共創型の対話である。この4つの型の対話は、対話の基本的機能は共通している。ただ、それぞれの型には、目的、参加者相互の関係などに違いがある。各型の特徴を順次考察していく[46]。

(1) 対話の4類型

1) 真理探究型対話

ソクラテスと弟子との問答が産婆法とよばれるように、「生きる意味とは何か」「自然との共存はどうあるべきか」といった、真理を希求していく対話方法である。参加者の関係は、師と弟子のような上下関係である場合もあるし、友人同士のように対等な立場のこともあろう。

対話研究の碩学、ボルノーは「真理の獲得は、一人ひとりの孤独な思考においてではなく、共同的な思考においてのみ、つまり、人間相互の対話においてのみ可能である」「参加者が相互に深めた思考を出し合い、啓発し合うことによって多様な角度から論題（テーマ）に迫っていく対話ができていく」と述べている[47]。

真理探究型対話の基本的姿勢については、ブーバーの言説に示唆を受ける。ブーバーは、真の対話は、「対話の関与者が、その現存性と特殊存在において、現実にひとりの相手、または多くの相手を心に想い、相手と向かい合い、対話者と相手の間に生き生きとした相互関係を作りあげようとするもの」と述べている[48]。

真理探究型の対話は、他者と誠実に向き合い、相互関係を築くことによって生まれる。それはただ単に表面的に相手の話に合わせようとすることではない。課題を共に探究していく真摯な姿勢を共有することこそ大切なのである。また、自己との対話は、自己に問いかけ、自己を再構築していく真理探究の機会となる。

2) 指示伝達型対話

指示伝達型対話では、上下関係を基調とする。会社における上司と部下、集団スポーツにおける監督と選手との対話がその典型であろう。指示伝達型では、正確さ、的確さが重要となる。上位者は指示する内容を正確に伝えるように努めなければならない。また下位者は、指示された内容を的確に把握する必要がある。

指示・伝達を正確にするためには工夫がいる。相手の年齢、状況、性格、立場によって表現を変えないと正確には伝わらない。伝達される側も、指示伝達者の日頃の言動、性格、現在の状況や今後への見通しなどを勘案して受けとめると、指示・伝達された内容がより明確になる。

指示・伝達においても相手への配慮が重要である。伝達される側へのそこはかとない配慮があると、言語化された伝達事項以上の思い（言外の意図）を受け止めてもらえる。逆に威圧的な態度で相手に臨むと、皮相的な従順さはあるが、責任範囲を狭く受け止めてしまう傾向となる。また、こうした強圧的、指示伝達型対話が集団で繁用されすぎると、フェローシップが育たず、常に受身型で、当事者意識や自立心に欠く集団となることになる。

3) 対応型の対話

さまざまな軋轢や対立が起こってきたとき、それを解消するため交渉、契約、依頼、謝罪、要求、説得などを目的とした対話である。

対応型対話では次の3点が大切となる。第1に言語表現技術をもっていることである。それは巧言を弄することではなく、根拠のある論理的な発言、論議の流れを読取りポイントをおさえ、冷静に判断して説得力ある発言ができることなどである。

第2に相手に信頼感を与えることである。このためには相手を尊重し、相手の立場や思いをできるだけ理解していこうとする姿勢や、立ち居振る舞いをすることが大切である。

第3に、合意形成に向けてひたむきな姿勢をもつことである。具体的には、対立して解決すべき範囲が明確になってきたら、なるべく詳細に取り上げ、彼我の主張を整理し、それぞれの主張を客観的事実に基づき解析すること、留保条件、部分合意、段階的解決などの、対立を解消し、またむしろ生かすための、さまざまな手立てができることである。

交渉戦略理論の研究者印南一路は、交渉に関する誤解があるとして、「交渉事とは戦争でも喧嘩でもなく、お互いの利益の一致するところを叡知を尽くして捜そうとすることであり、双方が納得し、よかったと思える結果を協力して求めていくもの」と述べている[49]。

民族紛争解決のための国際会議にみられるように、実際の対立場面では利害損得や価値観の相違から、なかなか合意形成に至らない現実もある。また、恐喝、詭弁、水面下の取引、切り崩しなどが行われ、ときには相互不信が発生する。しかし双方が合意形成への意思をもち叡智を尽くして取り組むことにより、相手への理解や共感もうまれ、完全な一致に至らなくても、歩み寄ることはできることが多い。

4) 共創型対話

共創型対話の基本理念は、和の精神や相互扶助を基調とする「多様性の容認と尊重」にある。価値観や文化的背景が違う人々と、心の襞までの共感や、

完全な理解をすることは不可能であるかもしれない。しかし、互いに、英知を出し合い語り合えば、むしろ異質なものの出合いによってこそ新たな世界が拓かれる、共創型対話はこうした考えに立っている。

共創型対話の基本的な考え方を次の5点である。

○　創造的な関係の構築

　　共創型対話では相手は打ち負かすべき、利害損得を争う相手ではない。自分の提言、感想、意見を率直に述べ、相手のそれを傾聴しつつ共に課題の解決を目指す仲間であり、対話のプロセスを通して参加者たちが創造的な人間関係を構築することに目的がある。

○　少数者の意見と異質の尊重

　　多数決ですべてが決められていては、共創型対話は成り立たない。たとえ少数者であっても、その意見を尊重することにより、同質なものだけでは到達し得ない論議の深まりと広まりを求めていくことができる。

○　当事者意識・主体的参加意識

　　人は、さまざまな問題を自分の問題として捉えない限り、考えないし、行動もしない。一人ひとりが、自己が課題とつながりをもった当事者であるとの意識をもって参加することにより真剣かつ率直な対話が展開され、納得、共感できる結論に至ることができる。

○　変化への対応力・自己成長力

　　対話における変化への対応力とは、当初もった自説に固執することなく、相手の発言内容に納得ができたら、自己の見解を再組織していける力である。こうした変化への対応力は、観察・感受（情報収集）→要約（選択・分類）→自己の再組織化（再考・判断）→効果的な表現（行動）の一連の流れによってなされていく。

○　共感・イメージ力

　　対話とは、直接に人と人とが出会い、内容だけでなく、感情・情意をも入れて交流するものであり、そこから信頼関係も構築できる。重要なことは言語表現だけでなく、曖昧な感情や雰囲気、ニュアンスも大事にしながら、相手が真に伝えたいことを共感・イメージしようとする姿勢をもつこ

とである。このプロセスを通して、やがて少しずつお互いに共有できる価値観や概念を共創できる。

5 対話の基礎力 聴く・話す

対話力を高めるためには、基礎力育成が不可欠である。対話の基礎力としての、聴く力、話す（スピーチ）力、非言語表現力について、順次検討する。

(1) 聴く力

聴くことは対話の基本である。ジョン・デューイは「聴覚（the ear）と生き生きとほとばしる思考や情動との結びつきは、視覚（the eye）とそれと結びつきよりも圧倒的に緊密であり多彩である。観ること、（vision）は観照者（spectator）であり、聴くこと（hearing）は参加者（participant）である」と記し[50]、鷲田清一は「他者の声を聴くことの根底には、『自—他、内—外、能動→受動』という相互浸透的な場に触れるという経験がある」と対話における聴くことの意味を示している[51]。佐藤学は「聴き合う関係は共同体の構成において決定的に重要である。聴き合う関係は対等の言語を生成し、対話的コミュニケーションによる共同体の構成を準備するからである」と述べ、共同体の重要性を指摘している[52]。

聴くとは、聞き流すとは異なり、傾聴する、真摯に聴き取ることである。「聴く」とはよく受け身的にとられるが、実は積極的な行為なのである。聴く力を高めることが、対話力を育成することにつながる。

対話においては、①話者のメッセージを引き出し、②的確に受けとめ、整理・解釈し、③自己の思考・感情をもとに言語化し、④それを自己内でフィードバックし、修正を加えて再組織化し、⑤相手にむけ発信する、という相互交流活動が連続して行われる。この相互交流活動の中で、「メッセージを受け流す」のではなく、「メッセージを引き出し、整理し・解釈し考えをまとめる」、また「それを自己内でフィードバックして修正を加えて再組織化」する段階、それが「聴く」という行為に関わる。こうした意味で「聴くこと」は、相互啓発し合い、共創してよりよい結論を生み出したり、相互理解を深め、良好

な関係を築いたりするための対話の基本といえる。

コミュニケーション研究の先達斎藤美津子は、「『聴く』ということは簡単にできることではありません。その最初の段階として黙ること集中して最後まで聴く訓練をすることです。耳だけで聴くのではなく、目も、口もすべての感官を総動員して体全体（全身）で話し手に協力することです。つまりこれが自分を忘れ相手を受け入れる訓練で積極的な聴き方の根本的な態度です。努力と忍耐。この二つがなければ、積極的な聴く態度は身につきません」と述べている[53]。

斎藤はまた、メッセージの受け手と聴き方には2種類あるとし「積極的な聞き方をする人は、即座に温かい建設的な反応を送り手に送る。その結果、送り手は勇気づけられ、コミュニケーションを続けていこうとする元気がどこからともなく生まれてくるのを感じる。反面、半聞きしている人々は、送り手を落胆させるだけでなく、送り手のコミュニケーションを続けようとする努力を阻害する」と記している[54]。西尾実も、聴く力を身に着けることについて、「実は、決して容易なことではない。自分で自分の心を訓練しないかぎり、できないのが一般である」と記している[55]。

対話における「聴く」において、重要なのは、聴くから、相手にむけ発信するまでの過程である。聴くことにより生起する反発・疑問、納得・共感、混沌・混乱などを自己内で整理し、再組織する、そのプロセスが思考の深まりにつながっていく。

聴き手の聴き方・対応如何が話し手の語り、また対話の深化に大きく影響する。聴くことへの意識を高め、技術を習得する、それが対話力を育てる第一歩となる。

(2) 話す（スピーチ）力

対話の基盤としての話す（スピーチ）力を育む基本は、「他者意識」である。聴き手に分かりやすく話す、その要諦は、主張と事例である。主張とは自分が聴き手に伝えたいことである。美辞麗句をちりばめていても、聴いていて退屈するのは、主張が皮相的で、深みに欠けるスピーチとなる。

話者なりの見方・考え方、独創性があるとき、聴き手は引き付けられる。また、主張を分かりやすく話すために、聴き手が興味・関心をもつ事例を用意すると効果的である。「説得力ある話し方の要諦は相手へのサービス精神にある。相手が分かりやすく納得できるように、主張の明確化、論点や主張を支える根拠としての事例や資料の準備、聴き手を引き付ける話法やことばの選択等の工夫をすることが効果的である」[56]。

肝要なのは「伝えようとする意志」である。思いをこめて語れば、聴き手は引きこまれていく。このためには、聴衆に語りかける姿勢で語る、自分はどう思ったか、どう感じているか自己開示の勇気を秘めて場に臨む、話者の人柄を感じ取ってもらう、こうした姿勢を意識して語ることが、実際の場で表情に輝きをもたせ、聴き手の心にとどくスピーチとなる。

デール・カーネギーは「大切なのは何を話すかではなく、どう話すかということだ」と、スピーチにおける話し方の重要性を指摘している[57]。福田和也は「意見を述べるにあたって、話し方を工夫しようと考える人は、程度の差こそあれ、自分の意見、発想が、いかに自分自身にとってまっとうなのものであっても、他人にとってはそうであるとは限らない。つまり、自他の間に、一定の段差や溝があることを自覚している。自分にとって当然であったり、あるいは明晰な見解が、他人にとってそうであるとは限らない。むしろ他人にとってはそうとは限らない。この認識から、どのように意見を表現したらよいのかという問いが生まれる」と記し、相手を意識した話し方の工夫の必要性を述べている[58]。

「伝えようとする意志」と「話し方の工夫」は、相手に届くスピーチの要諦と言える。

(3) 非言語表現（ノンバーバルコミュニケーション）

対話においてノンバーバルコミュニケーションは重要である。L. A. サーバー、R. E. ポーター、N. C. ジェインは「非言語コミュニケーションは、コミュニケーションの場における、言語による刺激を除いたあらゆる刺激—人間と環境の両面から生ずるもの—を含む。それらは、メッセージの送り手や

受け手にとり、内在的な価値をもつものである」と定義する[59]。また、非言語コミュニケーションについて以下を列挙している。

◆　身体行動　　身体の動き　顔の表情　アイ・コンタクトと凝視
◆　身体特徴　　魅力　体臭　頭髪　口臭　皮膚の色
◆　空間の使い方　対人距離　縄張り
◆　接触行動　　撫でる　叩く　握手
◆　準言語　　　声の特徴　感情や体調からでる音間・沈黙のメッセージ
◆　人工品　　　衣服　装飾品
◆　環境要素　　建物　室内装飾　色　温度　音
◆　時間の使い方　優先順位　同時進行性

　ノンバーバルに関する研究のうち、対人的空間に関する分野は、プロクセミックス（Proxemics）と呼ばれている（近接学、近接空間学とも呼ばれている）。同じボディーバブル（対人距離）でも民族によって「よそよそしい」と「なれなれしい」の違いが生じる。
　言語的・分析的な知に対する、非言語的・包括的な知「暗黙知」の研究者マイケル・ポラニーは「我々は対象を構成している諸細目の集まりを統合して、対象を一つのまとまった存在として理解するが、そのとき我々は、それら諸細目の集合を身体に同化させることによって、身体を世界へと拡大させつづけているのである。我々は事物の諸細目を内面化する」と記しているが、このことは非言語コミュニケーションによる受け止めの重要性を示唆していると解することができよう[60]。
　時間に関してはモノクロニック（Monochronic time）、すなわちスケジュールを重視、物事を一つひとつ片付けていくと時間とポリクロニック（多元的）な時間（Polychronic time）すなわち計画やスケジュールよりも、その時々を重視し、複数の事柄が同時進行する、人間の関わり合いと相互交流に力点を置くような時間の使い方があるとされる。前者は、北米やドイツ、米国、後者は中南米・地中海地域・中近東・アラブ地域に傾向が強いとされている。

第 2 章　対話型授業を支える対話理論の考察　73

本名信行が指摘するように「非言語伝達は『言語と文化』の両方に関係した現象」であり[61]、文化の異なる人々との対話では極めて重要な表現方法であるといえよう。

第 3 節　グローバル時代の対話

本節では、対話理論に関する先行研究の考察から啓示を受けつつ、グローバル時代の対話について検討していく。

1　グローバル時代の対話の基本認識

グローバル時代、多文化共生社会における対話は、鷲田清一が記すように「分からないものを、分からないと知る」「知と不知との境界を知る」「相手との間にある深い溝に気づく」ことを自覚することから始める必要がある[62]。

佐藤学が、今後のグローバル時代の教育の方向について「一方的表象による他者認識、同化・差別・排除の構造、一元化された多文化認識」[63]の打破を指摘したように、相互理解の難しい他者を回避することから脱却し、むしろ他者の眼差しを生かす、多様な視野、複眼的思考をもつことが必須である。

以下にグローバル時代の対話について基本的に認識しておく事項について記す。

(1)　分かり合えないことを前提とした対話力の育成

自分にとって当然なことであったり、あるいは明晰だと思われたりする見解が、他人にとってそうであるとは限らない。だから「誠意を込めて語れば、自分の思いを完全に分かってもらえる」とは、対話の理想であるが現実ではない。

国際政治学者であり、現実主義の創始者とされる E. H. カーは『危機の 20 年』において、「健全な政治的な思考においては、現実の中にある問題点を発見し変革をもたらそうとするユートピア主義と、政治を動かしているのが権力であるとの厳しい認識の両方が必要である」[64]と論じている。グローバ

ル時代の現実化を展望した時、対話の理想と共に、現実に対応した対話の在り方を追求する必要があると考える。

多文化共生社会とは、多様な文化をもつ人々が、誤解、偏見、対立を内包し、相互理解の困難さの中で、共働、連帯していかねばならない社会である。多様な他者をつなぐものとしての対話力の育成が必要となる。たとえ心情的には誠意を持っていても、意味のあるプレゼン（コメント）ができなければ、国際的な状況では厳しい評価を受けることになる。

外国語の運用能力の問題でなく、説明、説得、共感、納得をうる総合力の育成が必要となる。他者を意識した表現への意識改革を基調とした技化の教育が必要である。

世界の国際ビジネスの現場で活動する寺田悠馬は「欧州で生活していると、ヨーロッパ人たちがお互いの距離を必死で縮めていくなかで培った、ある種の力強さを感じる。それはつまり、異なるアイデンティティに対する柔軟な対応力を持ち、相手を受容しながらも、しかし自らの主張は守り通すといった、研ぎ澄まされた国際感覚にほかならない」[65]、と記述している。

寺田の記す、自己を維持しつつ、他者と共生するためのグローバル時代、多文化共生社会の現実化に対応した対話力の育成は時代の要請にも関わらず、学校の教育の場では、充分に行われているとは言えない。

(2) 多様性・差違を生かす対話力の育成

エドワード・T・ホールは「外国の人たちと効果的に意思疎通をする方法を、われわれもそろそろ身につけなければならない。一緒に仕事をしていこうとする相手を、疎外することはもうやめなければならい」と述べ[66]、異文化対話論の立場から小坂貴志は、異文化をもつ人々との対話について、「対話論の核となる概念が差異である。あるいは差異に代表される多様性である。差異は対話の中で表出されると考えられる」と記している[67]。

グローバル時代とは異質な文化・価値観を持つ人々との共生の時代であり、そうした人々と共生するための、「多様性・差違を生かす対話力」の育成が重視される必要がある。

現代社会における対話の必要性について中島義道は、「〈対話〉とは、各個人が自分固有の実感・体験・信条・価値観にもとづいて何ごとかを語ることである」としつつ、「自分や相手の意見が途中で変わる可能性に対して、つねに開かれていること」、「〈対話〉のある社会とは、『なぜ？』という疑問や『そうではない』という反論が口をついて出てくるような社会である」と記している[68]。このことは、対話における自己の保持、自己変革の可能性、批判的思考の重視についての言及と受けとめられる。また、中原淳は「対話とは、『客観的事実』と『意味づけ』の関係に焦点を当てる社会構成主義（Social Construction）的な視点を持ちつつ、相互理解を深めていくコミュニケーションの形態と考えられる」「『対話』は、人々が物事やそれぞれの立場を理解し、わかったことを行動に移すきっかけになるような『創造的なコミュニケーション』である」と述べ、創造性や主体的行動力の必要を指摘している[69]。

　グローバル時代の対話の特質は、世界の冷厳な現実を視野に、相互理解の難解さを忌避せず、他者の文化や価値観などを疎外せず、むしろ差違を活用して新たな解や智恵を共創することにあろう。先行研究の分析・考察から、グローバル時代の対話を「参加者が多様な意見・感覚、体験などを真摯に出し合い、絡み合い、ぶつかり合い、対立・混乱・混沌をも生かし、調整・融和・統合し、そこから、新たな智を共創し、さらに、この過程が次々継続していくことにより、参加者相互が、視野を広め、思考を深め、協力して高みに至った成就感・親和感を共有する対話」と定義しておく。この定義をグローバル時代の人間形成を希求する対話型授業の基本に位置づける。

2　グローバル時代の対話を生起させる要件

　先行研究の分析・検討から得られた知見を基調に、グローバル時代の対話を深めていくための基礎要件について考察しておく。

(1)「ずれ」を活用した自己内対話と他者との対話の往還

　対話の意義は自己や他者との交流をとおして、新たな思考や感覚、叡智を創りだすことにある。その際に大切なのが「ずれ」の活用である。「ずれ」

を意識し、生かすことにより、「対話」をすることの意義は深まっていく。

1) ずれと自己内対話・内省的問い

　人が自己との対話を求めるのは、「問い」が生起した時である。自分の生き方や考え方と現実との「ずれ」を意識したとき、人は「問い」はじめる。問いには、「知識や情報を求める問い」と「内省的な問い」がある。「知識や情報を求める問い」により、さまざまな知識・情報を得ることで思考の幅を広げていく可能性が獲得できる。

　一方、自分を振り返る「内省的な問い」は「孤独と沈黙」を余儀なくする。孤独であることは、孤立とは異なる。孤独になり、自由に思いを巡らす時間を得ることにより、人は、本当に納得できる自己の生き方を見出していける。また自己を支えている他者の存在に気づいてもいく。

　また、「問う」ことは一定の答えを手に入れるための自己完結を目指すものではない。「内省的な問い」は連続し、絶えず1つの問いから次のステージを求める問いへと質を高めつつ進んでいく。「自己との対話」が「問い」を生み出し、「自己との対話」がこの「問い」を解明していく。そのプロセスは往還しつつ、しかも螺旋型に上昇していく。このプロセスを通して人は自己成長・自己変革していくのである。動的に、いつでも新たな地平を切り拓いていくものであるゆえ、決して終焉することはない。

2) 他者との対話における「ずれ」の有用性

　「自己との対話」をさらに広げ、新たな地平を切り拓いていくためには「他者との対話」が必要となる。他者との交流を通して感得される「ずれ」こそが、思考・感性に刺激を与え、混乱・混沌をもたらし、そこから、新たな解決策や叡智が創発される[70]。

　「他者との対話」は現実社会では、ときには困難なこともあり、折々に辛さをともなう。しかし、その困難さや辛いことをあえて行い、さまざまな「ずれ」に接する体験が、対話力を高め、人間としての基盤を拡大していくのである。

他人と理解し合うことは、きわめて困難であることを知りながら、なお、他人に話しかけようとする意識をもち続けることは、大変なことであり、勇気も必要である。「自分にとっては、当然であり、あるいは明快な見解が、他人にとっては、そうであるとは限らない」この認識から、どのように伝えたいことを表現したらよいのかという工夫が生まれる。対話の愉悦とは「ずれ」との出合いによる「揺らぎ」によりもたらされる。同調・同意を得ることもさることながら、自分では気づかない視点や感覚などが出され、真摯な批判を受けるとき、対話の愉悦が生起する。

(2) 不確実性、曖昧さの重視

理性偏重の思想は、理詰めの見方・考え方にこだわるあまり、対人関係における人間疎外を生起させる。論理的見解の偏重は、偏狭な見方・考え方を誘発する。

グローバル時代の対話を深めていくために大切なのは、不確実性、曖昧さ重視である。近代の合理主義は、効率を重視し、次々と業務をこなす時の過ごし方を近代化とした。「人の多様性を認め、生かす全人的な捉え方とは、そうした効率的な活動や時間使用の呪縛から脱却し、不確実、曖昧さ、無駄、稚拙さ、ゆっくり、混沌、揺れなどをも包含すること」[71]でもある。主題の探求に向かう共通認識さえあれば、意見や感覚の違い、対立、さらには、対談中のわずかな沈黙、的外れに見える意見、微妙なニュアンスのちがいなど不確実で、曖昧なものの表出が、対話に厚みをもたらし、時間はかかっても多元的・多層的な見方、考え方による対話をもたらす。

(3) 沈黙の時間

沈黙の時間それは「要約→自己再組織化→表出」に至る時間となる。たとえば対話における沈黙は、相手の意見を咀嚼し、さまざまな情報を集約し、それらを頭におきつつ自分の見解を再組織する時間となる。沈黙は無為の時間ではなく、高みに至るための活力を培う温床でもある。「沈黙を自己再組織化に結びつける時間、それは自由に思いを巡らすことを保証された時間な

のである」[72]。

　人が思いを巡らすとき、その有用なよりどころとなるのが、知識・情報である。たとえば、現代の事象の本質を問うとき、歴史的事実についての知識がヒントを与えてくれる。また、翻訳をする際、作者の意図をくみ取った適訳を模索しているとき、さまざまな知識や情報が道をひらいてくれる。そうした意味で、読書や対話などを通して、多様な知識・情報をもっていることは、思いを巡らし，思索を深める「浮遊型思索」[73]を充実させることにつながると考える。

　沈黙の時間帯には葛藤し、悩み、戸惑いが生起し、混沌が支配することもある。やがて、その時点での自分なりの考えや感想がまとまっていく、つまり混沌から創発に至る。こうして漂うように思考・感情が揺れ動き、思索が浮遊する時間を保障することによって、深い考察、多様な視野からの熟慮ができ、そうした個々人の自己再組織化により対話は深まっていく。

(4) 共感・イメージ力の練磨

　グローバル時代の人間形成の要件である「共感・イメージ」は対話においても重要な意味をもつ。相手の立場や文化的背景について、想像し、イメージすることにより、完全な理解や合意形成ができなくても、相手の思いを感得することはできる。お互いの真意を感得できるとき、親和感、信頼感が育まれていくからである。

　また中村雄二郎が「思考や論理は、感性を上から支配するものとしてではなしに、感性に支えられつつ、あるいはむしろ感性の自己秩序化ということのうちに、あらわれるだろう。そしてそこに、両者の新しい一体化あるいは結びつきへの方途が開らかれるはずである」[74]と記しているように、感性の覚醒による他者への共感・イメージ力が、対話の基盤とも位置づけられる。

　本章では、グローバル時代の人間形成を希求する対話型授業研究の基礎研究として「人間形成に関する対話理論」「対話の概念」「グローバル時代の対話」について考察してきた。

「人間形成に関する対話理論」については、ブーバー、ピカード、ボルノー、バフチン、フレイレなどの人間形成と対話との関わりについての先行研究を分析し、整理した。次に、グローバル時代の対話に関する先行研究を考察し、これまでの研究の経緯を把握した。

これらの作業の上に、本論考における「対話の概念」を検討し、対話の形態・機能・類型・基礎力を示した。次いで、グローバル時代の対話の特色について検討した。

本章における、先行研究の分析、対話の概念の検討から析出できたグローバル時代の人間形成に関わる対話の要素、また対話力を高める要件とは何かについて以下に整理できた。

第1は、対話の基本的構成要素である。対話の構成要素には「自己内対話」「他者との対話」「対象との対話」がある。また、対話の基礎力として、聴く・話す・非言語表現力がある。第2は対話の目的である。対話の目的は、「多様性」を活用し、新たな解決策・智恵を共創することであり、その過程で共創的な「関係性」を構築することにもある。第3は、グローバル時代の対話の特色についてである。相互理解の難しさを前提としつつ、対立や異見を活用する対話力であり、このための要件として、「主体的な対応力」「自己変革・成長力」「共感・イメージ力」が必要であり、また「雰囲気作り」「沈黙の時間の活用」「対話を継続する力」等が重要であることが導き出された。

第3章では、本研究の基調をなす「グローバル時代の対話型授業」に関わる学習理論について分析・考察していく。

注

1　広岡義之『ボルノー教育学研究』上巻・下巻，創言社，1998 年
2　オットー・フリードリッヒ・ボルノー　森川孝・大塚恵一訳『問いへの教育』，川島書店，1988 年
3　川森康喜『ボウノウ教育学研究』，ミネルヴァ書房，1991 年
4　オットー・フリードリッヒ・ボルノー　森田孝・大塚恵一訳『問いへの教育』，川島書店，2001 年，pp.190-191
5　オットー・フリードリッヒ・ボルノー　浜田正秀訳『人間学的に見た教育学』，玉川大学出版部，1996 年，p.138

6　菅沼静香「ボルノーにおける言語と人間形成との関わり」『早稲田大学大学院教育学研究科紀要』，別冊，2012 年

7　吉田敦彦『ブーバーの対話論とホリスティック教育』，勁草書房，2007 年，p.64

8　同上書，p.67

9　森昭『教育の本質と人間の生成』，講義用資料，自費出版，1950 年代後半使用

10　海後勝雄「言語教育の基礎理論」，梅根悟・勝田守一編『現代教育学講座 2』，河出書房，1957 年

11　マックス・ピカード　佐野利勝訳『沈黙の世界』，みすず書房，1993 年，p.7，pp.77-78

12　パウロ・フレイレ『被抑圧者の教育学』，亜紀書房，1979 年

13　パウロ・フレイレ　三砂ちづる訳『新訳被抑圧者の教育学』，亜紀書房，2011 年，pp.120-121

14　パウロ・フレイレ　里美実・楠原彰・桧垣良子訳『伝達か対話か』，亜紀書房，1982 年

15　桑野隆「対話的流動性と創造的社会―バフチン的社会学の今日的意味―」，『思想』（940）岩波書店，2002 年，pp.5-24

16　桑野隆『バフチン〈対話〉そして〈解放の笑い〉』，岩波書店，1987 年，p.9

17　ユルゲン・ハーバーマス　藤沢賢一・岩倉正博・徳永恂・平野佳彦・山口節郎訳『コミュニケーション的行為の理論』，未来社，1986 年，p.22

18　直塚玲子『欧米人が沈黙するとき』，大修館書店，2002 年，pp.6-7

19　村松賢治「モノローグ型話し言葉からの脱却の必要」『国語教育』No. 313，1998 年，pp.4-9

20　平田オリザ『対話のレッスン』，小学館，2001 年

21　デヴィッド・ボーム　金井真弓訳『ダイアローグ』英治出版，2007 年，p.49，p.53，pp.67-68，p.102，p.103

22　服部英二・鶴見和子『対話の文化・言語・宗教・文明』，藤原書店，2006 年

23　有元秀文『「相互交流のコミュニケーション」が授業を変える』，明治図書，2001 年

24　遠藤誠治・小川有美編『グローバル対話社会』，明石書店，2007 年

25　門倉正美「〈学びとコミュニケーション〉の日本語力」，門倉正美・筒井洋一・三宅和子編『アカデミック・ジャパニーズの挑戦』，ひつじ書房，2006 年，pp.3-20

26　渡邊あや「フィンランドにおける言語活動充実のための取組」，『山形教育（山形県教育センター紀要）』No.360，2011 年，pp.14-17

27　山岸みどり「異文化間リテラシーと異文化間能力」，『異文化理解教育』（11），1997 年，pp.37-51

28　佐々木文「かかわりと対話という身体的アプローチ」，『国際理解教育の基礎理論の検討及び結果を適用した初等教育における教材開発に関する研究』博士論文，2002 年

29　倉地暁美『対話と異文化間教育』，勁草書房，1992 年

30　吉村巧太郎「公共性を視点としたグローバル教育」,『グローバル教育』Vol.7,
　　2005 年, pp.30-45
31　横田和子「ことばの豊饒性と国際理解教育」『国際理解』Vol.14, 2008 年,
　　pp.46-63
32　岡本能里子「国際理解教育におけることばの力の育成―大学における協働学習を
　　通した日本語教育からの提言」,『国際理解教育』Vol.16, 2010 年, pp.67-73
33　大石初太郎『日本語教授原論』, 新紀元社, 1943 年, pp.306-307
34　大石初太郎『話しことば論』, 秀英出版, 1971 年, p.24
35　西尾実『国語教育学の構想』, 筑摩書房, 1968 年, p.50
36　倉沢栄吉「対話の指導」, 倉沢栄吉『倉沢栄吉国語教育全集 10　話しことばによ
　　る人間形成』, 角川書店, 1989 年, p.424
37　池田康文「対話とコミュニケーション」, 目白大学公開講座配布資料, 2013 年
38　高橋俊三『国語科話し合い指導の改革―グループ討議からパネル討論まで―』明
　　治図書, 2001 年, p.222
39　平田オリザ『対話のレッスン』, 小学館, 2001 年, p.152
40　ミハイル・バフチン　北岡修訳『ミハイル・バフチン著作集』, 新時代社, 1980 年, p.208
41　桑野隆『バフチン　新盤　〈対話〉そして〈解放の笑い〉』, 岩波書店, 2002 年, p.120
42　マイケル・ホルクウィスト 伊藤誓訳『ダイアローグの思想』, 法政大学出版局, 1994 年,
　　p.27
43　桑野隆「対話的流動性と創造的社会―バフチン的社会学の今日的意味―」,『思想』
　　(940), 岩波書店, 2002 年, pp.5-24
44　パウロ・フレイレ 三砂ちづる訳『被抑圧者の教育学 新訳』, 亜紀書房, 2011 年,
　　pp.120-121
45　田近洵一『話しことばの授業』, 国土社, 1996 年, p.13
46　多田孝志『対話力を育てる』, 教育出版, 2011 年, pp.33-59
　　多田は対話の 4 類型について記し, とくに共創型対話育成の方途を詳記している。
47　オットー・フリードリッヒ・ボルノー　森田孝・大塚恵一訳『問いへの教育』, 川島
　　書店, 1978 年, pp.190-191
48　吉田敦彦『ブーバーの対話論とホリスティック教育』, 勁草書房, 2007 年, p.64
49　印南一路「交渉戦略の理論」『ハーバード・ビジネス・レビュー』ダイヤモンド社,
　　2001 年
　　印南は, 国際交渉で留意するべき要件として, 交渉は駆け引きである, 交渉は経験
　　のみで十分学べる, 交渉は術でしかない, 普遍的交渉戦略が存在する, 交渉力は先
　　天的なものであるという, 5 項目を示している。
50　ジョン・デューイ　阿部斉訳『公衆とその問題』, ハーベスト社, 2010 年
51　鷲田清一『聴くことの力』, TBS ブリタニカ, 2002 年, pp.194-195
52　佐藤学『学校改革の哲学』, 東京大学出版会, 2012 年
53　斎藤美津子『きき方の理論』, サイマル出版会, 1972 年, p.37
54　斎藤美津子「新しい話し方―ヒューマン・コミュニケーションの理論―」, 文化庁『話

し方』22，1991 年，p.46

55　西尾実『西尾実国語教育全集』，教育出版，1975 年

56　多田孝志「説得力を育む、話し方・聴き方」日本国語教育学会『国語教育研究』No483，2012 年，p.1

57　デール・カーネギー，市野安雄訳『話し方入門』，創元社，1996 年，pp.123-124
　カーネギーは本著で、12 章にわたり、よいスピーチをするための要件を具体的事例を駆使しつつ説明している。

58　福田和也『悪の対話術』，講談社，2000 年 参照

59　西田司他訳『異文化間コミュニケーション入門』，聖文社，1983 年，p.213

60　マイケル・ポラニー，佐藤敬三訳　伊藤俊太郎序『暗黙知の次元　言語から非言語へ』紀伊國屋書店，1980 年，p.51

61　本名信行「ノンバーバルコミュニケーション」，『異文化理解とコミュニケーション』1994 年，p.264

62　鷲田清一『まなざしの記憶―だれかの傍らで』，TBS ブリタニカ，2000 年，pp.66-67

63　佐藤学「21 世紀の学校における国際理解教育」，『国際理解教育』Vol.17，明石書店，2011 年，pp.98-99

64　エドワード・ハレット・カー，井上茂訳『危機の 20 年』，岩波書店，1996 年

65　寺田悠馬『東京ユートピア』，文芸社，2012 年，p.97

66　エドワード・T・ホール，國弘正雄・長井善見・斉藤美津子訳『沈黙のことば』，南雲堂，2006 年，p.8

67　小坂貴志『異文化対話論入門』，研究社，2012 年，p.8

68　中島義道『〈対話〉のない社会―思いやりと優しさが圧殺するもの』，PHP 研究所，1997 年

69　中原淳・長岡健『ダイアローグ―対話する組織―』，ダイヤモンド社，2009 年
　社会構成主義は、今世紀を代表する社会思想であり、人文社会科学の各分野に強い影響を与えているメタ理論である。中原は、その意味を、「物事の意味は客観的事実ではなく、社会の構成物であり、ふだん私達が客観的に存在していると思っている物事の意味が、実は人々の社会的なやりとりの結果としてつくり出されたものであり、絶対的にゆるぎない物事の意味など存在しないということである」と説明する。

70　多田孝志「対話を成立させている要件」『教育研究』，2013 年，pp.18-22

71　多田孝志「感性的アプローチによる国際理解教育の実践研究の探究」『国際理解教育』Vol.19，2013 年，p.103
　ここでは、国際理解における感性・感受性に重要性について論じた。

72　多田孝志『地球時代の言語表現』，東洋館出版社，2003 年，pp.37-39
　地球時代に求められる言語表現力をテーマに、地球時代の人間形成と対話、対話の基礎力としての話す力・聴く力、対話の概念などについて理論研究をなし、実践への指針を示した。その後刊行した、『対話力を育てる』『共に創る対話力』『授業で育てる対話力』の 3 部作の基盤となっている。

73 多田孝志「共創型対話における浮遊型思索と響感・推察力の意義—21世紀の人間形成と対話—」『目白大学人文学研究』第7号，2010年，pp.185-190
「浮遊型思索の時間」とは、現象としては、沈黙・瞑想・孤独、場合によっては「書く」時間でもある。その時間帯には葛藤し、悩み、戸惑いが生起し、混沌が支配することもある。やがて、その時点での自分なりの考えや感想がまとまっていく、つまり混沌から創発に至る時間とした。
74 中村雄二郎『感性の覚醒』，岩波書店，1979年，p.11

第3章　グローバル時代の対話型授業の要件の考察

　本章では、まず、協同を原理とする学習論、「構成主義」を原理とする学習論、「持続可能」を原理とする学習論について検討し、さらに対話型授業に関わる理論研究を分析し、そこから、「対話型授業の理論・実践上の特質」を明らかにする。

　次に、第1章において析出した「グローバル時代の人間形成」の要件と「対話型授業の理論・実践上の特質」を関連づけ、「グローバル時代の対話型授業」を定義する。また、「グローバル時代の人間形成」の観点から、第4章における対話型授業の実践校の研究を調査・分析するための視点を選定し、設定する。

第1節　グローバル時代の人間形成に関わる学習論

　対話型授業の学習論としての特質や実践上で重視すべき要件を明らかにするため、グローバル時代の人間形成に関わる学習論を分析・考察する。

1　「協同」を原理とする学習論

　「協同」は共生社会を生きる基本原理である。対話型授業は、「協同」を原理とする学習論に包含されると考える。

　近代教育における、対話型授業に関わる研究の端緒はアメリカを代表する哲学者・教育思想家であるデューイに求められる。デューイは、「学校の第一の仕事は協同的・相互扶助的な生活の仕方について子どもたちを訓練し、彼らの中に相互依存の意識をやしなうこと」[1]と記し、教育の実践的立場から、プラグマティズムの実験主義哲学によって、進歩主義教育の理論的な基礎づ

けをした。

　デューイは「人間的であることを学習することは、コミュニケーションの
ギブ・アンド・テークを通して共同社会の個人的に独自な成員であることの
有効な感覚を発展させることであり、共同社会の信条、欲求、方法を理解し
かつ評価し、生来の有機的能力を人間的手段と価値とに変換することにいっ
そう貢献する人になることである」[2] と記述し、「社会的探究に取り組む人間
とは、本質的に〈協働探究者（coinquirer）〉であり、他の探究者とともに問
題への関心を共有し、探究過程で対話する能力を培い、相互の意味体系を豊
かにするよう協力しあう」[3] と述べている。デューイは教育における実践重
視の方向を示し、またその実践検証から、学習における「協同の重要性と対
話の必要性」を指摘した。

　わが国においては、1990 年代に入ると、学習を個人の変容に焦点化せず、
社会や文化の実践との関係から捉えるという見方が提唱され、教育と学習を
文化的実践としてみる考え方から「学びの共同体」[4] による協同の学びに関
心が集まってきた。

　協同的な学びの理論研究を推進したのは稲垣忠彦[5]、佐伯胖[6]、佐藤学等
であった。佐藤は、「既知の世界から未知の世界へ到達する学びは対象世界、
他者、自己との出会いと対話という 3 つの対話的実践の統合であり、それ自
体に協同のプロセスが内在している。協同的な学びは、この学びが内在して
いる協同のプロセスを意図的に組織した学びの様式である」と記し[7]、さら
に「学びの学習を意味と人間関係の編み直し（retexturing relations）として再
認識するとすれば、学びの実践は、学習者と対象者との関係、学習者と彼／
彼女自身（自己）との関係、学習者と他者との関係という三つの関係で編み
直す実践として再定義することができるだろう」と述べている[8]。佐藤の記
す「人間関係の編み直し」とは「複雑で多様な苦悩を抱えている子どもたち」
「職場の多忙性や相互孤立や意見の対立などで憔悴しきる日々を過ごしてい
る教師たち」[9] に学びの協同の愉悦をもたらすことを意味すると受けとめる。

　こうした佐藤の見解は、本研究のテーマである対話型授業が「協同の学び」
であり、創造的な人間形成の構築に有用に関わっていることを明示している

といえよう。

この理論は 1990 年代以降、授業改革の中心課題として広範に普及しているが、それは、デューイの「学びの共同体」、レフ・ヴィゴツキーの「発達の最近接領域」[10] に基礎をおいている。これは産業主義社会からポスト産業主義社会への転換によって、同時に教育の時代も「量」から「質」へと転換したことが背景にある。時代の転換により、一斉教授や個人学習といった既存の授業様式ではなく、「思考と探究と表現」を重視する協同的な学びを中心とする授業様式の実現が求められているのである。

なお、協同学習そのものについての先駆的研究としては、協同学習の要素についての、D.W. ジョンソンの言説[11]、杉江修治による協同学習の具体的方法の紹介[12]、和井田節子らによる幼児教育から大学までの協同の学びに関する実践的研究[13] がある。本研究における対話型授業を協同の学習と位置づける。

2 「構成主義」を原理とする学習論

対話型授業は「構成主義」を原理とする学習でもある。学習は本質主義（essentialism）と構成主義（constructivism）とに大別できよう。前者が普遍的知識の習得を目的としているのに対し、後者は「社会的関係性の中で知識を構成していくプロセスを重視しており、学習者を中心とした対話・交流型の学習をとることが多い」[14]。以下にグローバル時代の人間形成に関連の深い、主な構成主義的学習を取り上げ、対話型授業との関連を考察し、対話型授業は「構成主義」を原理とする学習でもあることを確認する。

(1) 修養としての学びと対話による学び

「修養としての学び」とは、学習者が自分自身のものの見方を意識化し、その限界や矛盾に気づき、新たなものの見方を生み出す学びの方法である。いわば自己の内面を深く掘り下げることであり、自己内対話として沈黙、瞑想などの学習状態をとる。

ボルノーは、対話は、「共鳴し合う過程を通じてと同様に―交互に高め合

う事によってはじめて、きわめて深い生の問題に迫るような現実的な対話にまで到りつくのです」[15] と記している。交互に高め合うためには、個々が自己の内面を高める必要があろう。片倉もとこはイスラームにおける祈りの意味を「祈ることによって、ふだんはねむっているエネルギーが解放される」[16] と記し、人間の内面世界の存在を認め尊重する。「魂にみちた教育」の提唱者ジョン P. ミラーは、「瞑想」を重視し、自己の内面世界を広める具体的な方法を紹介している [17]。

「対話による学び」は、多様な他者と思考を深め、協同の学びの場を創りだし、相互啓発しつつ高まっていく学びの方法である。他者とのつながりを意識し、ちがいを尊重し、変化のプロセスを重視することにより、一人では到達できない高みに至り、また視野を広げていく学びである [18]。

平野智美は「教育的行為を『主体―主体』モデルへのコミュニケーションへの転換が急務である」「相互主体的コミュニケーションの『関わり』を通して、子どもを真に知ることができ、そこに真の教育的行為が実現される」と指摘する [19]。

自立と他者との共存は共生社会の基本であり、一人ひとりの内面を高める「修養としての学び」と、相互啓発し合う「対話による学び」は、グローバル時代の人間形成の基盤を形成する学習といえよう。

このことは、「修養としての学び」（自己内対話）と「対話による学び」（他者や対象との対話）の往還がグローバル時代の人間形成を希求する対話型授業の基調であることを明示していると考える。

(2) 課題探究型学習

「探究とは、不確実な状況を、確定した状況に、すなわちもとの状況の諸要素をひとつの統一された全体に変えてしまうほど、状況を構成している区別や関係が確定した状況に、コントロールされ方向づけられた仕方で転化させること」「われわれは疑問をもつとき探求する」[20]、このデューイの反省的思考論は、探究型学習の本質を表している。

不確実な状況に対応でき、疑問の解明に取り組んでいける資質・能力を高

めていくことは、ダイナミックに変化し、先行き不透明なグローバルな時代に生きるための対応力を高めていくことにつながる。

　課題探求型学習は通常、課題の設定→探究→表現へと展開していく。学習課題の設定が重要となる。学習者にとって、やや高度であり、多様な角度から論議でき、また文献だけでなく、フィールドワークやインタビューなど、さまざまな活動が必要な学習課題の設定が学習意欲を高める。こうしたことから、学習課題の設定が大きな意味を持つ。

　探究段階では、論議を深め、課題を探求するための対話の活用が学習効果を高め探究の内容を豊かにする。表現段階では、プレゼンテーションの技能と共に、探究した成果、そこから得た知見などの独自性ある報告・提言内容が大切である。

　課題探究型学習では、不確定な状況から解決策を生み出すとき、学習者が混乱したり、対立したりする、こうした「学習の各ステージ」[21]で、さまざまな見解を調整・統合しつつ、より高次な知的世界を探究していくとき、「対話」の活用が有用な手立てとなる。このことは対話型学習が課題探究型学習でもあることを明示している。

(3) 参加型学習

　主体的な行動力はグローバル時代の人間形成の重要な要件である。参加型学習とは、「参加」という基本原理の実現を目指す学習であり、学習者の主体的参加を基本とし、学習者間の対話や交流を核とした相互啓発・作用による学びを重視し、探求行動と発見を軸に進める学習である。また学習者の内的成長の場面として自己内対話による「気づき」「振り返り」を重視していく。

　参加型学習では「学習者の緊張を解き、その場の雰囲気を和ませるなかで、学習者のもっている知識や経験、考えを引出し、対話を生み出し、相互の学び合いを促進していくことを大切にする」[22]。

　また、何よりも、学習者の当事者意識、参加意識が重視される。自らが問題・課題を発見し、解決に向かって、学習へと前向きに取り組む意識をもつことが重要である。

参加型学習は、教室内の学習にとどまらない、生涯学習社会、市民社会を形成する担い手となる「社会参加」力を高めるための有用な学習なのである[23]。したがって、現実の社会と関わりをもたせ、自らが課題解決の主体となる体験をさせ、「気づき」「発見」「実感」を入口に、一人ひとりが当事者意識をもち、主体的な社会参加意識を高める学習であり、その過程で、多様な人々との「対話」が必要となる。

参加型学習は、対話型学習でもあるといえよう。

(4) 教科準拠型学習と教科再構築型学習

知識の伝授を重視する「教科準拠型学習」と問題解決能力、批判的思考、表現力、内発的モチベーション（intrinsic motivation）メタ認知的な能力（meta-cognitive）などの能力の育成を目指す「教科再構築学習」とを比較する。

恒吉遼子は、2つの学習方法を比較し、教科準拠型の学習の特質を、習得すべきだとされる知識・スキル群を「効率的に伝達する」ことを目的にした「教師による説明、間違いの訂正」「正解の提示などの教師の直接指導」「一斉指導」の学習形態にあると説明する。

他方教科再構築型学習について、「従来のテストでは測定しにくい、問題解決能力、批判的思考、表現力、内発的モチベーション（intrinsic motivation）メタ認知的な能力（meta-cognitive）などの能力」の伸長を目的とし、学習方法として、「与えられた知識やスキル体系の習得、正しい答えに到達することよりも、思考や理解するプロセスや、獲得される内容が子どもにとってどのような意味を持つのか、どのように関係（レリバレンス）しているのかを問題にする傾向がある」「子どもの興味関心から出発し、部分的事実を個別的に扱うのではなく、コンテクスト（context）を強調し、現在の子どもの持っている知識と個々の学習スタイル（individual differences in learning style and prior knowledge）の違いがあることを前提にして、それに柔軟に対応することに価値を見出す傾向がある」と記す。さらに「知の総合化、教科を横断した学習を好む傾向もある」「知識（コンテンツ）の受容者、消費者としての子どもに対して、知識の創造（creation of knowledge）をする者としての子どもを強調

する傾向がある」と指摘する。「テーマ、発見、調べ学習など、探究的な性格を持つものが多く、教室を越えた世界へと学習を広げようとする傾向」「対話、ダイアローグ、他の子どもとの共同作業なども好まれる傾向」があるとも述べている[24]。

秋田喜代美は、恒吉と同様の趣旨で「深い学習と伝統的な教育実践」について論じ、「いかに深く理解するのか、そのためにいかに精選し、統合的な知識が問題にされている」「さまざまな学習リソースを使用しながら、知識を統合して学ぶ学習観は、テストへと急ぐ単純反復型の学習による量化主義、短時間で扱いやすい教材のパッケージ化、目標からさかのぼって考える分析的スキル思想とは、授業において異なる学習過程を具現化し、違う学力観を示していると言えるだろう」と記している[25]。

グローバル時代の人間形成においては、恒吉の示す「教科再構築型学習」、秋田の提言する「知識を統合して学ぶ深い学習」が有効であると考える。こうした学習においては「対話」の活用が学習効果を高める。

その対話には「部分的事実を個別的に扱うのではなく、コンテクスト（context）を強調」するための調整・統合の機能をもつことが求められる。

以上考察したとおり、問題解決・追求型、参加型等の集団による構成主義を原理とする学習においては、自己と他者との相互啓発が重視されている。その自己と他者との相互啓発において対話の活用が有効なのである。対話型授業は「構成主義」を原理とする学習でもあることが確認できたといえる。

3 「持続可能」を原理とする学習論

ここでは、「グローバル時代の人間形成」を意図した教育としての持続可能な開発のための教育（ESD）[26] の学習論について考察する。

「ESD の 10 年」関連庁連絡会議の実施計画報告書本報告書は「学び方・教え方」について提示している。それらを分類し、考察すると以下に集約できる。

- 「関心の喚起→理解の深化→参加する態度や問題解決能力の育成」を通じて「具体的な行動」を促すという一連の流れの中に位置づけること。
- 単に知識の伝達にとどまらず体験、体感を重視して、探求や実践を重視する参加型アプローチとすること。
- 活動の場で学習者の自発的な行動を上手に引き出す「ファシリテート」の働きを重視すること。
- 学習者の参加する態度や問題解決能力を育み、参加する機会の提供にも努める。
- 参加体験型の学習方法や合意形成の手法を活用することが効果的。
- オンザ・ジョブ・トレーニング（on-the-job training）による具体的な実践を通じて学ぶという方法も効果的。教育や学習の現場では、学ぶ側の意見を取り込みつつ、進めることが大切。
- 学習の対象者すべてに一斉に同じ方法をとるのではなく、可能な限り一対一の対話を重視して行うよう努めることが大切[27]。

　実施計画報告書は、グローバル時代の人間形成を意図し、その方途として、教科横断・統合的な取り組みの方向、問題解決型アプローチ、参加型学習、体験的活動の重要性、「対話活用」の重視などの提言を行っていることには共感できる。ただ、次の点に課題があるといえよう。

　第1に、技能の習得の重視の方向が示されたが、対話については、「一対一の対話」の提示にとどまり、希望ある未来社会に担い手として習得すべきグローバル時代に対応した対話力の方向について言及していないことである。

　第2に全人的捉え方の必要を示唆しつつ、理性中心であり、感受性、共感・イメージ力などの感性的アプローチの視点が欠落していることにある。

　グローバル時代の人間形成の視点から多様な学習理論を整理すると、対話型授業が「協同の学び」であり、学習者の主体的な参加による、課題探究型の学習であることが明示された。

　また、こうした学習においては、単なる伝え合いにとどまらず、対立や異

見をも調整・統合し、混沌・混乱の時間を活用し、次々と知的世界を探究していく対話が学習効果を高めることも明らかになった。

次節では対話型授業の特質をさらに明確にするため理論と実践の両面から考察する。

第2節　対話型授業の特質

本節では、前節で分析した、対話型授業に関わる多様な学習論を検討の成果を基盤におきつつ、対話型授業の理論・実践上の特質をさらに深く探究し、分析・考察する。

1　対話型授業に関わる理論

グローバル時代の人間形成を希求する対話型授業を開発するための理論的根拠として「多重性知能理論」「システム論」「複雑性の科学」「統合の思想」「批判的思考」について考察する。これらの理論はいずれも深遠な概念を包含し、軽々に論ずることはできないが、その言説の内容から対話型授業の特質に関わる手掛かりを見出すことができる。

(1)　多様性尊重の理論的背景としての多重知能理論

対話型授業では「多様な理性・感性・体験などとの出合い」が、論議を広め、深め、質の高い対話をもたらす。このためには、自己及び他者のさまざまな資質・能力を認める、全人的見方が必須である。多様性を尊重する全人的見方の理論的根拠として「多重知能理論」について考察する。

人間の知性や感性などが、多重であることを示したのが、ハーバード大学の心理学者ハワード・ガードナーが提唱した多重知能理論（MI理論）である。

ガードナーは、知能を「情報を処理する生物心理学的な潜在能力であって、ある文化と価値ある問題を解決したり成果を創造したりするような、文化的場面で活性化されることができるものである」[28] と概念化している。

多重知能理論は、人間は誰しも複数の知能をもっているとの考えであり、

人によってある知能が強かったり，弱かったりするだけである。またある知能だけでなく人間はさまざまな知能が総合されて、専門性が発揮されるとの考え方である。

ガードナーは1983年の『心構成』で当初7つの知能を提唱していたが[29]、現在では博物学的知能を追加し、8つの知能とされている[30]。

ガードナーの提唱するMI理論は、対話において「自己及び他者に潜在する多様な知性・感性」などを信頼し、論議を拡充することへの理論的な根拠をもたらしていると考える。また、ガードナーは研究の進展とともに、霊的知能についても言及しているが、このことは、対話における共感・イメージ力に関連する見解と受けとめられる。

(2) 関係性の理論的背景としてのシステム論

対話とは、多様と多様を結び付け、関わらせ、その結び目から新たな解決策や智恵を共創していく活動である。対話における「関係性・つながり・関わり」についての理論的根拠としてシステム論を考察する。

グローバル教育の先駆者グラハム・バイクとデイヴィット・セルビーは、グローバル教育の要諦を、「システムに対する認識を高める」「視点について認識を高める」「地球環境について認識を高める」「関わることについての認識とレディネスを養う」の4点をあげている。

さらに、「システムに対する認識を高める」ということについての具体的内容について、・システムの視点から思考する能力を得ること、・システムとしての世界を理解すること、・自分の能力と可能性を全体的なものとしてとらえること、を挙げている。また「視点について認識を高める」について、・自分たちの世界観は必ずしも普遍的でないことを知ること、・他者の視点を受容する能力を養う、・グローバルな問題状況や開発・発展とその傾向についての認識とを獲得すること、を挙げている。

「地球環境について認識を高める」に関わることについて、・正義、人権、責任について十分な情報を得た上で理解し、それをもとにグローバルな問題状況、開発・発展とその傾向を理解することができること、・地球環境を考

慮しながら、未来への方向性を定めること。「関わることについての認識とレディネスを養う」については、・個人、あるいは集団で行う選択や行動が、地球の現在や未来に影響することを知ること、・草の根からグローバルなことに至るまで、多様なレベルの民主主義的決定に、効果的に参加できるよう、必要な社会的・政治的行動のスキル（技能）を養う、と記している[31]。

曽我幸代は、「システム思考とは、私たちが近代以降分断し、二項対立図式の中で捉えてきたさまざまな現象を、相互関連する関係性から捉える見方であり、目前にある問題の原因を部分的ではなく、全体的な視野から見ようとする考え方である。またそれは、自分自身と社会との関わり、現在と過去・未来とのつながりについて考え、システムの中で、個人がどのように位置づけられ、どのように関わっているのかを捉え、次なる一歩を踏み出すまでの一連の思考のプロセスである」と述べている。さらに「それは、事象を多角的に捉え、その全体性を見ようとすることで、私たちが当然視していたことを一度手放し、見落としたり、切り離したりしてきた部分にも目を向け、それらを受け入れるということを示している。それは、何か別のものを外から与えられて、取って換えられる枠組みではなく、従来のものを使いながら組み立て直し、新たなものを作り出すという変容のプロセスと見なすことができる」と記している[32]。

産業革命以降、人類は過度の物質的な豊かさを追究し始めた。このことが現代につながる、地球温暖化、経済格差の拡大、紛争の頻発，資源・エネルギー問題等の地球的課題を発生させる大きな要因となった。人類は、自らが主要因として発生させた、新たな課題に立ち向かわなければならない時代を迎えたのである。

諸学の進捗の視点からみると、諸学は、進捗の過程で細分化され深化されていった。教育学が教育心理学、教育哲学、教育社会学などにわかれ、さらに、教育心理学が青年心理学、児童心理学、社会心理学等に分化していったように諸学は専門性を高めつつ細分化していった。このことは、専門領域の研究の深化をもたらす一方、全体を俯瞰する視点を喪失させていったといえるのではなかろうか。

21世紀の世界における地球的課題の顕在化は、地球社会・生命体に持続可能で希望ある未来を構築するために、学問研究は、細分化から統合・融合を求めている。システム論は、細分化から統合・融合のための思考方法を提示しているとみることができる。

本研究のテーマであるグローバル時代の人間形成の視点から、セルビーとバイクのシステムとしての世界観に関する言説から、視野を広め、事象や課題を関連づけて、思考を深めていくことへの多くの示唆を受ける。また曽我の「事象を多角的に見」「見落とした部分にも目を向け」「新たなものを作り出す」等の見解は、関係性を重視する対話型授業の理論的背景になると、受け止められる。

(3) 自己変革・成長の理論的背景としての「複雑系の科学」

対話における自己変革・成長の理論的背景としての「複雑系の科学」を考察する。ダーウィンの自然淘汰論を超えるもの、21世紀の科学を拓くとして注目されている「自己組織化理論」の旗手スチュアート・カウフマンの言説は、「対話」における混沌や混乱が新たな叡智を再組織化することへの理論的根拠を与えてくれる。また個々人との潜在能力への信頼感をもたせてくれる。

カウフマンは「われわれは、さまざまな要素が驚くほどに複雑に絡み合った生物学的複雑系の世界に生きている。あらゆる種類の分子が集まって物質代謝というダンスを踊り、細胞を作っている。その細胞は他の細胞とたがいに作用し合い、多様な組織を形成する。そして組織はいろいろな組織と相互作用し、生態系、経済、社会などを形作っている」[33]。と記している。

また、都甲潔・江崎秀・林健司は、科学研究の立場から「自己組織化とは何か」について「自己組織化とはランダム＝でたらめから、秩序＝整然とした状態へと自分で組み上がっていく現象である。このように自分で作り上がってしまう現象が自己組織化である。自分で組織化する（作り上げる）という意味である」と分かりやすく説明している。

注目されるのは「すべての創作活動、コミュニケーションは、まず思索からはじまるが、この思索も、その本質は神経活動の集合に他ならない。思索

というきわめて高度な生命活動は、いわば一人の人間の中で神経活動という自己組織化現象がいきつく終点ともいえる。言い換えれば、刺激に対するインパルス（出力）の発生というどちらかというと単純な現象が、人間という生命システムの中ではじめて、思索という『生命らしい』現象に結びつくのである」[34] との記述である。

複雑系の科学を支える「自己組織化」という考え方は、対話における自己再組織化力の大切さを啓示する。なぜなら、人間は自ら自己の思索を生み出す力を、そして、でたらめの状態から、整然とした状態へ組み上げる力を有していると考えることができるからである。このことは、対話型授業のおける「一人ひとりの子どもたちの内在する能力への信頼」をもたらす。

ダイナミックに展開する対話においては、その流れの折々に、「再び」自己の見解・主張等を組織し直すはたらきが必要である。本研究では、言語表現における「自己再組織化力」とは「知識や情報（気づき・発見・共感・納得・疑問）等を頭の中に貯えられた断片的なものにせず、構造的に理解し、また組合せ、多様な知識・情報等を再組織し、新たな自己の見解を確立していく力」と仮説的に定義しておく。

複雑系の科学・自己組織化論は、混沌から新たな知見が創生し、その繰り返しが次々とさらなる知見を生み出していくことを明示する。このことは、対話型授業の対話場面において、一定の結論にとどまらず、次々と論議の深まりを追求していくことへの、理論的な根拠と受けとめられる。

(4) 対話による知の共創の理論的背景としての「統合の思想」

多様な要素が複雑に絡み合い、それが統合されることにより、そこから新たな知が共創されることの理論的背景の1つとして「統合の思想」について考察する。

21世紀の教育の使命は、「多様な人々と共に、対立や相互理解の難しさを超え、新しい価値の発見や創造ができ、また当事者意識をもち、主体的に行動できる人間を育成する」ことにある。そのための新たな学習指導法を開発していくことが緊要の課題である。

統合の思想は、参加・協働・共創の原理を追求する学習としての対話型授業の理論的根拠といえる。

高橋洋行は、フランスにおけるグローバリゼーションを背景とした市民統合理論の変遷と市民性教育との関わりについて「フランス市民を育成する概念を維持しつつ、多文化や他のヨーロッパとの共存などといった、複合的な要因に対応できるような市民の育成が社会全般の中から要求され、また、学校においてもそうした複合的な要素を兼ね備えた市民性の育成を行っていかざるを得なくなったと考えられる。さらに、この統合の理念は、それ以前の組み入れや同化と違い、2 種類の空間の創出により、他者を社会的空間だけでなく、政治的空間へも導く理念を持ちあわせているため、フランスの掲げる平和共存の実現に貢献した理論と言える」[35] と論じている。高橋の見解は、統合の思想をグローバリゼーションの進行を背景とする、現代の多文化共生社会を支える市民の教育の基盤に位置づけている、と解することができよう。自国第一主義をめぐるフランス国内の政争は、市民統合理論の現実社会における成否を問うているとみることができる。

グローバル時代を生きる人間形成を目指す学習の基本理念の 1 つは「統合 (integrate)」の思想と考える[36]。統合の思想とは、「全体と個との協創関係」に着目し、多様な分野の知見が統合されることにより、さまざまなシステムや課題が解決できるとの考え方である。工学分野での統合学の必要を主張している仲勇治は「『局所的な解』『とりあえず解』では広範な要求や安全・環境問題に対応できない」と記している[37]。

統合学の知見は、環境、医療、工学分野で活用されてきているが、その発想は多文化共生社会が現実化している 21 世紀の教育の方向を示すものでもある。

対話型授業において、多様な意見を統合して、新たな知の世界を共創していく理論的背景に統合の思想を位置づける。

(5) 対話を深める批判的思考（Critical thinking）

対話型授業では、率直かつ真摯に聴き合う対話が授業の質的向上に資する。

高みを求めた率直かつ真摯に聴き合う関係の理論的背景を批判的思考に求め、考察していく。

　批判的思考を、21世紀を生き抜くリテラシーの基盤とする楠本孝は「その本質は、証拠に基づいて、論理的に考えたり、自分の考えが正しいかどうかを振り返り、立ち止まって考えたりすることにあります。ここでは、相手の意見に耳を傾けることが出発点であり、協働としてより良い決定や問題解決をすることを目的としています」と記している[38]。鈴木は「方法論(method)」としてのクリティカル・シンキングと、態度(attitude)としてのクリティカル・シンキングを区別する必要がある」と述べた上で、「クリティカル・シンキングのゴールは、その方法論を学生に習得させるだけでは十分でなく、同時に、人の意見や知識を鵜呑みにせず自分の意見を主張する態度の育成を目指すべきである」と論じていると記している[39]。

　批判的思考を習得させることは、グローバル時代の対話力の育成に必須である。竹腰千絵は、イギリスの高等教育の伝統的な教授形態である、「学生が書いてきたエッセイをもとに、学生とチューターがディスカッションをし、その中で学生の思考を深める」チュートリアルについて探究し、歴史的変遷、具体的場面における課題、人数、時間、配慮事項などを紹介し、その意義を解明している[40]。

　対話型授業探究の立場から考察すると、批判的思考は、反省的・省察的態度、合理的・論理的技能、批判的・懐疑的な思考を対話に持ち込むことにより、真摯な聴き合いによる論議の深まりがもたらされることへの理論的な根拠と位置づけることができる。現下の日本の教育には、批判的思考の育成が希薄である。英国のチュートリアルにみられるように、対話の参加者が、批判的思考をなし、さらに、自己見解を主張できるための教育措置の必要を記しておく。

2　対話型授業の実践の特質

　ここでは、本研究のテーマである、対話型授業について、関連する理論研究の成果を踏まえて、その実践上の特質を検討する。

（1）対話型授業の実践の意義

　「授業といういとなみは、認知的・技術的な実践と対人的、社会的な実践と自己内的・倫理的実践という、三つの側面が複合的に絡み合ったいとなみ」[41]であり、それは対話型授業の基本でもある。

　論者は、対話型授業の実践の意義を学習者の知的世界の拡大、創造的関係性の構築、自己変革・自己成長と捉え、対話型授業の実践の意義について考察する。

　学習者の知的世界の拡大や自己変革・自己成長について、吉田章宏は、学ぶことの意義を、「『学ぶ』とは、自己の世界に根づきつつ、他の異なった世界と出あい、『自我』が変わることです。他者と共に『学ぶ』ことの意義は、多様なものとの『出あい』を通して、自他の『世界』を豊かにし、さらに新たな知的世界を共につくる喜びを共有することにある」[42]と記している。

　佐藤学は「『自立』と『連帯』に基礎づけられてこそ、『個性化』は、私的世界に閉ざされた文化の所有と消費に閉ざされるのではなく、他者との関係に拓かれた文化の交歓への道を獲得することを可能にするだろう」[43]と論じている。さらに、佐藤は、学びの共同体の哲学は「公共性の哲学」「民主主義の哲学」「卓越性の哲学」の三つとし、「この三つの哲学を実践する装置が『活動システム』であり、教室における協同的学び、職員室における同僚性の構築（教師全員による授業研修）、保護者の学習参加（授業参観の改革）によって、対話的コミュニケーションはすべての活動を貫くシステムを示しています」[44]、と述べている。

　吉田の述べる「多様なものとの『出あい』を通して、自他の『世界』を豊かにし、さらに新たな知的世界を共につくる喜びを共有する」ことは他者との協同の学びとしての対話型授業の基本である。

　また、佐藤の提唱する、民主的社会づくりへの参加、知的世界への同僚・保護者・学習者との協同による探究・共創の活動は、多様な他者との関わりと、そこから生起する共創および創造的な関係性の構築が学習の目的であることを示している。ここに対話型授業による教育実践としての意義があると

考える。

（2）グローバル時代の対話型授業の実践の特質・留意事項

　ここでは、グローバル時代の人間形成を希求する対話型授業実践の特質として、配慮すべき事項を7つに整理し、記述する。

1）多様性・差異性の尊重と活用

　グローバル時代の対話型授業の基本理念は、「多様性・差異性の容認と尊重」にある。多様なものと出合い、差違を活用することが授業の質的向上につながる。

　自己と異なる価値観・思惟方式・行動様式をもつ人々とともに、対立や摩擦を乗り越えグローバル時代の共生社会を構築するためには、他者の眼差しを生かし、活用できる多様な視野、複眼的思考をもつことが必須である。

　多様性・差異性の尊重と活用を対話に持ち込むためには、自己の意見をきちんともちつつ、納得できる相手の意見を受け入れる、しなやかな自己変革・成長力が大切である。

2）全人的見方

　対話は、単に意見や情報等を「伝え合う」ことにとどまらず、互いが伝えたかったことが「通じ合い」、また「響き合い」、やがて新たな解や智恵を「共に創り合う」ことを目的としている。

　こうした対話に必須なのは、人を部分でなく総合的に捉え、多様な良さを認める全人的（Holistic）見方である。対話において全人的な見方、捉え方をすることにより、理性偏重でなく、多様な潜在能力、すなわち鋭敏な感性や豊かな情緒、得がたい体験をもつ人のよさが生かされ、対話に広がりがもたらされる。

　対話のもっとも重要なカテゴリーは、一致、不一致ではない、大切なのは「さまざまな声」が表出されることであり、そのためには、受容的雰囲気の中で、個々人の潜在能力を信頼し合い、多様な見解が尊重される全人的見方が必須

第3章　グローバル時代の対話型授業の要件の考察　101

である。このことは、すべての人が、心をひらき語れるようにするための対話型授業における環境設定の大切さを示唆する。

3）受容的能動性・共感・イメージ力

「対応を中心とする授業」を提唱する佐藤学は、「『しっとりとした教室』が『主体性』神話の対極にあるには、『主体性』が〈受容性〉を欠落した一方的な〈能動性〉に依拠しているのに対し、『しっとりとした教室』は〈受容性〉を基礎としており、そこでの活動が〈受容的能動性〉とも呼べる｛対応｝を基礎として成立しているからである。〈受容的能動性〉こそが、私たちの求める学びである。授業も学びも対応という応答性を中心として組織されるべきである」[45]と受容的能動性の重要性を指摘し、また「学びにおいて謙虚さや注意深さが大切なのは、ダイナミックな学びの過程が、小さな差異を響き合わせてゆく過程に他ならないからである」[46]と記している。

佐藤の提示する、「対応という応答性」は対話型授業実践の基本である。他者や自己への「受容的能動性＝対応」は、他者との関わりにおける相互信頼や相互理解を深め、また相手の伝えたいことを的確に把握できるなど、対話を活用することによる学習効果を決定的にする。

受容的能動性をもたらすものは、共感・イメージ力といえる。相手の心情等への共感や相手の伝えたいことをイメージする力が受容的能動性をもたらす。

4）叡知の共創

叡智の共創は、授業において対話を活用する究極の目的である。対話は、会話における、自由奔放な発言とは異なり、目的を持った話し合いである。分かり合えないかも知れない同士が、互いに意見や感想をなんとか伝えようとするための相互行為である。こうした相互行為の継続により、1人では到達し得なかった高みに至ることに対話の本来的な目的がある。吉田が記す「自他の『世界』を豊かにし、さらに新たな知的世界を共につくる喜びを共有」することである。

他者との対話を通して、「複雑性の交錯する接合点」としての自己に気づき、多様性を尊重し活用することによってこそ、新たな智恵は共創できる。

5) 理解の不可能性への対応

グローバル社会では、相互理解の難しい、あるいは不可能な人々との対話が必要となる。相互理解の難しい、あるいは不可能な相手への対応力を高めておくことは、異質との共生社会における対話に必須である。

「グローバル時代の対話」とは文字通り、参加者が協力して、「利害の対立の現実や相互理解の難しさを認識しつつ」、意見・感覚・体験などを出し合い、新たな価値や解決策を生み出すことに特質がある。

率直に意見を出し合うので、必ずしも合意形成ができないこともある。たとえ、完全な一致はできなくとも、共に話し合ったことにより、人間同士として通底する願いや、思いを膨らませ、人と人とのつながり自体を良質なものにしていくことができる、そこにグローバル時代の対話の大きな意味がある。

付記すれば、グローバル時代の対話では、十分な情報が資料・情報が得られない状況下で判断し、自己見解を表出する場面が多発する。相手の意図を推察・イメージすることが、理解に不可能性を少しでも打破することにつながろう。

6) 思考の深化の継続

対話型授業においては、一定の結論を終着点とせず、次のステージに向かい、思考を深化させる対話が望まれる。このためには、学習者自身による、発想の転換、新たな視点の導入、教師による「ゆさぶり」などが効果的である。

容易には解決策が発見できない課題に向け、思考の深化を継続しつつ、粘り強く継続していく対話力を培っていくことがグローバル時代の人間形成に重要であり、対話型授業で、そうした機会を意図的に設置したい。

7) 創発の基盤としての混沌、混乱、不確実性の尊重

対話型授業で、混沌、混乱場面を重視、ときには意図的に設定し、不確実

性を尊重していくことが、学習効果を高めてく。

　複雑・多様な見解がぶつかり合う対話では、葛藤し、悩み、戸惑いが生起し、混沌が支配することもある。やがて、その時点での自分なりの考えや感想がまとまっていく、つまり混沌から創発に至る。大切なのは、沈黙・迷い、戸惑いなどが漂うように思考・感情が揺れ動き、思索が浮遊する時間を保障することである。このことにより、深い考察、多様な視野からの熟慮ができ、「納得できる自分の見解」をまとめることができるのである。

　また、不確実、曖昧さ、ゆっくり、混沌、揺れ、ときには、無駄や稚拙にみえることも包含し、むしろ生かすことにより、多元的・多層的な見方、考え方が創発され、対話に深まりと広がりを与える。

第3節　グローバル時代の対話型授業の定義と要件

　本節では、対話型授業に関わる先行研究の考察、対話型授業の理論・実践の特質の検討を手掛かりに、グローバル時代の対話型授業について、定義し、構成要件を整理する。

1　グローバル時代の対話型授業の定義

　「グローバル時代の人間形成」「対話」に関わる先行研究、対話型授業に関わる理論・実践上の特質について考察してきた成果をもとに、本研究においては、グローバル時代の対話型授業を「自己内対話と他者・対象との対話の往還により、差異を尊重し、思考を深め、視野を広げ、新しい智恵や価値、解決策を創り上げていき、その過程を通して、参加者相互が、共創的な関係を構築していく協同・探究的な学習活動」と定義しておく。

2　グローバル時代の人間形成における対話型授業の有効性

　第1章において、「グローバル時代の人間形成」を「世界（社会）がつながり、関連性をもって成り立っていることを認識し、さまざまな民族が共存・共生する社会において、多様な文化・価値観などの差異を調整・調和し、また活

用し、相手の立場や心情も共感し、イメージでき、利害の対立等の困難さを
なんとか克服し、その過程で自己成長・変革しつつ、持続可能な地球社会を
構築し、発展させる資質・能力、技能をもち主体的に行動する人間を形成す
る」と定義した。

　また、こうした「グローバル時代の人間形成」の基本理念を「共生」と位
置づけ、さらに、「グローバル時代の人間形成」の構成要件として、「多様性」
「関係性」「自己変革力」「当事者意識と主体的行動力」「共感・イメージ力」
を抽出してきた。

　ここでは、グローバル時代の人間形成における「対話型授業の有効性」を
考察するため、「グローバル時代の人間形成の要件」と「対話型授業の特質」
とを関連づける。

　表3-1は、「グローバル時代の人間形成」の要件と対話型授業の学習論と
しての位置づけ、理論・実践上の特質を表現する主な用語との関連を考察し、
整理した一覧表である。

　以下の関連づけは、固定したものではなく、対話型授業の理論・実践上の

表3-1　グローバル時代の人間形成の構成要素と対話型授業の特質との関連

グローバル時代の人間形成	対話型授業の理論・実践上の特質
共生	参加・協同型・探求型学習　環境設定　受容的能動性 全人的見方（多重性理論）　批判的思考
多様性	多様性・差違性の尊重と活用　多様な他者との対話
関係性	他者との対話　視野の拡大　システム論・システム思考 統合の思想　叡智の共創
自己変革・成長	自己との対話　複雑系の科学（自己再組織化論） 沈黙の時間の活用　混沌・混乱の活用　不確実性の尊重
主体的行動力	問いの生起　話題の重要性　対話スキルの習得
共感・イメージ力	つながりの感得　立場へのイメージ　心情への共感 非言語表現

第3章　グローバル時代の対話型授業の要件の考察　105

特質を示す用語で、グローバル時代の人間形成の要件の中で、とくに関連が
強い要件に位置づけた。

　さらに「グローバル時代の人間形成」の各要件と対話型授業との関わりに
ついて、明確にするため以下に補説しておく。

　共生：グローバル時代とは、共生社会である。対話型授業は、参加・協同
　　　型・探求型学習である。対話を活用した参加・共同・探求の学習のプ
　　　ロセスは、自己の確立、他者との協同・探求など、参加者各自が尊重
　　　され、希望ある社会に構築をめざす共生社会に生きる基本の習得につ
　　　ながる。また、受容的関係、創造的関係を構築するために雰囲気づく
　　　りとしての環境設定は重要である。批判的思考により、対立や異見を
　　　むしろ活用し、相互理解・信頼を深める共生社会が構築できる。
　多様性：対話型授業において対話活用の意義を高めるのは、文化・価値観・
　　　行動様式、生物の多様性、多様な意見・感覚・体験との出合いである。
　　　また多様な他者との対話によってこそ、論議が深まり、拡大していく。
　　　多様・異質との出合いを楽しみ生かす、多様性の尊重と活用は対話型
　　　授業の基本である。
　関係性：他者との対話により、1人では気づかない、考えられない、到達
　　　できない知的世界を共創していける。時間的・空間的な広がりを視野
　　　に論議をすることにより、システムとしての世界観が醸成でき、また
　　　論議が深まる。さまざまな知見が統合される関係により、叡智が共創
　　　される。このための聴く・話す・対話する、非言語に関わる対話スキ
　　　ルの習得が大切である。また批判的思考が対話を深めていく。
　　　自己変革・成長：対話型授業における自己との対話により、自己の見
　　　　解が明らかになり、また思考が深まり、視野が拡大していく。混沌・
　　　　混乱の時空が自己再組織化・創発を生起させる。沈黙の時間が自己
　　　　変革・成長を促す。
　主体的行動力：対話型授業における主体性とは、自分の意見をもち能動的
　　　に学習に参加することである。また他者の意見を聴き分からないこと、

自己とのずれを感じたとき、問が生起し、対話への参加意識が高まる。行動につながる話題の設定が対話と主体的行動力をつなげる。また主体的に対話に参加するためにも、対話スキルの習得が大切である。

共感・イメージ力：対話型授業では、知性のみでなく感性・感覚、体験など人を総体とみる全人的見方が基調となる。また、ことばのみでなく、非言語表現から伝えたいことを推察すること、さまざまな事象や自然・人とつながっていること感じる感性、そこから生起する相手の立場への配慮や心情への共感が論議を深める。

以上のようにグローバル時代の人間形成の要件と対話型授業の特質を関連づけると、グローバル時代の人間形成の要件は、対話型授業により育まれることが期待でき、対話型授業がグローバル時代の人間形成に「有効な学習方法」であると予想することができる。

3　グローバル時代の対話型授業分析の視点

　グローバル時代の人間形成及び、対話型授業に関する理論研究から導き出され各々の要件や特質を表 3-1 に示したように関連づけた。また、「グローバル時代の人間形成」の各要件と対話型授業との関わりについて、明確にするため補説した。

　これら関連づけした事項を、分類、整理し、学校全体で長期的に取り組んできた対話型授業の実践研究を「グローバル時代の人間形成」の観点から調査・分析するために視点を、下記の 10 視点に集約した。

　実践研究を分析するための「視点」とは、グローバル時代の人間形成及び、対話型授業に関する理論研究から導き出され各々の要件や特質の包含する内容を集約・整理し、分析において活用しやすくするために文章表現を工夫したものである。

　　1　対話の活性化のための物的・人的な受容的雰囲気の形成
　　2　多様な意見、感覚・体験をもつ他者との対話機会の意図的設定
　　3　多様性・差違性の尊重、対立や異見の活用による思考の深化と視野

の拡大

4　自己内対話と他者・対象との対話の往還による知の共創

5　沈黙の時間の確保や混沌・混乱の活用による思考の深化と視野の拡大

6　対話への主体的参加を促す工夫

7　グローバル時代の対話としての批判的思考力の活用

8　非言語表現力の育成と活用

9　他者の心情や立場への共感・イメージ力の錬磨と活用

10　対話の基本技能の習得と活用

　第3章では、「グローバル時代の対話型授業」に関わる多様な学習理論について分析・整理した。

　まず、多様な学習方法を「協同」「構成主義」「持続可能」「21世紀型能力」の4原理から分析した。これらの分析をもとに、対話型授業の理論上・実践上の特質について考察を加え、1 多様性・差異性の尊重と活用、2 全人的見方、3 受容的能動性・共感・イメージ力、4 叡知の共創、5 理解の不可能性への対応、6 思考の深化の継続、7 創発の基盤としての混沌・混乱・不確実性の尊重の7項目を導き出し、また、各項目の意味について分析をした。

　「多重知能理論」「システム論」「複雑性の科学」「統合の思想」「批判的思考」について順次考察をし、対話型授業において対話を拡大・深化させていくための理論的背景を探究した。

　さらに、「グローバル時代の人間形成」の要件と対話型授業の学習論として位置づけ、理論・実践上の特質を表現する主な用語との関連を考察し、第4章で取り上げる、学校全体で対話型授業の実践研究に取り組む学校の調査・分析のための10の視点を析出した。

　次章では、対話型授業の実践研究に長期にわたり取り組んできた学校の実践研究を調査・分析し、学校全体での対話型授業の実践研究の実態と課題を明確にするとともに、上記10の視点の有効性について考察していく。

　さらに、グローバル時代の対話型授業研究を効果的に展開するための実践

知を抽出することとする。

注

1　ジョン・デューイ　宮原誠一訳『学校と社会』，岩波書店，1957 年
2　ジョン・デューイ　阿部斉訳『現代政治の基礎―公衆とその諸問題―』，1969 年，p.173
3　同上書 p.173
4　「学びの共同体」とは「公共性」「民主主義」「卓越性」という 3 つの哲学に基礎をおく教育実践である。「公共性」とは他者に対して寛容であり多様性を尊重することを意味する。また「民主主義」とは、子ども、教師、校長、保護者の一人ひとりが「主人公」として、「多様な人々が協同する生き方 (a way of associated living)」(ジョン・デューイ) を学校にいて実現することを可能にするものである。そして「卓越性」とは、他との比較において、子どもや教師をはじめとする「主人公」一人ひとりが各々において最良のものを探求するということを表している。この 3 つの哲学に基づきながら、そこに携わる「主人公」それぞれが自己の責任を全うしつつ互恵的に学び合う実践が「学びの共同体」である。
5　稲垣忠彦『授業研究の歩み：1960-1995』，評論社，1995 年
6　佐伯胖『学びの構造』，東洋館出版社，1996 年
7　佐藤学『放送大学叢書 011　教育の方法』，左右社，2010 年，pp.97-108
8　佐藤学「学びの対話的実践へ」，佐伯胖・藤田英典・佐藤学『学びへの誘い』，東京大学出版会，2003 年
9　佐藤学『学校見聞録』，小学館，2012 年，p.17
10　ZPD とは、「自主的に解答する問題によって決定される現下の発達水準と非自主的に協働の中で問題を解く場合に到達する水準との間の相違」のことを指す。ZPD = zone of proximal development（最近接発達領域）ヴィゴツキーの理論において、人間の高次精神機能の発達が社会的なものから個人的なものへと移行する過程を指す。
11　D. W. ジョンソン 他（2001）は協同学習の要件として下記を上げている。
　　1.　相互協力関係がある　個人→グループ、グループ→個人の学びが相互協力関係の中　で繰り返される。
　　2.　個人の責任がある　個人が各々の得意分野を生かした主体的な関わり方が必要。
　　3.　メンバーは異質で編成　日本語レベル、国籍、年齢、性別を問わず、異質なメンバーでグループ編成が可能。
　　4.　リーダーシップの分担をする　各々の得意分野が生かせる活動で、役割を担う。
　　5.　相互信頼関係あり　一人ではできないことも仲間と一緒だったからこそできたと感じたり活動の中で互いを認め合ったりするところから信頼関係が生れる。
　　6.　課題と人間関係が強調される　課題達成はもちろん、グループのメンバーとやりとりをする中で、人とのかかわり方の大切さも強調される。
　　7.　社会的技能が直接教えられる　作品を作り上げる過程で、主張、理解、受容、譲歩といった社会的技能を使う。

第 3 章　グローバル時代の対話型授業の要件の考察　109

　　8．教師はグループを観察、調整する　教師は、協働学習が円滑に進むように、観察、
　　　調整役としてグループを見守る。
　　9．グループ改善手続きがとられる　毎回の活動後には必ず振り返りを行い、達成・
　　　協働学習に対して改善の有無、気づき等を挙げ、次の活動に生かす

12　杉江修治『協同学習入門』, ナカニシヤ出版, 2001 年

13　和井田節子編著『協同の学びをつくる』, 三恵社, 2012 年

14　成田喜一郎「構成主義的学習」日本国際理解教育学会『現代国際理解教育事典』
　　明石書店, 2012 年, p.170

15　オットー・フリードリッヒ・ボルノー　森田孝・大塚恵一編著『問いへの教育』, 川
　　嶋書店, 2001 年, pp.118-119

16　片倉もとこ『イスラームの日常世界』, 岩波書店, 1993 年, p.43

17　ジョン・P. ミラー　中川吉晴監訳　吉田敦彦・金田卓也・今井重孝訳『魂にみち
　　た教育―子どもたちと教師にスピルチュアリティを育む―』, 晃洋書房, 2010 年

18　佐藤学　前掲書

19　平野智美「教育のコミュニケーション」, 大島真・秋山博介編集『現代のエスプリ
　　―コミュニケーション学―』SHIBUNDO, 2002 年, p.100

20　ジョン・デューイ　前掲書

21　多田孝志「ステージ方式の学習の提唱」, 日本グローバル教育学会『グローバル教
　　育』Vol.5, 2003 年, pp.22-39

22　山西優二「参加型学習」, 日本国際理解教育学会編『現代国際理解教育事典』
　　明石書店, 2012 年, p.164

23　日本国際理解教育学会編『現代国際理解教育事典』, 明石書店, 2013 年, 参照

24　恒吉僚子「グローバル化社会における学力観」, 異文化間教育学会『異文化間教育』
　　Vol.12, 1998 年, 参照

25　秋田喜代美「質の時代における学力形成」, 東京大学学校教育高度化センター編『基
　　礎学力を問う』東京大学出版会, 2009 年, pp.199-200

26　社会・文化的視点、環境の視点、経済的視点から、より質の高い生活を次世代も
　　含むすべての人々にもたらすことのできる状態の開発を目指したこの教育は、「持続可
　　能な未来と社会の変革のために行動できる人」の育成を目的に掲げた。持続可能性
　　を基盤とし、「未来に希望がもてる社会を築く」ため、「自分の考えをもって、新しい社
　　会秩序を作り上げる地球的視野をもった市民の育成」の必要を示した。ESD は「持
　　続可能な開発のための教育」と訳されていたが、日本ユネスコ国内委員会では、国内
　　への普及促進を目指して、より簡単に「持続発展教育」という名前を使っている。
　　　日本ユネスコ国内委員会は、ESD の目標を次のように示している。
　・　持続可能な発展のために求められる原則、価値観及び行動が、あらゆる教育や
　　　学びの場に取り込まれること。
　・　すべての人が質の高い教育の恩恵を享受すること。
　・　環境、経済、社会の面において、持続可能な将来が実現できるような価値観と
　　　行動の変革をもたらすこと。

27　関連庁連絡会議の実施計画報告書本報告書「ESDの10年」，2005年
28　ハワード・ガードナー　松浦庸隆訳『MI：個性を生かす多重知能の理論』，新曜社，
　　2010年，p.42
　　　MI理論による8つの知能とは下記である。
　　　1　言語的知能　話しことば・書きことばへの感受性、言語を学ぶ能力・用いる
　　　　　能力
　　　2　論理数学的知能　問題を論理的に分析したり、数学的な操作を実行したり、
　　　　　問題を科学的に究明する能力
　　　3　音楽的知能　音楽的パターンの演奏や作曲・鑑賞のスキル
　　　4　身体運動的知能　体全体や身体部位を問題解決や創造のために使う能力
　　　5　空間的知能　空間のパターンを認識して操作する能力
　　　6　対人的知能　他人の意図や動機・欲求を理解して、他人とうまくやっていく能力
　　　7　内省的知能　自分自身を理解して、自己の作業モデルを用いて自分の生活を
　　　　　統合する能力
　　　8　博物的知能　自然や人工物の種類を識別する能力
29　ハワード・ガードナー　前掲書　pp.58-60
30　同上書　pp.66-90
31　グラハム・バイク　ディヴィット・セルビー　阿久澤真理子訳『地球市民を育む教育』，
　　明石書店，2004年，pp.54-55
32　曽我幸代「ESDにおける『自分自身と社会を変容する学び』に関する一考察」国
　　立教育政策研究所前掲書，2013年
33　スチュアート・カウフマン　米沢富美子訳『自己組織化と進化の論理』，日本経済
　　新聞社，2000年，p.4
34　都甲潔・江崎秀・林健司『自己組織化とは何か』，講談社，1999年，p.77
35　高橋洋行「グローバリゼーションとフランスの市民性教育理論―市民統合理論の変
　　遷と市民性教育との関わり―」，『グローバル教育』Vol.10，2008年，p.51
36　多田孝志「統合の思想による学習の提唱」森茂岳雄・中牧弘充・多田孝志『学
　　校と博物館でつくる国際理解教育』，明石書店，2010年
　　　本論考においては、多様な学習方法の特質を検討し、その上で、グローバル時代
　　の人間形性に関わって、統合の思想による学習論の必要を論じた。
37　仲勇治『統合学入門』，工業調査会，2006年
38　楠本孝・道田康司編『批判的思考―21世紀を生き抜くリテラシーの基盤』，新曜社，
　　2015年，p.i
39　鈴木健・大井恭子・竹前文夫『クリティカル・シンキングと教育』，世界思想社，
　　2006年，p.7　p.8
40　竹腰千絵『チュートリアルの伝播と変容　イギリスからオーストラリアの大学へ』，東
　　信堂，2017年
41　稲垣忠彦・佐藤学『授業研究入門』，岩波書店，2014年，p.15
42　吉田章宏『教育方法』，日本放送協会，1996年

43 佐藤学『学びその死と再生』，太郎次郎社，1995 年，p.59
44 佐藤学「学びにおけるコミュニケーションの構造―対話的実践における学びの共同
体―」日本コミュニケーション学会『日本コミュニケーション研究』，No.42, 2014 年, p.8
45 佐藤学『授業をかえる　学校が変わる』，小学館，2000 年，pp.37-39
46 同上書 p.39

第4章 対話型授業の実践的研究

　本章では、対話を活用した対話型授業の研究実践を長期にわたって展開してきた学校の実践研究を調査・分析し、考察を加える。

　まず、教育実践の分析方法に関する先行研究を検討し、本研究における、調査・分析の基本的考え方を明示する。

　具体的な調査方法として、授業記録、研究全体会・研究推進委員会の記録、授業参観後の情報交換カード、学習者のノートなどの文献資料を可能な限り集め、分析する。さらに、聴き取り調査を実施する。語りやすい親和的な雰囲気を醸成し、また、必要に応じて数回にわたる聴き取りを行う。

　調査にあたっては、外部から状況を俯瞰して客観的に分析することよりも、むしろ、実践者の思いや願いを共感的に把握することを重視する。このため、学校現場の人々と共に実践を創り上げていく姿勢をもち、継続して実践研究に参加し、公式のみならず、非公式な集いにも参加する。

　こうした調査活動により、各学校の実践研究の実相をできる限り精緻に分析し・考察を加え、成果を集約し、そこから導き出される「グローバル時代の人間形成を希求する対話型授業」を推進するための実践知・具体的な手立てを明らかにする。

　さらに、第3章で選定した「グローバル時代の人間形成を希求する対話型授業分析の10視点」により、対象校の実践研究を分析し、「グローバル時代の人間形成」に関わる現状と課題を明確にする

第1節　実践研究の分析の観点と配慮事項

　ここでは、対話型授業の実践研究校の実践研究の現状と課題を調査・分析

第4章　対話型授業の実践的研究　113

するための観点と配慮事項について記す。その前提として教育実践の分析方法に関する先行研究を検討しておく。

1　教育実践の分析方法に関する先行研究の検討

(1)　教育実践分析の基本理念に関する先行研究

　ドナルド・A・ショーン、佐藤学の言説の考察により、本研究における教育実践の分析方法の基本理念を明確にしていく。

　対話型授業の実践研究校を分析・考察し、実践知を紡ぎ出していくための手法の基調に省察的実践研究の理論をおく。

　省察的実践を提唱するショーンは「有能な実践者が行う知の生成 (knowing) とは、どのようなものであろうか。プロフェッショナルの知の生成は、学術書や科学論文、専門誌に見られる知とはどの点が似ており、また違っているのであろうか。プロフェッショナルの実践にも厳密性（rigor）が存在することに何らかの意味があるとしたら、それはどのような意味においてであろうか」[1]と記し、実践研究の厳密性（rigor）の意味を問いかけている。

　実践研究における大きな課題は、ショーンの提示する厳密性を確保することである。この厳密性を確保し、実践を分析研究する可能性について、ショーンはさらに、「事例を分析するとき私は、有能な実践者は、自分が言葉に出して語る以上のものを知っているとの前提から始める。彼らは『実践の中の知の生成（knowing-in-practice）』を行っており、その行動の多くは暗黙のうちになされている。ただし、実際に行動を記したプロトコル（会話記録）を基にすれば、知の生成モデルを造り、吟味することは可能である」[2]と記している。このショーンの見解は、本研究における、論者の立場を軌を一にする。有能な実践者は、言語化されていなくても、「実践の中の知の生成」を行っている。それをさまざまな資料や聴き取り調査等により、総合的に分析・考察するとき、実践の事実が明らかにされる。

　ショーンはさらに「行為の中の省察について研究を深めることが極めて重要になる。〈厳密性か適切性か〉というジレンマが解決できるならば、それは私たちが実践の認識論を発展させることで実現される。つまり実践の認識

論を発展させることにより、問題の解決は、省察的な探究というより広い文脈の中でおこなわれるようになり、行為の中の省察それ自体として厳密なものになり、実践の（わざ）は、不確実さと独自性という点において科学的研究技法と結びつくようになる。私たちの実践の認識論によって、行為の中の省察がもっている存在意義を高め、行為の中の省察をより広範に、より深く、より厳密に用いることができるようになるだろう」[3] と記している。論者の本研究における立場は「行為の中の省察それ自体として厳密なものになり、実践の（わざ）は、不確実さと独自性という点において科学的研究技法と結びつく」とのショーンの見解、教育実践を省察的に探究する意義とその有用性の提示に依拠している。

　佐藤学は教師研究における「教育の過程を科学的な原理や技術で説明し統制」しようとするアプローチと比して、「もう一つのアプローチは、教職を複雑な文脈や複合的な問題解決を行う文化的・社会的実践の領域ととらえ、その専門的力量を、問題情況に主体的に関与して子どもとの生きた関係をとり結び、省察と熟考により問題を表象し解決策を選択し判断する実践的見識（practical wisdom）に求める考え方である。この立場に立てば、教育実践は、政治的、倫理的な価値に実現の喪失を含む文化的・社会的実践であり、教師は経験の反省を基礎として子どもの価値ある経験の創出に向かう『反省的実践家（reflective practitioner)』であり、その専門的成長は、複雑な状況における問題解決過程で形成される『実践的認識』（practical epistemology）の発達で性格づけられる」[4] と、記している。

　佐藤の見解は、教師教育の研究について記してあるが、本研究での学校における対話型授業の分析・考察にも通底する。すなわち「省察と熟考により問題を表象し解決策を選択し判断する実践的見識（practical wisdom）に求める考え方」である。

　本節における実践研究の集約、分析・考察にあたってはショーンおよび佐藤学の言説を拠り所としている。

（2）教育実践の分析・考察の具体的な方法に関する先行研究

　教育実践の分析・考察の具体的な方法については、小田博志、山住勝広の見解を考察する。

　エスノグラフィー（ethnography）の研究者小田博志は方法概念としてのエスノグラフィーには、以下のような7つの特徴を有していると述べている。1「現地の内側から理解する」2「現地で問いを発見する」3「素材を活かす」4「ディテールにこだわる」5「文脈の中で理解する」6「Aを通してBを理解する」7「橋渡しをする」である[5]。

　本研究における、対話型授業の実践研究校の実践研究の調査・分析にあたっては、小田の示すエスノグラフィーの7つの特徴を基調におく。

　1、2、3については調査対象校の実践研究に研究協力者として参加し、7つの特徴に、次の具体的な手立てをする。（　　）は具体手立てである。

　　1　現地の内側から理解する（学校内部から観察し）

　　2　現地で問いを発見する（教職員と共に課題を発見し）

　　3　素材を活かす（実践研究の実際を把握していく）

　　4　ディテールにこだわる（皮相的事象のみでなく、部分的真実（partial truths）を重視し）

　　5　文脈の中で理解する（3年間の研究の推移から研究の進展を把握し）

　　6　Aを通してBを理解する（研究進展の契機や教員の職能成長、子どもたちの変容の要因について、多様な要素から複合的に分析・解釈し）

　　7　橋渡しをする（研究進展に資する研究協力者の役割を明示する）

　本研究においては、実践研究の実相をできるかぎり厳密に把握するため、単なる観察・分析ではなく、実践の共創者として、対話型授業の実践研究に参加してきた。こうした論者の立場は、山住勝広の「活動理論」（activity theory）に示唆を受けている。

　山住勝広は、探究を基盤に、学校の「教育実践」（pedagogic practice）の「拡張的学習」（expansive learning）への転換を提唱し、下記のように述べている。「活

動理論は、通常の標準的な科学が『観察』や『分析』にとどまることを旨とするならば、むしろ変化を創り出すことへと研究者を参入させるものである。そこで『介入』と呼んでいるのは、人々の行為や実践に対し、理論をトップダウンに適用する、ということではない。

拡張学習は、仕事や組織の実践の中で、人々が現状の矛盾に出会いながら、対象との継続的な対話を進め、活動の新たなツールやモデル、コンセプトやヴィジョンを協働で生み出すことによって、制度的な境界を超えた自らの生活世界や未来を実現していくことをいう」[6]。

山住はさらに、具体的手法としての「物語り的探究」の意義について次に記している。「物語り的探究は研究者が状況の外部という超越的な絶対的位置から出来事を俯瞰し客観的にそれを分析するという研究方法論に対抗する。『現場の行為者のまなざしから』というスローガン、あるいは『行為の直接的・局所的な意味』を根本的な関心とする物語的質的研究は、実践者を常に受動的に『語られる対象』として位置づけ、彼や彼女を情報提供者として位置付けてきた伝統的実証研究の代案を提供しているのである」[7]。

本研究においては、調査対象とした実践研究校の教職員への聴き取り調査を多用し、実践者が記した記録を重視している。山住の提唱する「物語り的探究」の手法を基調においていいる。

本研究における論者の立場は、各学校の実践研究のさまざまな局面での事象の意味を問う観察・分析者であるとともに、そこにとどまらず、研究実践への「介入者、協働者」の立場と位置づけている。学校における実践研究には多様な要素が絡み合っており、通り一片の観察では実相を見通せない。このために論者自身について、継続的参加、教職員との信頼関係の構築を基本要件とした。

調査・分析にあたっては、可能な限り、実践研究の実相・事実を正確に捉えるため、授業記録、研究全体会・推移委員会の記録、授業参観後の情報交換カード、学習者のノートなどを可能な限り集め、分析材料とした。

また、研究者が外部から状況を俯瞰して客観的に分析することよりも、むしろ、実践者の思いや願いを共感的に把握することを重視してきた。

このため、学校現場の人々と共に実践を創り上げていく姿勢できる限り、継続して実践研究に参加し、教材研究や学習案作成などについて協働し、ときには、論者自身が研究授業の事前授業を行った。また、公式のみならず、非公式な集いにも参加しその意味を捉えようとした。

聴き取り調査においては、録音・メモをとらず、語りやすい親和的な雰囲気を醸成し、また、必要に応じて数回にわたる聴き取りを行った。また、電子メールの往信も頻用し、教師の局所的な行為の意味を把握するように努めた。さらに、教育実践の意義をより明確に捉える方法として、実践者自身の実践後の自由記述文を重視した。

2 対話型授業の実践研究校の実践研究の調査方法と配慮事項

(1) 調査方法

具体的な調査・分析の方法は次によった。

面接調査として、校長・研究主任・授業者への聴き取り調査等を行った。実践の意味を明確にするため、実践直後のみでなく、一定の期間を置いての聴き取り調査も実施した。

本調査においては「聴き取り調査」を重視した。聴き取り調査において聴き取った内容の記述の信憑性を担保することは難しい、しかし、鯨岡峻が間主観的現象についての言説で提示しているように「いくつかの条件が組み合わされたとき初めてうまれてくる」[8] ものを聴き取り、集約し, 確認することにより、実践研究の有効な調査資料になると考えている。本研究における条件とは「研究対象校の教職員との実践の共創者・支援者としての同僚意識と信頼感の醸成」、「調査内容である対話型授業についての専門性の保持」、及び「聴き取った内容の対象者への確認」としている。

参加・観察・記録として、調査対象校への数度の授業参観 研究協議会への参加を行った。また、放課後等の非公式会合での論議も調査対象校における実践研究の実相に迫り、また教職員との親和感を醸成するために重要であり、できる限り参加してきた。

文献調査としては、研究紀要、研究委員会・研究協議会の記録、学習指導案、

授業構成メモ、授業記録・授業参観に関わる感想カード・メモ、さらには
ノート・ワークシート等の児童・生徒の学習の記録、教育誌の掲載記事、授
業者の省察文などを収集し、分析・検討した。

その他、研究の実相をできる限り正確に把握するため、当該校教員との電
話や電子メールでの通信を多用し、実践研究のさまざまなステージで現れる
部分的真実（partial truths）の意味を明らかにしてきた。

(2) 分析の観点と配慮事項及び妥当性の検討

対話型授業の実践研究校の実践研究調査・分析の観点は下記とした。

1) 調査・分析の観点

調査・分析の観点は「研究の全体に関わる事項」「研究組織の機能と運営
に関わる事項」「対話型授業の開発に関する事項」に大別した。

研究の全体に関わる事項としては、研究への動機・きっかけ、研究テーマ、
研究全体構想、研究組織、研究の重点、研究推進の経過、今後の展望、特色
ある実践研究等とした。

研究組織の機能と運営に関わる事項として、管理職・研究推進委員長・研
究推進委員会の組織と運営、論議内容、研究協議会の論議内容、研究の進展
とその契機、研究活動の進展による成果、研究協力者の参加の研究推進上の
意義と実際等とした。

対話型授業の開発に関する事項として、対話や授業に関する理論研究の成
果の援用、対話型授業の学習方法の工夫、教材開発、対話型授業による児童・
生徒の変容等を取り上げることとした。

2) 調査の配慮事項と妥当性

形式的・皮相的な分析を回避するため「研究対象校の３つの要件」「研究
協力（調査）者の要件」を設定し、「リフレクティビディア（再帰性）」を重
視した。

分析対象校は、次の要件により選定した。対話型授業の開発研究を３年間

以上継続研究している学校、校長・研究主任もまた3年間以上継続している学校、研究協力者（論者）が「3年間以上継続して参加」してきた学校である。

上記の要件により、3年間にわたる学校における研究実践の推移がより明確に把握できると考えた。

研究協力(調査)者の要件として、研究協力者が、教職員との信頼関係(ラポール)を形成している、調査校の研究テーマや実践研究に関わる、学識、経験を有する、複数以上の調査協力者（研究者・大学院生）で調査するとした。

リフレクティビディア（再帰性）の重視の観点から、実践研究への介入・共創者の立場から、研究協力者が参加することが、対象校の研究実践の自立性を尊重しつつ、要望に応じて研究成果を高めることに寄与するように努めた。

3）調査対象校

本調査研究における調査・分析の対象校と各校の実践研究における特色は下記である。

A校　東北地方の国立大学附属小学校

「主体性」と「協働」を関連づけ、対話の活用により

「思考を深める」対話型授業の実践研究校

M校　東京都三多摩地区の公立小学校

対話の基礎力の育成による自己肯定感の向上を重視した

対話型授業の実践研究校

K校　北陸地方の国立大学附属小学校

対話における聴く、受けとめ合うを分析し、その成果の活用により、

思考力の深化を重視した対話型授業の実践研究校

MC校　東京都内の公立中学校

国際理解教育の研究校

グローバル時代の人間形成を希求した対話型授業の実践研究校

本研究は「グローバル時代の対話型授業」を探究している。A校・M校・K校・MC校は、それぞれ、「グローバル時代の対話型授業」に関わる実践研究に長期にわたり取り組んできている。各校の対話型授業の実践研究を調査・分析し、また4校全体の調査・分析結果を総括することにより、「グローバル時代の対話型授業」の現状が把握でき、グローバル時代の人間形成に関わる課題が見出せると考えている。

なお、本書に実践研究の詳細を掲載することについて、各学校の校長・研究主任からの同意を得ている。また、学校名、教職員名についてはA校　U校長　K研究主任のように、仮称で記した。

4) グローバル時代の人間形成を希求する対話型授業分析の視点

第3章において考察した、グローバル時代の対話型授業の定義及び構成要件から析出した10の視点（再掲）

1　対話の活性化のため物的・人的な受容的雰囲気の形成
2　多様な意見、感覚・体験をもつ他者との対話機会の意図的設定
3　多様性差違性の尊重、対立や異見の活用による思考の深化と視野の拡大
4　自己内対話と他者との対話の往還による知の共創
5　沈黙の時間の確保や混沌・混乱の活用による思考の深化と視野の拡大
6　対話への主体的参加を促す工夫
7　グローバル時代の対話としての批判的思考力の活用
8　非言語表現力の育成と活用
9　他者の心情や立場への共感・イメージ力の錬磨と活用
10　対話の基本技能の習得と活用

第2節　対話型授業・開発研究校の実践の分析・考察

本節においては、学校全体で長期にわたり、対話型授業の実践研究に取り組む4校の実践研究について調査・分析していくこととした。

1 対話を活用した協働学習の実践研究

　対話を活用した協働学習の実践事例としてA小学校の実践研究を取り上げる。A小学校は、2012年度から2014年度にかけて、「主体性」と「協働」を関連づけ、対話の活用により「思考を深める」ことを目的とした対話型授業の実践研究に取り組んできた。

(1) 小学校の学校の研究実践の概要

　A小学校の対話型授業の研究実践の概要は次の通りである。

1) 学校の概要

　校名はA校（仮称）とした。国立大学附属小学校であり、学校規模は児童数420名12学級である。

2) 調査の概要

　筆者は、3年間にわたり、同校の対話型授業研究に参加し、7回訪問し、そのたびに、全学級の授業参観の機会を得た。このことにより、同校の研究実践の年度ごとに深まりを把握できた。

　調査にあたっては、文献調査として、同校の3年間の研究紀要、研究委員会の会議記録、教員が記していた授業の参観の記録、自己反省記録、論者への手紙・メール文などを調査した。またできる限り、公式・非公式の会議に参加した折の記録も調査した。

　また、聴き取り調査として校長・研究主任、教員への面談調査を行った。日時や対象者、内容等は**表4-1**の通りである。なお、以降本文中で聴き取り調査の内容を引用する場合、正確さを確保するため、注）でも示すこととする[9]。

3) 実践研究の概要

　A校の対話型授業の実践研究の概要について研究紀要の記載事項を資料に

表4-1　A校での聴き取り調査の概要

年月日　　時刻	調査対象	場所	主な聴き取り内容
2011.10.15　16-18	校長　研究主任	校長室	学校の概要、対話型授業研究へのプロセス
2012.5.10　16-18	校長	校長室	対話型授業の実践研究への取り組みの契機と基本構想
2012.5.10　18-19	研究主任	校長室	「思考力を高める」ことについて各教科で記述をした契機
2012.6.8　18-19	研究主任	校長室	「先輩教師から学ぶ」企画の目的と内容　各教科における対話型授業の推進
2013.4.15　16-18	研究主任	校長室	児童中心の対話型授業への発展の契機
2013.6.14　16-18	校長　研究主任	校長室	対話・対話型授業に関する同校の理論・実践研究の成果

記す。

　研究テーマは「仲間と共につくる豊かな学び——『対話』を通して思考力を深める授業づくり」である。このテーマは3年間を通して共通であった。

　同校では研究の重点として、「課題」「協働の学び」「主体性」のトライアングルの関係を置いている。この、「課題」「協働の学び」「主体性」の有効な関わりをもたすための対話の活用を実践研究している。各教科の目標を高次に達成するため、さまざまな伝え合い、まとめ合う活動を創意・工夫し、対話の「深層的」機能を追求していくこととしている[10]。

(2) 1年次の研究実践の経緯、研究の目標、研究全体構想の構築

　A校の、研究実践の経緯をみると、1年次の対話型授業の実践研究は、「研究の目標の設定」と「研究全体構想」の構築から開始された。

　同校の校長であるU教授は教育方法論を専門としている。U校長は研究の経緯について「仲間と共につくる豊かな学び」を研究テーマに実践研究してきたが、研究を焦点化する必要が論議され、「『対話』を通して思考を深める授業づくり」をサブテーマに設定し、新たな研究への取り組みを開始した

と述べている。

　研究主任の K 教諭は、「研究委員会の論議を経て、今後 3 年間の研究で、『関わりあいが育む豊かな学び』を『対話』という視点から問い直し、一人ひとりの豊かな学びを保証し、思考を深める授業づくりに取り組むこととした。対話型授業の実践研究の端緒となったのは、研究委員会の論議であった」[11]と語っている。

　その研究委員会では、論議をもとに下記のように研究の方向を決定している[12]。

1) 実践研究の方向性、用語の概念・研究全体構造の構築の検討

　この会議では「豊かな学び」「言語と思考」「協働の学び」について論議し、それを構造化し、今後の研究の方向を示した。また研究の基盤となる主な用語の概念を検討した。

　A 校の研究紀要には『仲間と共に創る豊かな学び―「対話」を通して思考を深める授業づくり』(2013) について、下記の説明がしてある[13]。

　○「豊かな学び」の考察　―変容した自己に出会う―

　「豊かな学び」とは何かを検討した。論議を重ねた末、「学習への意欲を高め→課題意識・問題意識をもち課題に取り組み→試行錯誤しつつ追求し→変容した自分に出会う学びこそ豊かな学びであり、変容した自分との出会いが、学びへの意欲を喚起する」とした。

　さらに、この学習サイクルの試行錯誤の段階に「仲間とのかかわり」を関与させることが「豊かな学び」への有効な手立てとした。

　○「言語と思考」との関係

　自問自答するための言語を「内言」とし、自分の思いや考えを他者に伝えるため意識的に言葉にすることを「外言」と名付ける、と仮説的に捉えた。

　「内言」と「外言」を明確にし、その往還が深い思考を生起させ、変容した自己と出会う、豊かな学びをもたらすとの仮説が授業研究の柱となっていった。

　○　対話を活用した「協働の学び」の導入

「仲間とのかかわり」が思考の高まりに関与するとの共通認識から、自分一人ではできないことに向かう対話を活用した「協働の学び」を取り入れることとした。

○ 対話の機能

対話の機能は、一義的にはお互いに思いを伝え合うことである。しかし「伝え合う」ことにとどまっていては、その表層的な機能しか生かしていないことになる。

「対話」は、「応答し合うこと」である。応答とは相手の問いかけに応えることである。

問う側と応える側が役割を交代しながら「対話」は進展していく。両者が互いに影響し合いながら、新たな自分の思いや考え方を自分の中につくり出していく。このような相互作用が起こることが「対話」の深層的な機能である。

こうした検討から、「豊かな学び」には、子どもの思いと教師に思いが連動した「課題」が重要であり、その課題を探究していくためには、仲間との関わり、変容した自分との出会いがなければならない。つまり「主体性、協働の往還」が必須であるとし、この「課題」「協働」「主体性」を授業の3要素とした。また、言語と思考との関係に「内言」と「外言」を関わらせることにより、思考力が高まっていくと捉え「対話型授業研究」取り組むこととしたと考察できる。

2) 子どもたち一人ひとりへの対応

2013年4月26日に開かれた研究全体会の記録には、A校の実践研究の新たな課題について論議が記されている。以下に研究全体会の記録文から主な発言を抜粋してみる。

〈事例 研究全体会の記録から 子どもたち一人ひとりへの対応〉

・ 対話を活用した授業では確かに児童が活発に発言する。しかしそれが思考力の向上につながっているか。

第 4 章　対話型授業の実践的研究　125

- ・　発言力に差があるのは確かだ。
- ・　全員の対話力を高めるためには個の指導を強化する必要がある。
- ・　沈黙している子も、思考を深めていることを教師が認めるべきだ。
- ・　よくしゃべる子には、グループ全体の対話を高める役割をもたせるとよい。
- ・　まず聴く力を高めることが対話の前提ではないか[14]。

　A校のU校長・K研究主任は、聴き取り調査において、こうした論議を経て「活発に発言している子は、自分の思いや考えを話すことだけに夢中であり仲間の思いや考えを受け入れようとしない傾向があるので、内言による思考の不足がある。一方、発言することに消極的な子どもは、友だちの話をよく聞いて自問・自答している、しかし、自分の思いや考えを仲間に伝えようとしない傾向があるので思考の外言化の不足であるとの見方が共有でき、こうした実態把握を生かし、一人ひとりの子どもへの対応が重視され、個別指導が意識的に行われはじめた」「一人ひとりを大切にした対話を活用した授業をするには、理論研究が必要と考え、自主的に対話や学習の理論を学ぶ会をもった。理論研究は実践研究を高次に推進するために有効であった」[15]と語っていた。

　研究全体会の記録、U校長・K研究主任への聴き取り調査から、A校では、対話型授業の研究の新たな課題として、一人ひとりの児童に対応した指導の必要性を認識し、それへの対応を実施してきたとみることができる。一人ひとりの児童の対話力の向上を願った教師集団による自主的な理論研究は、対話型授業の実践研究の向上の契機ともなったとみることができる。

　A校の平成 25 年（2013）度の研究紀要には、1 年次の研究の成果について次のように記されている。

3) 対話型授業づくりの三要素の設定による研究の基本構成の再構築
① 　基本構想の構築

「課題」（子どもの思いと教師の思いが連動した単元、教材課題）
「主体性」（問題意識・課題意識→個の学び→自己の変容の自覚）
「協働」（問の共有化→集団での学び→思考の外言化→仲間との分かち合い）の三要素のトライアングルの関係に位置付ける。そのトライアングルの中心が「対話」である[16]。

すなわち、主体性と協働により、学習課題に向け探究していくとき、新しい気付き・発見、新しい見方・考え方が生起し、自己の認識が更新さる。その過程で「思考の深まり」がなされてくる。対話はこの、主体性、協働による思考の深まりのための有効な手立てと位置づけたのである。

② 授業づくりの三要素の考察

各要素は次のように説明されている。

○「対話」を生む課題

　子どもにとって切実で追究し甲斐のある「問い」を子どもたち自身の力で見出すことが「対話」の糸口となる。子どもの思いと教師の思いが連動した単元、子どもの興味・関心・意欲を引き出す教材・題材、子どもが本気で考えたくなるような課題や問題の提示など、「価値ある課題」のある学びにするための手立てを講じていく。

○「対話」を支える協働

　子どもたちが対等の立場でかかわり合い、異質な思いや考えをすり合わせながら皆で価値あるものをつくり出そうとするとき、「対話」は活性化する。「問い」を共有しその追究に全員が参加すること、相互理解の難しさを認識しつつ、智恵を出し合い、皆で共有できる学びの成果を生み出そうとすること、仲間とともに学ぶことの楽しさや、仲間とつながり、分かち合う喜びを実感することなど、「対話」の質の向上につながる協働のある学びにするための手立てを講じていく。

○「対話」を生かす主体性

　「対話」は、子ども一人ひとりの思いや考えが多様であればあるほど豊かなものになる。子どもの思考を画一化しようとせず、個々のもっている個性や資質・能力を生かし、それを授業で発揮できるようにすることが大

第4章　対話型授業の実践的研究　127

切である。自分のもてる力を存分に発揮して学び、自己の成長と変容を自覚するとともに、次なる学びへと意欲が連続していくような主体性のある学びにしていくための手立てを講じていく。

③　対話型授業の具体的手立ての検討

○「対話」の必然性や必要感を高める「問い」の醸成

　　単元導入の工夫　単元の見通しをもたせる

○「仲間との対話」と「自己との対話」を意図的に組み入れた学習展開

　　意図的に設定する仲間との対話　多様な対話形態の活用

　　学習内容を高次に達成するための対話の活用

○「対話」の機能を生かすための教師に見取りと働きかけ

　　意図的集団構成　立場を明確にした「対話」「対話」の可視化

　　ズレや「迷い」を生かす　ポートフォリオ的自己評価[17]

4）1年次の対話型授業研究の成果

　A校の1年次の対話型授業研究の成果を考察すると次に集約できる。

　第1に、対話型授業の目的が、一人ひとりの児童の思考力を高めることにあることを明示したこと。第2に、対話型授業の3要素を「課題」「主体性」「協働」とし、その関連を構造化したことである。第3に、一人ひとりの思考力を高めるための具体的な手立てを創意工夫していることである[18]。

　研究授業により、思考力を深める対話型授業の研究を継続したA校であったが、1年次の終わりには、さらなる課題が明確になり、解決への方途が検討されていった。

　同校の実践研究は2年次をむかえ、「思考を深める対話型授業研究」の具体的な手立てのさらなる検討と、各教科の特質を生かしつつ思考力の深化を目指す対話型授業の実践研究へとすすんでいった。

(3) 2年次の研究——「各教科の特質を考慮した対話」の効果的生かし方

　平成25（2013）年度『研究紀要』の記述によると、研究実践の主な内容は下記であった[19]。

1）「思考を深める」対話型授業研究の具体的な手立ての検討

「思考を深める」対話型授業研究の具体的な手立ての検討は、「問い」からスタートし、思考を深めさせるプロセスの工夫から始まった。第一年次に重視した一人ひとりの子どもの対話力の向上を目指す、A校の対話型授業研究の方向は、子どもたちの「問い」を大切にしつつ、思考を深めさせる学習プロセスの具体化にみることができる。同校では、思考を深めさせる学習プロセスとして次の5段階を設定した。

① **思考を深めさせる学習プロセスとして5段階**

　1　事象や課題に関心をもつ。

　2　問題意識をもち、様々な角度から思考し、自分の考えをつくり上げる。

　3　自分の考えを伝えたい、友達の考えを聴いてみたいという必要感が起こる。話合いにより、互いの考えを知る。

　4　自分の考えと異なる考えに出会い、心揺さぶられる。

　5　新たな自分の考えを再組織する。

この、思考を深めさせる「学習プロセスの5段階」の設定は、各対話型授業の基本のプロセスとなり、同校の対話型授業研究の学校全体としての共通性をもたらしたといえる。

同校の対話型授業研究で注目されるのは、思考を深める自己再組織化の時間の重視であり、またそのための具体的な方法を明示した点にある。

② **思考を深める自己再組織化の時間の重視**

思考を深め、自分の考えを再組織させるための工夫について同校では下記に集約している。すなわち、次の5点である。

　ア　十分な時間の確保

　イ　思考を深める視点をもたせる。

　ウ　思考を深める場面や課題の工夫

　エ　仲間との対話により、成果を共有化し、思考を深める。

　オ　授業後の振り返りの時間を大切にし、自己成長の機会とする。

第4章　対話型授業の実践的研究　129

　思考を深めさせる学習プロセスとして5段階の設定と思考を深める自己再組織化の時間の重視は、同校の対話型授業研究が、一人ひとりの思考力を事実として向上させるための創意・工夫を実践研究の基調においている証左とみることができよう。

　A校の第2年次に対話型授業研究は、やがて、各教科における実践研究に広がっていく。A校の各教科における対話型授業研究の実践の経緯を考察し、分析していく。

2) 教科における「思考力を高める」の再検討と「対話」を通して思考を深める子どもの姿の記述

　同校では、各教科における対話型授業において、対話を活用して思考力を高めるため、各教科等の担当者が、大学の附属小学校の特色を生かし、大学の各教科教育の研究者と協働しつつ、「教科における思考力を高めるとは」について明確にし、記述することになった[20]。下記はその記述内容例である。

　この各教科等における対話を活用し、思考力を高めるための考え方が記述されたことが、A校での、2年次の実践研究の課題である各教科における対話を活用し、思考力を高めるための対話型授業の実践研究を促進してきたとみることができる。

　下記に、2年次の研究の成果が反映した実践事例を考察してみる。

〈事例　2年次の研究の成果が反映した実践事例〉

　論者も授業参観した、国語・図工の授業の概要と事後の授業研究会での論議を集約すると以下の通りであった。

　国語：古典の世界「枕草子」：教師の解説、音読による学習への期待感溢れる導入、叙述から清少納言の工夫をみつける、対話の活性化を促す学習課題の設定（なぜ、冬は「わろし」で終わっているのか等）、収束しそうな子どもの「思考を揺さぶり、もう一歩深める」思考を深める工夫をしていた。

　図画工作：造形活動：題材との出合い（題材、環境、教師のことば）→イメージをもつ（経験、感性、体験等の利用）→テーマについての表現方法を試行錯

表4-2 各教科等における対話を活用し、思考力を高めるための考え方の記述例

国 語：「対話」で着目する言葉，「対話」で用いられる言葉など，言葉そのものにこだわりをもつ姿勢を，他教科等にも増して重視している。文章中のどの言葉を根拠とし，どんな理由でその解釈に至ったのかを「対話」を通して吟味する中で生まれる気付きや発見が，「新たな言葉の力」として獲得されていくと考えている。

理 科：事実を一人一人が論理的に解釈し，互いの見方・考え方を交流し合うことを繰り返すことで，自然事象のとらえが確かなものとなる。ノートづくりなどで，科学的な見方や考え方を図や言葉を用いて表現することを重視することが「対話」を促し，「科学する心」の育成につながるものと考えている。

社 会：「見える事実」を通して「見えない事実や概念」を掴むことが社会科の特質である。事実を単なる知識としてではなく，思考を深めるための材料としてとらえ，「対話」の中で事実を比較したり関連付けたりすることが，新たな事実や概念の獲得につながるものと考えている。

家 庭：日常の中で見過ごしがちな生活事象を見つめ直したり，実際に体験したりする中で，そのメカニズムや価値を見いだし，衣食住の営みの大切さに気付くことが大切である。自分や仲間，そして家族との「対話」を積み重ね，自分で意思決定し，自分らしい生活を創り出す学びを繰り返し，実践力をはぐくんでいる。

図 工：題材，材料・用具，環境や自然などと向き合う「自分との対話」と，多様な見方や感じ方，発想や構想などを交流し合う「仲間との対話」が絶えず行き交い循環していることが図画工作科の特質である。表現と鑑賞が一体化した造形遊びは「対話」が有効に機能することから，その題材開発に力を注いでいる。

音 楽：楽曲を構造的な視点でとらえようとする学習過程を経て，楽曲への理解や着想を深めていくことが，音楽科における思考力である。鑑賞活動と音楽づくり・演奏表現の融合を図った音楽づくりの過程で，演奏している瞬間こそが学びの最高潮であるととらえ，奏でる音を介した「対話」の充実を図っている。

体 育：体を動かして感じたり（「自分との対話」），仲間とコミュニケーションを図ったり（「仲間との対話」）する中で，動きの質を高め新たな動きを獲得することが，運動する楽しさや喜びを味わうことにつながる。体を使って学ぶことに軸足を置き，運動欲求や上達意欲を引き出す「対話」の活かし方を工夫している[21]。

（出典　A小学校各教科の教員の提出物より筆者が抜粋）

誤する（友達の表現、教師や友だちの言葉を参考にする）→自分の表現したいことを造形する（自己表現、友だちの表現への鑑賞活動）、この過程において自己内対話や他者との対話を活用する[22]。

上記の実践事例にみられるように、国語科では、「叙述・ことば」への着目、図画工作では、「造形活動」など、各教科の特質を生かした対話の活用が実施されていた。同校の各教科における対話型授業の実践研究は、次の点を明らかにしているとみることができる。

第1に、各教科等における対話を活用し、思考力を高めるための考え方の記述例や実践事例にみられるように、対話の概念を広く捉えることにより、各教科において、無理なく、必要感のある対話が活用され、学習効果を高めていくことができること。第2に、対話の活用が、各教科の特質を損なうことなく、教科の本質に迫る対話型授業により、教科目標が高次に達成できること。

3) 先輩の教師の実践（他教科）から学ぶ

同校の対話型授業研究の特色の1つは、対話型授業の授業実践の質の向上を意図し、他教科の先輩の教師の実践から学ぶ授業公開を実施したことにある。

この企画について、同校のK研究主任は、「対話を活用した授業をさらに効果的にするための、他教科の対話型授業の『実践知』の相互学習を展開した。ベテランの教師が研究授業を公開し、教師たちが互いに切磋琢磨し合っている。殊に、他教科の実践から学ぶことにより、自己の対話型授業の質的向上に役立てる意識を高揚させている。授業参観後は『授業力アップ交換カード』に参観者全員が『学んだ点・改善』を記し、授業者に提出することとなっている」[23]と語っている。

2013年5月には、授業力の高さで定評のある、S教諭（音楽）、T教諭（理科）が研究授業を公開した。この研究授業の公開は、対話型授業研究の向上に資したとみることができる。「授業力アップ情報交換カード」の記述から対話型授業研究の向上について、分析・考察していく。

〈事例　若手教諭の研究授業の「授業力アップ情報交換カード」の記述[24]〉

　同校への赴任3年目の国語科を専門科目とするO教諭は、「授業力アップ情報交換カード」に音楽科の指導力の高さで定評あるS教諭の授業を参観した感想について、

　　「S先生の音楽の授業では、子どもたちの集中力を切らさないように、その都度、視点を変えた質問を投げかけていました。お互いの演奏から学び合う姿、よく見て、よく聴いて考える姿から、音楽科ならではの『対話』の姿が見えたように感じました」と記し、さらに、「一人でも堂々と歌う姿、自分たちの出番をまち、張り切って演奏する姿、他のグループの演奏にも積極的に手伝う指導方法に学び、国語の授業でも、生かしたいと思いました」「仲間の演奏をとてもよく聴いていた（対話していた）。しかも、きちんと聴き分けて、音楽的な視点からそれぞれの工夫のよさを感じ取って言葉にしていた。そして、他の班の工夫を自分たちのアレンジに生かそうとする姿が感じられた。音楽ならではの『対話』がみられる授業であった」

と、記述している。

　このO教諭「授業力アップ情報交換カード」の記述からは、他教科の対話型授業の実践から学んだことを、自分の専門とする教科で活用しようとする方向を読み取ることができる。

　同校では、他教科の対話型授業を参観することにより、さまざまな対話の活用方法が広まり、定着し、対話型授業研究を進展させる契機としてきたといえよう。

4) 2年次の実践研究の成果

　同校の平成25年度『研究紀要』におけるK研究主任による2年次の「研究の成果」の記述を基本資料に、2年次の対話型授業の実践研究の成果を考察する[25]。

　研究の成果として次の点が上げられる。

　第1に各教科の特質に応じた「対話」の目的と方法の開発である。さまざ

まな学習活動に内在している「対話」をより顕在化させる⇒教科の特質を損なうことがないように、無理ない形で「対話」を活かす ⇒ 教科等の本質に迫る「対話」を希求する。この方針を共通理解したことである。

第2に、子どもたち自身が「対話」のよさを実感するとともに、自己の変容や成長を自覚することができるようにするための「教師の見取りと働きかけ」が充実したことである。

第3に、豊かな学びとして、自ら課題意識や問題意識をもち、試行錯誤しながら追究し、自らの変容の実感が、次への意欲に「継続・連続していく自主的・自発的な学び」の方向を探求できた。

A小学校の2年次の実践研究は、1年次で明らかにしてきた対話型授業の基本的考え方と具体的指導方法を教科学習に活用し、教科における対話型授業実践を探究してきた。

ことに「思考力を深める」ことを重視し、そのための協働学習の在り方を授業実践を通して明らかにしてきている。ことに注目されるのは、「思考力の継続性や自主的な学び」を探究し、そのための対話の活用方法を実践的に開発していっていることである。具体的には、「問いの重視」「学習プロセスとして5段階の設定」と「思考を深める自己再組織化の時間の重視」等である。

「問いの重視」は学習者の主体的学習意欲を高め、「学習プロセスとして5段階の設定」は、学習の見通しをもたせ、「思考を深める自己再組織化の時間の重視」は、子どもたちの一定に結論にとどまらず、次々と思考を深めていく時間を保証していると考えられる。

A校の3年次の対話型授業の実践研究は、「各教科等の特質を考慮した『対話』の効果的な活用」へと進展していく。その過程を分析・考察していく。

(4) 3年次の研究—各教科等の特質を考慮した「対話」の効果的な活用

対話型授業研究は3年次に入り、各教科の特質を考慮しつつ、「思考を深める」授業研究をさらに探究している。その中で「対話」の有用な活用方法を開発している。

平成25年度『研究紀要』の記述を主資料に、実践研究の重点及び具体的

内容について分析・考察する[26]。

1）実践研究の重点

実践研究の重点は、2年次の「各教科の特質と思考力の深化」を目指した実践研究をさらに発展させるための「各教科の特質を考慮した「対話」の効果的な活用方法」としている。

2）実践研究の具体的内容

同校では、研究の重点を実践するため、下記の具体的な研究実践活動を実施した。

第1は、「自分との対話」、「仲間との対話」をより効果的に位置づけた「1単位時間の学習過程」の構想である。具体的には、導入場面：「自分との対話」⇒展開場面：少人数の「仲間との対話」→学級全体での「仲間との対話」⇒終末場面：思考を再構成する「自分との対話」の学習プロセスを設定した。この学習プロセスにより、各教科の授業が展開された。

第2は、子ども同士が協働することによってこそ挑んでいける、より「価値ある課題の追究」がなされる授業の展開である。なお、同校では、価値ある課題とは次のようなものであるととらえている。

- ・ 協働する必然性や必要感を子ども自身が感じている課題
- ・ 多様な思いや考えが引き出され，知的葛藤が生じるような課題
- ・ 単元あるいはその1単位時間の授業のねらいの達成につながる課題
- ・ その教科等の本質を踏まえた課題[27]

K研究主任は、同校の実践研究における「子ども同士が協働する意味」について、「自分一人では解決が困難だと感じた課題にぶつかったとき、はじめて子どもは、仲間と協働してその課題を解決しようとするはずである。試行錯誤の末、その課題を解決できたとき、子どもは仲間と共につくることのよさを実感するであろう。これこそが、本研究主題が目指す子どもの姿にほかならない」[28]と語っている。

このK研究主任の発言内容にある「子ども同士が協働する」は、年度末には、

「学習者主体の対話型授業」、すなわち教師が発問し、児童が回答する対話、教師が企画し、児童が相互に対話する対話型授業から、児問⇔児答、すなわち、児童が主体的に対話を構成し、次々と対話を深め、知の世界を広げる、新たな価値を探究していく対話型授業へと発展していく契機となったとみることができる[29]。

3）3年間の対話型授業の実践研究のまとめ

　K研究主任は、3年次の研究紀要の「実践・研究のまとめ」に「多文化共生社会が現実のものとなってきている昨今、文化や価値観、立場の違いや異なる意見による対立を乗り越え、対話や共同活動を通して新たな知見を生み出し、そのプロセスの中で創造的な人間関係を築き上げていくことのできる資質・能力、技能をもつ人間を育成することは、学校教育の緊急の課題の1つである。今後は各教科等の授業という狭い枠組みの中だけで『対話』をとらえるのではなく、グローバル時代に必要な『対話力』を育成していくことの必要性も視野に入れ、より広い見地に立って『対話』をとらえていかなければならないだろう」[30]と記している。

　同校の対話型授業の実践研究は、一人ひとりの児童の思考力の高まりを希求することを基調に、全体構想の構築、対話の概念の検討から、対話型授業の基本的な捉え方とその具体的な活用方法の探究に進展してきた。さらに各教科等の特性を活かした思考力を高める対話型授業を開発してきた。また1単位時間で対話を活用する学習過程を構築していった。

　注目されるのは、学習者主体の対話型授業への胎動である。学習者たちが自分たち自身の目的意識や問いや疑問を起点にし、学習を展開する過程で、一人では解決できない、困っている、分からない疑問や問題がでてくる。そうした場面で，子どもたちが仲間と対話し、新たな学習課題と学習方法を子どもたち自身が設定（形成）し、学びを深めていく、次々と新たな知的世界を探究していく、こうした対話型授業を創造していこうとする意欲がみられる。

　こうした、A校の3年間の地道な研究実践の継続により、K研究主任が、

3年次の研究紀要の「実践・研究のまとめ」に記したように、グローバル時代の対話へと視野を広げていっているといえる。

（5）A小学校の対話型授業研究の考察

　ここでは、まず、A小学校の実践研究の実態を「グローバル時代の人間形成を希求する対話型授業研究」の視点から把握する。

　次いで、「グローバル時代の人間形成を希求する対話型授業研究」に有効な実践活動について考察していく。

1）グローバル時代の人間形成を希求する対話型授業研究の実態把握

　同校の実践研究を「グローバル時代の人間形成を希求する対話型授業研究」の視点から調査し、実態を把握する。

　同校の実践研究活動で「各視点に関連する実践活動」を下記の表に集約した。また5段階から実施状況の評価を試みた。

　なお、集約・記入さらに評価にあたっては、大学院教授1名、大学教授1名大学院生2名および当該校の研究主任による合議により決定している。

　〇評価の基準

　視点の示す教育実践活動について、収集した文献資料、聴き取り調査等をもとに、下記の評価基準により評価した。

　　5　学校全体で重要性を共通理解し、教育活動の頻度が高い
　　4　学校全体で重要性を共通理解し、教育活動を折に触れ行っている。
　　3　学校全体で重要性を認識しているが、教育実践を行うことは稀である。
　　2　学校全体では重要性を共通理解していないが、個別の授業実践において稀に教育活動を行っている。
　　1　学校としての共通理解がなされておらず、実践もされていない。

　A小学校の3年間にわたる対話型授業研究をグローバル時代の人間形成の視点から考察すると以下が指摘できる。

第4章　対話型授業の実践的研究　137

表4-3　A小学校のグローバル時代の人間形成を希求する対話型授業研究の推進の状況

視点	関連する実践活動	評価
①	聴く力の重視、発言することに消極的な子への支援、座席の配置や自由移動等の工夫は行われているが、環境設定そのものを研究課題としてはいない。	3
②	意図的な集団構成をなし、異年齢での対話、立場を明確にした対話を実践してきた。このことにより、新たな解や智恵を共創させようとしてきた。しかし、まだ試行の段階にあり、検討が必要とされている。	5
③	意図的に「ズレ」を活用した。「ズレ」や「迷い」が必然性ある対話を生むととらえ、表情やつぶやきを拾いあげ、自然な流れで対話に持ち込む実践展開をしてきた。批判や異見を活用した対話場面を意図的に設定した。	5
④	「内言」と「外言」を明確にし、自己との対話と他者との対話による協働の学びを実践研究の柱とし、実践研究を継続してきた。	5
⑤	思考を深める自己再組織化の時間を重視した。このため、十分な時間を確保するように配慮した。	5
⑥	主体性を対話型授業の3つの要素の一つと位置付けた。対話への必然性を高める「問い」を重視し、自らの課題解決への意欲も高めた。発言の少ない子への個別指導をした。	5
⑦	批判や異見、対立を活用したり、学習の過程で揺さぶりをかけ、多層的・多元的な見方・考え方をさせたりする対話方法の活用を実践研究してきた。しかし批判的思考の概念を分析し、実践に結びつける段階には至っていない。	4
⑧	音楽や図工の時間を中心に、非言語表現を対話として活用はしているが、学校全体では言語による対話が実践研究の中心であった。	3
⑨	他者との伝えたいことを正確に聴き取ることは重視してきた。共感・イメージ力を特に指導の重点としては取り上げていない。	2
⑩	多角的・多面的に思考するスキルや自己見解の可視化の方法の習得を進めた。日常的に対話スキルのトレーニングは行っていない。	3

　研究の目的は思考力の育成である。そのための主体性・協働を柱とし、自己との対話と他者との対話による思考力を高める対話型授業を推進していく。

　よって②③④⑤⑥に関わる事項については、その重要性について学校全体での共通認識がある。他方、グローバル時代の対話に大きな意味をもつ、非言語表現や共感・イメージ力についての実践研究は不十分といえる。また受容的な環境づくり、対話力の基盤づくりとしてのスキルの習得についても、重要性への認識はあるものの実践が十分に行われる段階に至っていないとみることができる。

2) A校の実践研究から導き出される「グローバル時代の対話型授業」に有効な
　　実践活動

　A校の実践研究から導き出される「グローバル時代の対話型授業」に有効な実践活動を考察する。

　第1は、A小学校の対話型授業の開発研究は理論に学ぶ実践研究を継続してきたことである。K研究主任によれば、同校における理論研究は概ね次の3点に集約できる。

　その1は、自主的な理論研究会の開催である。K研究主任は、学究的でありデューイやヴィゴツキーの学習論やバフチンの対話論を研究し、そこで得た知見を基に、自己内対話と他者との対話の往還の必要など、児童が事実として成長する対話型授業の開発の基本的な考え方について研究推進委員会に提案していった。その2は、国立大学の附属小のよさを生かし、各教科領域の研究者と教科等の特質を生かした対話の在り方や業計画作成などについて協働を推進したことにある。その3は、研究協力者の参加である。対話や対話型授業の概念について認識を深める機会となり、また、全国各地のさまざまな学習方法について情報提供を受けることができた。こうした理論を学ぶ機会をもつことにより、同校の研究は年度を追うごとに進展していった。その継続が、思考力を高めるプロセス、内言と外言の往還等の実践知を実証的に生起させたといってよい[31]。

　A校の実践研究から導き出される「グローバル時代の対話型授業」に有効な実践活動の第2は、「対話授業の有効性」をもたらす具体的な実践活動の開発である。それらを以下に記す。

　その1は、対話型授業を共生社会の基本的資質・能力、技能を育む協働学習への位置づけたことである。「課題」（子どもの思いと教師の思いが連動した単元、教材課題）、「主体性」（問題意識・課題意識→個の学び→自己の変容の自覚）、「協働」（間の共有化→集団での学び→思考の外言化→仲間との分かち合い）の三要素のトライアングルの関係に位置づけ、「対話」は三要素をつなぐ機能を有するこ

とを実証した。

その2は、自己内対話と他者との対話の往還の効果の提示である。「仲間との対話」と「自分との対話」を意図的に組み入れた学習の展開によりその有効性を検証してきた。また、このための一人ひとりの表現力の違いへの個別指導の必要も提示した。

その3は、思考力を深める手立ての創意・工夫である。「対話」の機能を生かすための意図的集団構成・立場を明確にした対話、思考を深める自己再組織化の時間の重視、継続・連続する対話による思考の深化のための手立ての開発はその例である。

その4は、主体性の涵養と自己成長・変容の自覚である。子ども自身が「対話」のよさを実感すると共に、自己の変容や成長を自覚する対話型授業を希求してきた。

「対話」の必要感を高める「問い」の醸成、価値ある課題設定の工夫、継続・連続していく自主的・自発的な学びのための工夫は、その具体的な手法である。

なお、同校では、3年間の実践研究後の今後の課題としてのグローバル時代に必要な「対話力」を育成していく見通しを提示している。

2 対話の基礎力の向上を指向した実践研究

M小学校では、対話の基礎力の向上と一人ひとりの児童の自己肯定感を高めることを主たる目的とし、対話型授業の実践研究に取り組んできた。

学校の概要及び研究の概要は以下の通りである。

(1) M小学校研究実践の概要

1) 学校の概要

M小学校は、丹沢山系の東端に位置し、自然豊かな学区域にある東京都都下の町立の小学校である。児童数120名、7学級の小規模校である。

2) 調査概要

筆者は、3年間にわたり、同校の対話型授業研究に参加し、12回にわた

140

表 4-4　M 校への聞き取り調査の概要

年月日 　　　時刻	調査 対象者	場所	主な聴き取り内容
2013.12.12. 　　　14-16	校長 教務主任	校長室	同校の 1 年次研修の概要
2013.12.13. 　　　15-18	研究主任	校長室	同校の 2 年目の実践研究が方向転換していく契機 児童への実態調査を実施した理由 実態調査の結果に対する教員の受けとめ方
2013.12.19. 　　　15-18	研究主任	校長室	研究の 3 本柱による実践研究の推進までの経緯 3 年間の研究の成果と、同校教職員の受けとめ方

り訪問し、そのたびに、全学級の授業参観の機会を得た。このことにより、同校の研究実践の深まりをその都度把握できた。文献として、同校の 3 年間の研究紀要、研究委員会の会議記録、教員が記していた授業の参観の記録、同校の研究を掲載した『教育ジャーナル』の記事、論者への手紙・メール文などを調査した。またできる限り、公式・非公式の会議に参加した折の記録も調査した。

　同校を訪問し、校長・副校長、教務主任、研究主任、（事実誤認がないように大学院生が同行・同席）各 2 時間程度の聴き取りをした。概要は**表 4-4** の通りである。

3) 実践研究の概要

　M 校の研究テーマは「自ら考え、判断し、進んで表現する児童の育成〜よく聴こう、進んで話そう、分かりあおう〜」である。また同校では、対話の捉え方を「かかわり合う中で認め合う、言語を通しての対話、内なる思いや考えを深める自分自身との対話」としている。

　また、研究の重点として、「対話場面での話題設定の工夫」「対話集団のシステム化」、「対話する場（環境設定）の工夫」、「対話力を育むための基礎活動の重視」を掲げて実践研究に取り組んできた。

　研究実践スタート当初は戸惑い、悩みつつ、やがて「対話の基礎力の向上」

第 4 章　対話型授業の実践的研究　141

を特色とした対話型授業の優れた実践開発校となっていった。

(2) 研究実践の経緯と内容　1 年次の研究

　聴き取り調査と研究紀要の記述をもとに調査すると、1 年次の研究の経緯と内容は以下であった。

1) 実践研究の契機

　H校長は、同校の実践研究の契機について、「平成 23（2011）年度、東京都言語能力向上推進校に指定され『自ら考え、判断し、進んで表現する児童の育成』を研究主題に 3 年間の継続研究を行うこととなった。突然の指定であり、戸惑いもあったが、これを機会に同校の教育実践力を高める機会にするとの校長の判断で引き受けることとした」[32] と語っている。この突然の東京都言語能力向上推進校への指定が、1 年次の実践研究の戸惑いに表れていたとみることができる。

　同校の実践研究は、都教委の方針を受け、「書く力と読書指導」を重視した研究、基礎的・基本的な知識・技能、音読・暗誦・漢字の読み書きなど、総花的であり、試行錯誤していた。M 小学校『研究紀要』(2011) の叙述には、その混乱ぶりが読み取れる。

2) 書く力から対話活用へ

　1 年次の研究では、「基礎的・基本的知識及び技能の確かな定着と活用」を指導の重点とし、都教委の方針を受け、「書く力と読書指導」を重視した研究を行った。具体的には、読み、書く、計算などの基礎的・基本的な知識・技能を体験的な理解や反復練習を重視し、徹底させ、学習の基礎を構築することに努めた。また国語科において、音読・暗誦・漢字の読み書きなどの基礎的な力の定着にも取り組んできた。さらに対話を授業にもちこむ方法も研究実践してきた[33]。

　この記述からは、研究が焦点化できない状況が読み取れる。

こうした混迷を脱し、研究の方向を明確にしたのは、同校の研究実践の中核を担う、教務・研究委員会での教師たちの率直な論議であった。

〈事例　研究の方向転換の契機1―研究全体会での教師たちの声―〉
　年度末の反省会では、教師たちから「2011年度は7回の研究授業を行ったが、どの研究授業も試行錯誤の域を出ず、学校全体としての取り組みができてこなかった」「何をどう深めていったらわからない」、「漠然としすぎている」「霧の中を歩いているようだ」「研究授業をやっても次につながらない」との声がでた。また「本校の児童の実態は、自ら話す力や積極的に聴こうとする姿勢がない。こうした子たちへの指導をしてやりたい」との発言が相次いだ。この教員たちの率直な発言が、研究内容を焦点化する契機となった[34]。

　推進校に指定されたことを契機に開始された。M小学校の対話型授業の実践研究は、当初、その方向が定まらず、「基礎的・基本的知識及び技能の確かな定着と活用」を指導の重点とし、都教委の方針を受け、「書く力と読書指導」を重視していた。そして、研究授業も年間7回実施された。しかし、年度末の反省会で、児童の実態、すなわち「自ら話す力や積極的に聴こうとする姿勢がない」に対応した実践研究をやりたいとの思いが教職員に高まってきた。いわば受け身の研究から、教育実践者としての必要感による実践研究への転換が行われたとみることができる。

(3) 2年次の研究　国語科における対話の活用、さらに対話の基礎力への着目
　2012年『研究紀要』には2012年度の研究では以下の3つの柱（中心的学習活動）をたて、研究に取り組んだことが記されている。

1) 研究の3つの柱
1　対話・スピーチ活動
　　スピーチ練習　内なる対話、合意形成をもとめる対話　合意形成を求

めない対話
 2 読書活動
　　　めざせ百冊読書の木　「おすすめ本」紹介　アニマシオン　読み聴かせ
 3 書く活動
　　　徹底した添削指導　吹きだし法　手紙　漢字練習　スピーチ聴き取り
　　ワーク[35]

　この3本柱は、2年次の同校の実践研究が、まだ焦点化していない状況を
示しているといえる。

2) 国語科に重点化

　M小学校の2012年『研究紀要』には、同校の実践研究が、研究の進展と
ともに焦点化していく状況が記されている。「二年次の実践研究は、1学期
は全教科を対象としていたが、2学期以降は，国語科に焦点化し、また児童
の言語表現力の向上を目指し、対話の活用を重視し、また研究の3本柱を設
定し，推進することとなった」「『よく聴こう、進んで話そう、分かり合おう
〜』をテーマに掲げ、年度当初は全教科等で実践していた。しかし、研究を
焦点化させるため、2学期からは、研究対象教科を「国語科」にしぼり、国
語科の言語活動の一つ『対話』を大きな柱とし、より高次な知的創造をねら
いに据え、前年度の研究を生かしつつ、物事を多様な視点から考察できる子
どもの育成を目指すこととした」[36]と記されている。

　同校の実践研究は、2年次の2学期に至り、国語科における対話型授業に
焦点化してきた。混迷の大きな要因は、突然の東京都言語能力向上推進校指
定による戸惑いであった。しかし、さまざまな学習活動を実践研究すること
により、研究の焦点化への必要感を高めていった。このさまざまな学習活動
の実践研究は、3年次の同校の対話型授業の特質となる「対話の基礎力の向
上」のために有用な手掛かりを与えたとみることもできる。

3) 教務・研究委員会での論議

　M校の研究の中核である教務・研究委員会では、2012年12月の学期末反省で以下の論議が行われた。このことが、同校の実践研究の方向転換の契機となった。この会議では、率直に意見を出し合い、さらに、現在までの研究の到達点を確認し、今後の方向について話し合いをした。

　この会議での現状分析と研究の到達点の確認が、3年次研究の基本的方針につながっていった[37]。

〈事例　研究の方向転換の契機2　―教務・研究委員会での論議―〉

　2012年12月24日の学期末反省の会議で次の論議がなされた[38]。まず現状分析がされ、下記の意見がだされた。

- 　対話を中心とした活動をしてきたが、授業中の子どもたちのようすを参観すると深い対話をしていない。表面的な話し合いにとどまっている。（S教務主任）
- 　スピーチ活動を日常化させ、週3回行ってきたが、継続しているうちにマンネリ化してきた。子どもたちも教師にもスピーチさせる必然性がみつからない。（H研究主任）
- 　研究の3つの柱がそれぞれよいのだがバラバラの気もする。（K研究委員）
- 　やっているうちに分かると思ってきたが、そうではない、もっとわれわれが学ぶ必要がある。（S教務主任）

　現状分析をした後、現時点までの研究の到達点について率直な意見交換が行われた。

- 　スピーチを重視してきたので、スピーチ力は高まり、また図書館指導により、本を読む子は、多くなったが、授業中に話し合いをさせると、まだまだ対話力がついていないというのが先生たちの実感だ。（H研究主任）
- 　2年間さまざまな研究実践をしてきたが、バラバラで、学校全体の研究として集約されていない。（S教務主任）
- 　教務・研究委員会がリードし、研究授業を実施してきたが、毎回

事後の研究会で同じような論議が繰り返され、深まりを実感できない。
（K研究委員）

　この、現状分析の論議が、教職員に「表面的な対話にとどまっている」
「スピーチのマンネリ化」「研究の三本柱の統一感のなさ」などの問題点を自
覚させ、到達点の論議が、「対話型授業研究の深まりのなさ」を認識させた、
このことが3年次の研究の方向を定めていった契機とみることができる。

(4) 3年次の研究の方向性　対話の基礎力の育成

　3年次に至り、研究主任K教諭への聴き取り調査、また教務・研究委員
会や研究全体会の記録から、研究の現状分析や到達点に関する論議を生かし、
新たな対話型授業研究が開始されたとみることができる。

1) 研究全体会での論議と研究全体構想図の提案

　研究全体会の議事録から、教務・研究委員会作成の提案資料により、これ
までの実践研究を振り返った後、今後の研究の方向について論議がなされ、
さまざまな意見が出されたが、最終的に次の点で共通理解したことが記され
ている。

　　　・　M小の子どもたちが、「話すこと、聴くことが得意ではない」自己
　　　　　肯定感をなかなかもてない現実を直視したとき、「対話したくなる環
　　　　　境づくり」や「対話力の基礎を培う活動」が重要ではないか[39]。

　この論議を受けて、2013年3月、教務・研究委員会からの提案として、
研究構造の原案が提案された。この全体構想にもとづき、対話型授業の開発
研究が推進されることとなった。また児童の対話力についての実態調査が
必要との認識でも全員が一致した[40]。この全体構想の再構築と、児童の対
話力についての実態調査の結果が、同校の3年次に研究の方向を確立して
いったと分析できる。

2) 2013年度　M小学校の対話型授業研究の内容
① 研究の3本柱設定の背景　実態調査

3年次の研究では、「対話したくなる環境」「対話の基礎活動」「授業での取り組み」の3層による研究実践を展開することとした。

その有力な根拠となったのが、2012年11月15日に実施した児童（5・6年生全員）への「話すこと・聴くこと」について実態調査の結果と、それについての教師たちの考察であった[41]。

同校が実施した「話すこと、聴くこと」についての調査結果を抜粋して提

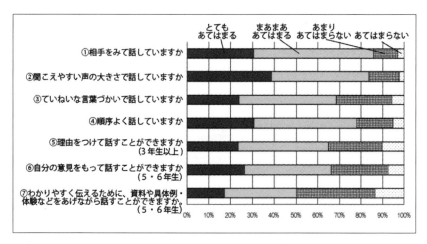

図4-1 M校の「話すこと」に関する実態調査結果

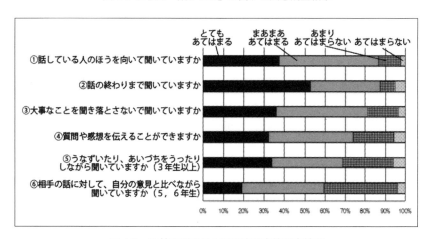

図4-2 M校の聞くことに関する実態調査結果

第 4 章　対話型授業の実践的研究　147

示する。なお設問は、教務・研究委員会の教員で作成し、集計は各担任が行った（図 4-1、図 4-2）。

②　児童の実態調査結果の同校教師たちの考察

　児童の対話力（話すこと・聴くこと）についての実態調査の結果について、同校の教師達は 2012 年度『研究紀要』に以下のようにまとめている。また結果を生かし、3 年次の研究の方向についての意見も集約している。

- 「自分の意見をもって話すこと」と「相手の話に対して自分の意見と比べながら聞くこと」に苦手意識をもつ児童が多いことから、今後適切な手だてが必要であると考える。
- より豊かなスピーチ活動にするために、児童が興味・関心を持てるような話題の設定をすることや考える時間を確保していくこと、さまざま対話に関わる活動の機会をつくることが必要。
- 子どもたちの「話したい、伝えたい」思いを大切に、その思いを言葉（スピーチ）として表現し相手に上手に伝えられるよう、3 年目の研究では、多様なスピーチ活動の実践に取り組んでいきたい。本校の特色でもある、六道山に囲まれた豊かな自然や芝生化された広大な校庭といった恵まれた環境を最大限に生かしつつ、伝える相手も学級内だけでなく、たてわり活動を通しての異学年交流や家族、周辺地域・施設の人々等に大きく広げていきたい[42]。

　この実態調査の結果が、2013 年度の研究の直接の動機づけとなったとみることができる。突然の研究校としての指名を受け、戸惑い、混乱していた同校の実践研究は、試行・混乱の時期を経て、対話の基礎力を高める研究に焦点化していく。その大きな要因は児童の対話に関する実態と、教師たちの児童の対話力をなんとか高めたいとの思いによると分析できる。

　平成 25 年度の同校の研究紀要「研究主題設定の理由」には、教師たちの対話に関わる児童の実態の捉え方が次のように記してある。

〇教師たちの対話に関わる児童の実態の捉え方

本校は全学年1学級ずつの小規模校であり、異学年とも仲が良く、一見すると児童間のコミュニケーションは活発に行われている。

　しかし、慣れ親しんだ小集団の中において、児童の中にはあえて言葉で表さなくても相手には伝わっているだろうという意識があり、改まってみんなの前で自分の思いや考えを表現することは苦手である。また、学校から一歩外に出て地域社会と接する際、自分の考えを述べたり相手の発言を聞いて質問したりということに臆してしまうところもある。それらの背景には、次のような学習的な要因が考えられる。
　　・　基礎的な学習内容の理解が不足している。
　　・　自分の考えに自信がもてない。
　　・　「話すこと・聞くこと」の基本のスキルが身に付いていない。
　　・　語彙が少ない [43]。

「児童の実態調査」、「教師たちの対話に関わる児童の実態の捉え方」を根拠として、児童の実態を直視し、「対話したくなる環境」「対話の基礎活動」を重視し、その成果を生かしつつ「授業での取り組み」の3本柱を中心に対話型授業の開発研究を進めていくことになったとみることができる [44]。

　同校の研究実践を紹介した『教育ジャーナル―特集言語活動の充実―』2013年11月号には、H研究主任の執筆により、同校の研究の3本柱とその具体的な内容が下記のように記されているが、同校の3年次の研究の方向が確立していることが読み取れる。

③　実践研究の3本柱の再考
　『教育ジャーナル―特集言語活動の充実―』に掲載された、研究の3本柱の概要は下記である [45]。
　ア　対話したくなる環境の設定
　児童が多くの人と多様なかかわりができるように教師が意識して計画し、授業や行事、日常生活を対話あふれるものにしている。掲示物や職員間の交流も重視している。

第4章　対話型授業の実践的研究　149

○児童の融和的人間関係を醸成する活動

　　縦割り班活動、多様な人々（高齢者、障害者、幼児等）との交流、手紙
交換、NG ワード・OK ワード（人を傷つける言葉、温かくする言葉を整理
し、意識させる）、参加型掲示物（付箋を使って自由に参加できる掲示物）

○地域の豊かな自然の活用

　　自然の中での気づきを共有する体験学習、草木や虫の感触、花の香
りや風を感じたことは、自己の体験を語るときの材料とし、表現の工
夫につなげる。

　イ　対話の基礎となる活動の重視

　対話に自信のない児童には、対話の基礎となる活動をさせることが大切と
の考え方から、「声を出す」「考えを話す」「よく聴く」「じっくり読む」「思
いを書き表す」など、語彙を増やし表現力を高めるための学習や活動を常時
を行っている。

○暗唱

　　今月の詩、早口言葉、俳句、干支、二十四節季、春夏の七草、八高
線の駅名、百人一首、漢字歌の暗唱を、朝の時間や授業の初めに行い、
声を出すことへの抵抗をなくし、和やかな雰囲気をつくっている。

○対話型ゲーム

　　話すこと、聴くことのスキルアップゲーム、自信をもって表現し、
友達の考えを受け入れる雰囲気作りゲーム等、簡単で楽しい活動を展
開するようにしている。

○スピーチ

　　イメージマップの活用、スピーチメモの習慣化、話法の工夫や補助
資料の準備、テーマ設定の工夫（身近な話題、聴いてほしいこと等）

　ウ　対話型授業への取り組み

　環境設定への配慮、対話の基礎力の向上を生かし、国語科における対話を
活用した授業研究をすすめる。

　H研究主任が記した文章を分析すると、「対話したくなる環境の設定」「対

話の基礎となる活動の重視」「対話型授業への取り組み」を研究の3本柱として決定し、そのための具体的な学習活動を展開していく方向が定まってきたと考察できる。

同校は、2013年11月5日、東京都言語能力推進校として、研究報告会を行った。その報告会用リーフレットに「対話型授業研究」における「対話したくなる環境」「対話の基礎活動」の成果について、研究主任H教諭は「多様な『対話の基礎力』を学んだことで、子どもたちの言語活動が活発化し、グループや友人同士できちんと話す機会が増えてきた。堂々と意見を発表することができるようになってきた。それは国語だけでなく他の教科にも広がり、保健室へ行くとき、用件をきちんと言葉で伝えられるようになるなど、学級内での成長のようすがみられるようになってきた」[46]と記している。

この文章からは、「対話の基礎力の育成」が同校の実践研究の基盤をなしていることが明示される。この対話の基礎力重視の方向は、話す・聴くに関する児童の実態調査の結果や日常の学校生活で教師が感じる同校の児童の対話力に関する実態が、実践研究の動機になっていると考察できる。

同校では、研究の3本柱を中心に、対話の基礎力の向上を目指した研究実践を積み重ねていった。その成果は2013年11月5日の研究報告会で発表された。

当日配布された、研究報告会用リーフレットの「授業研究で特に重視した事項」の記述[47]や同校の教職員への聴き取り調査をもとに、3年次の対話型授業研究の進展の状況を分析・考察していく。

3) M校の3年次の実践研究で重視した事項

研究報告会用リーフレットには、同校の3年次の対話型授業の研究実践でどの授業でも重視してきた事項が記してある。それらを分析すると次に集約できる。

第1に、「話題設定の工夫」である。児童が興味関心をもち、また多様な論議ができる課題を工夫することである。ねらいの分析と教材研究をなし、対話が活発化すると予想される話題を設定していった。対話の活用により、

「単元で付けさせたい力」「目指す児童の具体的な姿」が高次に達成できる話題設定を目指している。

第2は「対話のシステム化」である。自己内対話、他者との対話の組み合わせ場面を明確にした。また、学習目的に応じて、個人、ペア、小グループなどの対話形態を工夫している。

第3は、「環境設定への配慮」である。対話がしやすい、受容的雰囲気づくりを心掛けた。ことに、授業の始めの雰囲気作りを大切にしている。緊張をほぐし、自然に学習に入っていける雰囲気をつくっている。

具体的には、教材に合わせて、写真などの資料、効果音、映像などを示す、対話しやすいグループ配置を工夫する、机や椅子の有無、身体の向き等、話し合いが活発に行われるための環境づくりを重視していた。

その他、児童に学習活動へのイメージをもたせるため、教師がさまざまな対話の方法の模擬演技をする映像作品のシリーズを制作した。また、児童の優れた活動をできるだけ紹介した。このように言葉だけでは児童にとって分かりにくいことは、図や映像などの資料を用いたり、作ったりして、イメージを膨らませることができるようにしていた。

4) M校の実践研究の特色、対話型授業を支える対話の基礎力の向上

M小学校の対話型授業の実践研究の特色は、「対話型授業を支える対話の基礎力の向上」にある。H研究主任は「子供たちの話す力、聴く力をなんとか高めたい。そのためには、読書や掲示など、学校のさまざまな活動を結びつけ、また、スキルトレーニングをするなど、地道な活動を継続していくことが大切と考えた。また振り返りを重視し、子ども自身が成長を自覚できるようにした。小さな学校のよさを生かし、みんなで協力し合って実践研究してきた。何よりも良かったのは、研究発表の日の授業で子供たちが活発に話し合っていたことだ。私たちが得たいちばんのことと思う」[48]と語っていた。

M小学校では、「平成23（2011）年度、東京都言語能力向上推進校」に指定され『自ら考え、判断し、進んで表現する児童の育成』を研究主題に3年

間の継続研究を行うこととなった。突然の指定であり、教職員に戸惑いもあった。研究1年次は、「書く力と読書指導」、具体的には、読み、書く、計算などの基礎的・基本的な知識・技能を徹底させ、学習の基礎を構築することに努めた。国語科においては、音読・暗誦・漢字の読み書きなどの基礎的な力の定着にも取り組んできた。

　2年次には、「対話・スピーチ活動」「読書活動」「書く活動」を研究の3本柱として実践研究を進めた。しかし実践研究が焦点化せず、深まらないとの反省が教師間におこり、また児童の実態調査から、話す・聴くことの弱さが明示された。こうしたことが契機となり、2年次の2学期から対話を中核に据えた、国語科における対話型授業研究が開始された。

　3年次の同校の対話型授業の実践研究は「対話型授業を支える対話の基礎力の向上」を目指して展開された。このことの要因と意義について分析・考察する。

　同校の実践研究の基底には、前述した「教師たちの対話に関わる児童の実態の捉え方」にあるように、同校の教師たちの児童の捉え方と、それを改善し、一人ひとりの児童の自己肯定感を高め、対話力を向上させたいとの思いがあるとみることができる。論者との公式・非公式の会での話し合いからもその思いは受けとめられた。

　「対話の基礎力の重視」は、児童の実態をみつめ、高次な対話を持ち込むのではなく、対話の基礎となる事項を地道に育んで行くことが、結果として同校の児童の対話力を高めるとの見通しによるものと考察できる。また1年次から取り組んでき、「書く力と読書指導」、音読・暗誦・漢字の読み書きなどは、対話の基礎力向上の有用な方途ともなったとみることができる。**図4-3**にM小学校の研究全体の構想図を示す。

　同校の対話型授業の実践研究では、児童の「話すこと、聴くこと」に苦手意識をもつ実態を直視し、その改善のために、「対話したくなる環境づくり」を基盤におき、さらに、対話力の基礎としての「声を出す」「考えを話す」「よく聴く」「じっくり読む」「思いを書き表す」など、語彙を増やし表現力を高

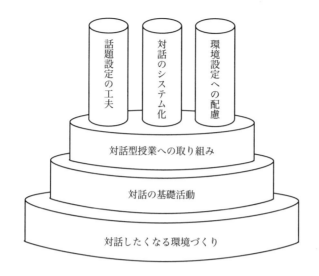

図 4-3　M 小学校の研究全体構想図
（M 小学校研究発表会資料を参考に H 研究主任、K 研究委員と筆者が協同し作成　2013 年）

めるための学習を日常化した。その基礎力を生かした対話型授業研究を行ってきたと考察できる。

　対話型授業研究においても、児童が学習に意欲的に取り組むための「課題設定の工夫」議論が深まるための多様な対話の形態を活用した「対話のシステム化」、児童が心を開き対話を楽しめるようにする「環境設定への配慮」を重点とした。対話の基礎力の向上への着目は、同校の研究の特色といえよう。

(5) M 小学校の対話型授業研究の考察
1) グローバル時代の人間形成を希求する対話型授業研究の実態
　M 小学校のグローバル時代の人間形成を希求する対話型授業研究の推進の状況を**表 4-5** に集約した。
　M 小学校の 3 年間にわたる対話型授業研究を「グローバル時代の人形成

表 4-5　M 小学校のグローバル時代の人間形成を希求する対話型授業研究の推進の状況

視点	関連する実践活動	評価
①	対話がしやすい、受容的雰囲気づくりを心掛けた。ことに、授業の始めの雰囲気作りを大切にしている。緊張をほぐし、自然に学習に入っていける雰囲気をつくっている。教材に合わせて、写真などの資料、効果音、映像などを示すようにした。対話しやすいグループ配置を工夫している。机や椅子の有無、体の向き等、話し合いが活発に行われるための環境づくりを重視していた。	5
②	授業のシステム化を目指し、自己内対話、他者との対話の組み合わせ場面を明確にした。また、学習目的に応じて、個人、ペア、小グループなどの対話形態を工夫した。	4
③	スピーチ・聴くことの基礎力を重視した研究であり、対話は活用しているが、多様性の尊重・対立や異見の活用にまで研究実践が進展してはいない。	2
④	自己内対話については、学校全体でその重要性を認識し、自分自身との対話の時間を設け、自分の感じたことや考えたことを付箋やワークシートに書き表したりする手法を工夫した。他者との対話も重要とし、対話場面を意図的に設定した。しかし効果的な往還にまで実践研究は進んでいない。	4
⑤	沈黙・混沌の対話における意義については、授業検討会の話題とならず、学校全体での共通理解は不十分と言える。図書指導の充実などにより、沈黙の時間を自己成長のときと位置づけてきた。	2
⑥	参加型掲示物（付箋を使って自由に参加できる掲示物）自分の感じたことや考えたことを付箋やワークシートに書くことを日常化し、自信をもって発表したでできるように工夫してる。	5
⑦	批判的思考の対話における意義等については研究協議会に話題となってこなかった。	1
⑧	言語による表現活動の研究の中心であり、非言語活動については実践研究がなされてこなかった。	2
⑨	共感・イメージ力の大切さについて、実践研究が広がってきてはいない。ただ、融和的人間関係の醸成は、研究の重点とされており、活動 NG ワード・OK ワード（人を傷つける言葉、温かくする言葉を整理し、意識させる）活動が行われている。	4
⑩	対話に自信のない児童には、対話の基礎となる活動をさせることが大切との考え方から、「声を出す」「考えを話す」「よく聴く」「じっくり読む」「思いを書き表す」など、語彙を増やし表現力を高めるための学習や常時活動を行っている。イメージマップの活用、スピーチメモの習慣化、話法の工夫	5

（出典　M 小学校の実践研究の記録から抜粋）

の視点」から考察すると以下が指摘できる。

「対話の活性化のための雰囲気作り」「対話の基礎力の育成」「基本技能の習得に関する研究実践」を重視した対話型授業研究であった。子どもたちの自己肯定感を高めることの大切さを学校全体で共通理解し、さまざまな実践の工夫に取り組んできた。

研究の進展と共に、多様な他者との交流機会も多用し、活発に対話する子どもたちの姿が見られるようになった。

他方、グローバル時代の対話で重視される批判的思考力や非言語表現について研究協議会でも話題になることはなかった。

2) M小学校の実践研究から導き出される実践知

M小学校の対話型授業の実践研究の特色から導き出される実践知は「「対話の基礎力を高めるための具体的な手立ての工夫」にある。

① 対話の基礎力への着目と実践の工夫

同校の研究の特色は、子どもたちの実態に対応した「対話の基礎力への直目と実践の工夫」であった。自分の意見を述べること、対話場面で語り合うことが得意な子が少なかった。こうした実態から、まず、対話の基礎力（触れ合い、語り合い体験、対話スキルの習得、語彙を増やしたり、暗唱したりするなどの活動）を日常的に行ってきた。

各活動は、下記に大別できる。第1に、異年齢集団の交流 地域の人々との交流等「相互交流意識の向上」、第2に詩の暗唱、読書活動等の語彙や知識の習得、第3に対話の基本のスキルの習得である。

② グローバル時代の人間形成における「対話型授業の有効性」をもたらす具体的な実践活動

　　○対話の基礎力の向上：対話力は、聴く・話す・対話するの基本のスキルの習得によって高まっていく。同校では日常的に対話スキルトレーニングをすることにより対話技能を高めている。

　　○自己肯定感の向上：少人数学校のよさを生かし、一人ひとりの自己肯

定感を高める工夫をしている。読書発表会など、一人ひとりの児童に活動の機会を与え、自信をもたせる手立を工夫していた。
○多様な対話形態の体験：自己内対話・ペア・グループ・学級全体の対話を学習のプロセスで組み合わせ、多様な場面で対話をさせることにより、さまざまな場面に対応できる対話力を高めていった。
○共感・イメージ力の錬磨：自然環境の豊かさを活用し、動植物の観察を話題に語り合い、また学校内外での動植物についての一人ひとりの発見・気づきをカードに記し、掲示板に貼り付けるなど共感・イメージ力を錬磨した。

　上記は、対話型授業の推進がグローバル時代の人間形成の基盤づくりに有効であることを証明した事実といえる。
　同校の実践研究でことに注目されるのは、対話スキルの習得である。対話において技能は重要である。古代ギリシャのソフィストたちは、人間が議論をする際の発想を限定し、論議の型を抽出させていった。その根底には、レトリック（弁論術）とは生れつきの議論の才ではなく、雄弁な人のやり方を注意深く観察し、その方法を研究し、それを自分のものにすることにより高まっていく、との思想があったとされる。
　対話の基本のスキルには聴く・話す・対話するスキルがある。たとえば聴くスキルには、正確に聴く、励ます・引き出す・批判する・自分の考えを再組織化する聴き方のスキルがある。話すスキルには、他者意識を基調とした内容・構成、話法、さらには聴き手を引きつけるユーモアの挿入などのスキルがある。対話スキルには、2人での対話、グループでの対話における具体的な応答の仕方を習得させるスキルがある。
　M校では、こうした基本のスキルを習得させ、さらに、論議を深め・広げるためのスキルをも習得させている。発言を促す、補足や詳細な説明を求める、他者に支援を依頼する、しばしの思考の時間を提案する、他のグループの論議を聴いてみるなどのスキルがある。「対話スキルの習得は『型』を身に付けることであるが、やがてその型が浸透し、消化され、議論の進行に

応じて臨機応変に対応できる対話技能として定着するようになる」[49]。

M校の対話型授業の研究は、「対話の基礎力の育成」を重視し、その具体的方途を探究していった実践研究であった。

3　対話による思考力の深化を目指した実践研究

K小学校では児童の「思考力の深化」を目指し、対話を活用した実践研究を継続してきた。同校の対話型授業の実践研究の特色は「聴くこと」「聴き合い」、また「受けとめ」を生かした、発信・表現の方法について分析していることにある。分析結果を対話型授業で活用する方法を実践研究していることにも特色がある。

学校の概要及び研究の概要は以下の通りである。

(1) K小学校の研究実践の概要　2010年〜2014年度の研究

1) 学校の概要

K小学校（仮称）は、北陸の国立大学の附属小学校である。学校規模は、児童数125名、6学級である。

2) 調査の概要

筆者は、同校の対話型授業研究に参加し、5回にわたり訪問し、そのたびに、全学級の授業参観の機会を得た。このことにより、同校の研究実践の深まりを把握できた。

文献調査として、同校の3年間の研究紀要、研究委員会の会議記録、教員が記していた授業の参観の記録、児童の学習の記録、論者への手紙・メール文などを調査した。またできる限り、公式・非公式の会議に参加した折の記録も調査した。

聴き取り調査として、論者が同校を訪問し、校長・副校長、教務主任、研究主任、研究委員、若手教員への面談調査をした。詳細は**表4-6**の通りである。

表 4-6　K 校での聞き取り調査の概要

年月日 時刻	調査 対象者	場所	主な聴き取り内容
2012.3.21 15-17	研究主任 研究委員	研究室	2 年次までの実践研究の経緯と 3 年次の実践研究の方向
2013.11.11 15-17	副校長	校長室	3 年次の実践研究が共通理解されるまでの経緯
2013.11.29 15-16	副校長	校長室	各教科における実践研究推進の要因
2013.11.29 16-18	研究主任	校長室	3 年間の研究の概要と新たな実践研究の方向
2015.4.21 13-16	副校長 研究主任	校長室	3 年間の研究の成果を活用した研究の発展の具体化

3）実践研究の概要

　平成 21 年（2010）度に同校が実施した校内アンケート調査により、同校の児童の実態について、「自分で判断しようとする姿勢が十分できていない」「追究する意欲や根気強さが継続しない」「協同的な学習での関わりが薄い」という課題が見出され、これらの課題は、知識を重視するあまり思考過程が大切にされないためではないかとの考えから、思考力の育成を重視した実践研究が開始された[50]。

　K 小学校の『研究紀要』第 66 集（2012）には、同校の研究の概要が記されている。研究主題は、「であう・つながる・うまれるコミュニケーション〜見つめ直しのある聞き合い〜」である。同校では、対話を「他の人間（たち）に何かを伝え、共有し、その反応を知る。すなわち、『新たな知識や技能、見方や考え方にであう』『新たな知識や技能、見方や考え方とつながる』『新たな知識や技能、見方や考え方がうまれる』その橋渡しが対話である」と捉えている。

　研究の重点は、「受けとめ合い」から「見つめ直し合い（再構築）」による思考力・判断力・表現力の育成とした[51]。

第4章　対話型授業の実践的研究　159

同校の対話型授業の研究実践の特質は下記の3点に収斂できよう。

・　対話による「受けとめ合い」、「見つめ合い」することを重視し、その分析と応用により、児童の見方や考え方を広げ、深めていくこと。

・　子どもの思考に沿って、授業展開できるために、教科等に関する実践的指導力を向上させること。そのため実践研究を日常化させること。

・　「授業を真ん中に置き」指導案への主張を明確にし、授業後は謙虚に丁寧に反省し、研究を推進させていくこと。

同校では、前期「知識創造の力を育む」をテーマに実践研究を行ってきた。しかし前述したように、同校の児童の実態調査から、自己判断力のなさや協働の学習への参加意識の希薄さが明らかになった。このことが「受けとめ合い」から「見つめ直し合い（再構築）」による思考力・判断力・表現力の育成を研究の重点とした実践研究を開始する契機となったと、分析することができる。

(2) 1年次～2年次の研究実践の経緯と内容

K校の実践研究は、同校の研究紀要によれば、「一年次には、話し合いの活動が思考力・判断力・表現力を育むものとなりえる、と捉え、『であう・つながる・うまれるコミュニケーション』となる『条件』を模索した。同校の示す『条件』とは、話し合いの活動が思考力・判断力・表現力を育むために講じる手だての根拠となるものである」[52] と記している。

1年次の研究では、対話型授業実践を継続することを通して、この条件について、「聞く」および「見つめ直し合い」が特に必要と分かった。対話型授業実践における「聞く」および「見つめ直し合い」の重要性を日々の授業実践を通して明らかにしていったのが1年次の実践研究であったといえる。

「2年次の研究では、1年次の実践研究で明らかにされた、思考力・判断力・表現力を育むために講じる手だての根拠としての『条件』である『聞く』を重視し、また、子どもが相互に働きかける互恵的な学習活動を「聞き合い」として実践研究を行った。その結果、「聞き合い」にはいくつかの働きがあ

ることがわかり、その働きを三つに整理・分類した。すなわち、『収集』『整理』『適用』といった三つの働きである。この働きを明確にした「聞き合い」をもちいることで、互いの知識や技能、見方や考え方を活発に伝え受けとり合っていた」[53] と説明している。

K校の実践研究では思考力・判断力・表現力を育む条件としての「聞く」を重視している。K小学校の対話型授業の実践研究の特質は、「聞く」の重視であった。それは「聞く」の機能を分析することから始まった。研究紀要第65集（2011）には、同校における「聞く」の機能の分析が提示してある。すなわち、「相手の思いや考えについて意見を問う（聞く）」「相手の話に耳を傾ける（聴く）」「相手の考えに質問する（訊く）」「考えの構築に影響を与える（利く）」[54] である。

さらに、「聞き合いの働き」を検討し、その具体例を以下のように例示している。すなわち、「情報を集める解を探る」「考えの成否を確かめる」「考えをもつ」「考えを共有する」「考えを整理する」「まとめる」「分からないことを知る」「つながりを考える」「別の考えを探る」「はっきりさせる」「理由づける」「考えをよりよくする」「根拠を確かなものにする」「選択する」「考えを絞る」「様子をとらえる」「可能性を検討する」「発想を広げる」「矛盾を解消する」である [55]。

「聞く」「聞き合う」を重視した2年間の研究から、「相互に受けとった思いや考えを、いかにして自分の考えに生かしていく」かが大切であり、この過程を充実させることが思考力・判断力・表現力をさらに育んでいくことが明らかになった [56]。

対話型授業の実践研究の視点からK校の実践研究を考察すると、「聞くの機能」「聞き合いの働き」を分析し、活用したことは、学習者の多様な聴き方、多様な受けとめ方を可能にし、対話の内容を広め、深めるために有用になったと考えられる。

対話型授業における「聞くの機能」「聞き合いの働き」の分析結果の有用性をさらに考察する前提として、同校における授業研究のシステムを考察しておく。

1）対話型授業の質的向上のための授業研究のシステム

研究紀要 64 集（2010）によると、第 1 年次から、同校の対話型授業の質的向上のための手立ては「対話型授業研究の特色は、各人の実践を全体に還流し、学校全体の研究に積みあげていくシステム」にある。また「定例的な授業研究の組織的研究に加え、日常的に切磋琢磨できる『相互参観制度』を定着させ、対話型授業の質的向上を目指した」[57] と述べている。

この相互参観制度とは公式な研究会ではなく、日常的に対話型授業について工夫したこと、試行したいことを朝の職員朝会等で予告し、自由に参観し合い、批評し合う制度である。

また、同校では、3 年間継続し、次の授業研究のシステムで年間を通して授業研究を行ってきた。すなわち、授業実践の向上を目指し、具体的には、事前研究会⇒研究授業⇒事後研究会に至るシステムである。また、各場面で重視すべき事項（ねらいや条件）を明確にした。

以下に、同校の実践研究の各場面の活動を分析・考察する。なお、筆者は同校訪問時に、事前研究会⇒研究授業⇒事後研究会に参加してきている。

第 1 は、授業のねらいや工夫を明確にする事前研究会である。研究授業をするに当たっては、必ず事前研究会を開き、授業者及び参観者で以下の 3 点について共通理解を図り、授業を見とる視点を明確にすることとしている。

- 授業者の「であう・つながる・生まれるコミュニケーション」についてのとらえ方を示す。
- どの授業でも授業者が事前に自己の授業で重視する条件を設置する。
- 授業研究における条件を具現化するための手立てを明示する。

第 2 は、子どもの変化・成長を見取ることを意図した研究授業の実施である。事前研究会で共通理解されたことをもとに下記のように授業を行うこととなっている。

- 条件としてなり得るものであったか、そして手立てが適切であったかを子どもの姿から見取る。
- 子どもの姿から検証を行うため、子どもの言動や様子を記録する。

また後に再検証できるようにビデオによる記録をする。

　第3は、各授業で授業者が事前に条件を示しておくことである。授業後その条件による効果を検討することになっている。

　明示した条件を例示する。各授業の条件は2～3設定されている。

　　A　自分と友達の考えを比べながら共通点や相違点に気付く。

　　B　自分の考え方を振り返りみつめなおす。

　　A　自他の思考や心情を表現しようとしていること。

　　B　他者の思考を推察し理解していること。

　　C　他者の心情を共感的に理解していること。

　　A　課題解決への意欲をもつ。

　　B　比較・分類・関連づけの視点をもつ。

　　C　言語を視覚的支える表現の場である。

　　A　互いに考えを補い話し合いをしていること。

　　B　自己の成長に気付いていること。

　　C　話し合う視点が明確になっていること[58]。

　第4は、事後の研究会である。研究授業での記録や見とりをもとに、同校では、次の点について分析、及び協議し、今後の実践に生かす場とする。すなわち、

　　・　子どもの姿から授業者の意図する「であう・つながる・生まれるコミュニケーション」の姿が見られたか。

　　・　授業における条件設定の適切さ、及び手立ての有効性が見られたか。

　　・　授業者の設定した条件以外で、課題から見出された条件について意見交流する。

　　・　事後研究後に、参観者が研究授業や事後研究会から今後の実践に向けて考えた内容を記し、授業者に渡す。授業者は、その内容を今後の実践に生かす。

である[59]。

　K小学校の事後研究会では、授業者が提出した条件について、児童の姿をもとに論議することにより、次の実践研究につながる協同探究継続型の実践研究会を展開している。また相互の情報交換の重視が、同僚性を高め、実践研究の質的向上に資している。

　対話型授業の質的向上のための授業研究のシステムを分析考察すると、授業のねらいや工夫を明確にする事前研究会、研究授業の実施、各授業で授業者が事前に条件を明示し、その後の授業検討会での論議と、進行するシステムが確立している。研究授業実施の目的また条件の提示など検討すべき実践内容が明確であり、対話型授業研究の精度が高いとみことができる。このことにより一過性でなく、探究・継続・蓄積型の研究協議会が積み重ねられていったと考察することができる。

　次に、実践事例から同校の対話型授業の実践研究の成果を分析・考察していく。

2) 実践事例の分析・考察

　O教諭による算数科の体積の授業の研究実践記録である。

　条件設定の検証事例

　○　授業者が設定した条件は、A自ら意欲的に課題に取り組むこと。B数学的表現を用いて考えを共有し、自他の考えを比較検討できること。C思考プロセスを自覚し、学級集団として高め合うこと。であった。

　下記は、この条件設定をすることによる児童の条件設定による児童の反応例である。

- ・　よく考えてみると、○○さんの言うとおり、ぼくは一つの面積で考えてしまった。○○さんの考えはとてもわかりやすかった。
- ・　みんなの発表の中で、3つはわたしが思いつかなかった方法です。○○さんの考えはどんな形でもやりやすいからよいと思った。わたしの方法はたこの形だからできたけれど、他の形では無理だと思っ

た[60]。

本実践事例は、条件を設定し，対話型授業を展開することにより、児童は、他の児童の考え方と比較・検討し、また思考プロセスを自覚した。このことが学級集団としての対話の高まりにつながっていった例である。この児童の反応から、条件を設定して対話型授業に取り組む効果が確かめられたとみることができる。

3) 3年次の研究の方針「受けとめ合い」から「見つめ直し」へ

H副校長は、「同校の対話型授業の実践研究は、1年次・2年次の「聞く」の分析、「聞き合う」の重視から、3年次研究では、「受けとめ合い」から「見つめ直し」への過程に焦点を当てた研究へと展開していった」と語っている[61]。研究紀要66集には「この過程を充実させることで、自分の考えとその理由や根拠を大切にしながら、他の考えなどと比べたり、関連付けたり、取捨選択したりしながら、自分の考えをよりよいものにしていく、さらに『新たにもった自分の考えをもとに、次の聞き合いへと向かっていく』、つまり、『受けとめ合い』から『見つめ直し（再構築）』の繰り返しが行われ、思考力・判断力・表現力がより育まれると考えた。そこで3年次研究のめざす子どもの姿を『互いの思いや考えを受けとめ合い、自分の考えを見つめ直していく姿』とした」と記されている[62]。

このことは、K校の対話型授業の実践研究が、「受けとめ」を重視しつつ、思考の深化を経て、より発信・表現への方向を指向しはじめたと考えることができる。

〈事例 3年次の研究に向けての研究推進委員会での論議〉
　―「受けとめ合いと見つめ直し」の分析―

H副校長は、3年次の研究に向けての経緯について、次のように説明している。「研究推進委員会では、2年間の実践研究の成果をもとに、3年次研究を焦点化するための論議を重ね、『受けとめ合い』と『みつめ直し（再構築）』の意味をさらに分析するための論議が行われ具体化への指針が示された。こ

の方針が研究全体会で共通理解され、3年次の研究の新たな方向である各教科等での実践研究に進んで行った」[63]。

研究紀要66集には、同校の「受けとめ合いと見つめ直し」「見つめ直し」の具体的方法についての論議の経緯と決定した方法について記されている[64]。

①「受けとめ合いと見つめ直し」の検討

K小学校の実践研究では、1年次の研究で「聞く」「聞き合う」の分析を行い、実践研究につなげてきた。3年次の実践研究も「受けとめ合い」についての分析からスタートさせることとした。

K校の『研究紀要』第66集には、同校の「受けとめ合い」、「見つめ直し」の捉え方が記されている。特に注目されるには、「見つめ直し」でおこる「思考の再構成」の具体的方法を明示したことである。

同『研究紀要』には、「相互作用のある受けとめ合い」「『見つめ直し』の具体的方法」を以下のように捉えていることが記されている。

ア　相互作用のある受けとめ合いの捉え方

子どもは、学習問題に対し一人ひとりが思いや考えをもつ。しかし、それらに至った生活経験やこれまでの学習などの根拠や理由が十分に整理されていなかったり、意識化されていなかったりする場合がある。そこで、互いの考えを意欲的に聞き、質問したり自分の考えに対して意見を求めたりすることなど、積極的に「聞く」ことが大切である。

話し手は、聞かれたことを受けとめて話すことで、自分がどのような生活経験や学習から考えを構成したかを整理・意識化することができ、自分の考えの理解が深まる。

また、聞き手は、積極的に「聞く」ことにより、主体的に自分と違う考えやその理由などを知り、他の考えの理解を深めていく。つまり、受けとめ合いは、相互作用しながら互いの考えの理解を深めていくととらえることができる[65]。

イ　自分の考えに反映させていく「見つめ直し」の具体的方法の提示

見つめ直しとは、他から得た知識や技能、ものの見方や考え方を自分の考えに反映させ、考えを再構成させていくことである。受けとめ合いから自分の考えにもどり、考えを改めたりそれまでに気づかなかったことを認めたりして、自分の考えを見つめ直していく。

上記の考えから同校では、「見つめ直し」の中で起こる考えの再構成を次のように捉え、児童にも具体的方法を提示した。

　　○　合成する（複数の考えを組み合わせ新たな考えをもつ）

　　○　選択する（複数の考えから妥当と思われる考えを選ぶ）

　　○　強化する（理由や根拠を加え、考えをより確かなものにする）

　　○　補充する（考え方や理由などに不十分な面を補う）

　　○　視点・観点を増やす（事物・事象を違う視点・観点でとらえ直す）

この「見つめ直し」の中で起こる再構成の方法について『研究紀要』第66集には、「自分にない知識や技能、ものの見方や考え方も含まれるため、一つ一つを吟味し、自分の考えとの関係（共通、相違、類似など）をとらえながら、自分の考えに反映させていく。この過程で思考力・判断力・表現力はより育まれる」「見つめ直しによって至った自分の考えを、『みんなはどう思うか』『他の人はどんなことを考えたのだろう』など、次の聞き合いへとつながっていく」「受けとめ合いから、どのような場合に見つめ直しへと向かうのであろうか。それは、受けとめ合いにおける情報の量や内容にともなう状況（情報が分類整理されている、情報が多く未整理であるなど）、また受けとめ合いの中で生じてくる思いが関係してくると考える。そこで、日々の授業実践を通して、各教科における受けとめ合いから見つめ直しへと向かう状態をとらえた」[66]と説明している。

この研究紀要の記述から、同校の対話型授業の実践研究が、受けとめを分析し、そこから、見つめ合いの方法を具体的に示し、それを活用し、さらに表現へ向かわせるプロセスを重視しているとみることができる。

上田薫は「思考の体制、すなわち思考していくシステムを正しく育てるこ

とが教育の根本ではないか」[67]と記している。K校の対話型授業研究における「受けとめ」「見つめ直し」の精緻な分析は、思考のシステムを実践研究の視点から探究したとみることができる。

対話型授業における「聞く」、「聞き合う」、「受けとめ合い」、「見つめ直し」を分析し、その有用性を授業研究によって検証しつつ、推進してきたK校の実践研究は、その成果を各教科による実践研究の深まりにつなげる段階にいたる。同校における各教科による対話型授業の実践研究の深まりを分析・考察する。

4) 各教科による実践研究の深まり

H副校長は「K校の対話型授業研究は、各教科の実践研究を深める方向に向かう。この実践研究の推進の中核になったのが、各教科部会での論議と実践であった」と述べている[68]。

〈事例　各教科等の部会における論議と実践〉

研究推進委員会、研究全体会を経て、各教科等の委員会では、教科等の特質を生かしつつ、「受けとめ合いから見つめ直し」へ向かう授業づくりについて検討した。

以下は，研究紀要に記されている同校の実践研究の具体的な内容である。

① 受けとめ合いから見つめ直しへと向かう状態の検討

ア　「受けとめ合いから見つめ直しへと向かう」2つの状態

『研究紀要』第66集によれば、同校が示す、「受けとめ合いから見つめ直しへと向かう」2つの状態は以下である。

各教科での実践によると2つの状態がある。1つは、受けとめ合いから「自分の考えにも取り入れてみたい」「新たな視点で考えてみたい」など、考えの方向性が定まって考えを進めていこうとしている状態である。「方向性を定め、自分の考えを深めたり新たな視点でとらえ直したり」する見つめ直し。

もう1つは、受けとめ合いの中で「自分の考えが揺れる」、または考えを

もつための「方向性が不明瞭になってくる」など、考えの方向性が定まらず立ち止まって考えようとしている状態である。

このような状態が起きるということは、多様な考えを受けとめたということでもあり、互いに自分の考えを伝え合った成果ととらえることができる。得た情報を整理し、一度、現状の把握をしていく。そして、互いの考えを関連付けたり、取捨選択したりすることにより、新たな考えを見出していくことができる[69]。

同校では、「受けとめ合い」から「見つめ直し」の検討の成果を生かした対話型授業づくりを推進することとなる。

イ 「受けとめ合い」から「見つめ直し」へと向かう「状態を見通した」授業づくり

同校では、2つの状態を見通した授業づくりをすることで、子どもは主体的に他から得た知識や技能、ものの見方や考え方を生かして自分の考えを再構成させていくことができるとした。そして、「受けとめ合いから見つめ直しの過程」を繰り返しながら、思考力・判断力・表現力がより育まれていくとした。

研究紀要第66集では、「見つめ直しへと向かう状態を見通した際に、それに伴って『受けとめ合いと見つめ直しをどのように構成するか』が授業づくりの上で重要である。受けとめ合いと見つめ直しの活動が分かれて行われる場合や受けとめ合いと見つめ直しが同時進行で行われる場合、また、場や時間を共有する活動の中で受けとめ合いと見つめ直しを自分で選択して行われる場合もあるであろう。これらは、教科のねらいや特性、また、学年の発達段階に応じて、適切に構成されるものであり、それらを考慮した手だてが必要となる」[70]と説明している。

この「2つの状態を見通した授業づくり」の発想は、子どもたちが単線型ではなく、複線型、多様な思考をすることができるための手立てとみることができる。

第4章 対話型授業の実践的研究 169

(3) 3年次の研究　各教科等の特性を生かした実践

　「受けとめ合い」から「見つめ直し」へと向かう「状態を見通した」授業づくりは、3年次に至り、各教科での実践研究へと進展していった。以下に教科での学習プロセスを考察し、対話型授業としての効果を分析していく。

1）各教科の学習プロセス

　3年次の実践研究では、それまでの研究成果を活用し、各教科の特性を生かした実践研究が行われた。各教科における基本的な学習プロセス例が『研究紀要』第66集に詳記されている。以下はその抜粋である[71]。

国語：　より深まる議論の仕方を学び、自分の考え方を見つめ直そう。
　　　　自他の違いに気づき、関連付けたりして、自分の思いを再構築していく。
　　　　認め合う集団づくり、考えを揺さぶる発問、思考過程を書かせる。
　　　　問題の確認、グループ討議、討議の評価、話し直し、聞き直しに向かう。
算数：　問題をつかむ、課題をつかむ、自分で考える、交流する、見つめ直しに向かう問題設定や掲示の工夫、子どもたちによる高まりのある説明、子どもが互いに数学的に高まりのある問いができるようにする。
音楽：　見つめ直しへと向かう状態とはイメージを捉え直す、よりよい表現にしたい、良さや改善点を生かそうとする。見つめ直すための手立て、音楽を形づくっている要素に着目する、学習の過程を自覚させる、音や音楽を聴き比べるテキストを活用する。

　同校の対話型授業の実践研究の状況、ことに授業による学習者の成長の状況を明らかにするため、研究紀要に掲載されている実践事例を分析・考察する。

2) 国語科の実践事例から

　国語科における実践事例における、児童の反応・成長の記録（ノートやワークシートの感想文）から同校の研究の成果を分析してみる。国語科においては3名の国語科教育を専門とする教員が論議し、国語科における「見つめ直しの捉え方」を「受けとめた思いや考えを基に、自分の思いや考えを見直し、再構築する思考」とした。また、国語科における見つめ直しのある聞き合いの姿を「主体的に言葉を活用しながら、受けとめ合った思いを基に、自分の思いや考えを再構築していく姿」[72] とした。

　こうした、「見つめ直しの捉え方」「国語科における見つめ直しのある聞き合いの姿」を明確にし、年間を通して国語科における対話型授業研究を実施した。研究実践の成果を明確に把握するため、子どもたちに記述させ、その記述を教師たちが分析し、事後の実践研究に活用していった。

　次に示すのは、研究紀要に掲載されていた、子どもたちの記述の例である。この記述を分析すると、子どもたちが「見つめ直し」によって、自己変革し、思考を深めていることが読み取れる。下線は論者が注目した箇所である。

○　子どもたちの記述から授業の学習効果を見取る

①　5年生「銀河」の実践　音読発表会で音読する詩の設定についての話し合いの感想

　　　ふじだなおとぎ会で何をするか決めた。今日まで何回も多数決をとった。そして三つの作品にしぼったが、みんなバラバラな意見になって、「銀河」のようにぶつかったり、重なり合ったりして、ようやく最後に「注文の多い料理店」になった。これからは、「銀河」のように、ぶつかり合っても一つに輝けるように話し合って、みんなが納得する話し合いをしていきたい（資料1　見つめ直しの見られるA児の日記）[73]

②　5年生「新聞を読もう」の授業後の感想

　　　「イタマル。絶対！」「違うよっ！」国語の時間に、誰のセリフかで分かれて、話し合いました。しかし、みんながコーフンして、自分の

意見を主張してばっかり。私もコーフンしすぎて顔が真っ赤になって、なんかケンカみたいになってた。ケンカみたいになると、関係がぎくしゃくしてしまうかもしれない（資料2　B児の日記）

　真剣…。むだな時間だった。みんなが真剣に話し合っていなかった。だから、とてもむだな時間だった。僕たちだってもう5年生だ。今のままで本当にいいのか（資料3　C児の日記）[74]

③　5年生「のどがかわいた」の対話型授業の実践にみる児童の変容[75]

私はどちらともイタマルが言っていると思います。理由は二つあります。一つは、それまでミッキーはイタマルにきつい口調で言っていないからです。二つ目は、「ミッキーがかがみこんだ。」と書いてあるので、その行動の前にイタマルが「飲めよ。」と言っていると思うからです。	私は「飲めよ。」がイタマルで、「飲めよ、かまわないから。」がミッキーだと思います。仮に逆だとしたら、イタマルが自分の言った言葉にむかついているようになってしまうからです。
↓	↓
私は意見が変わって、イタマル→ミッキーだと思います。理由は、「飲めよ。」と言われたから、思わず「飲めよ。」と言ってしまって、ヤバ、変なこと言ったかな？と思って「かまわないから。」を足したのだと思うからです。	私は初めからイタマル→イタマルではないと思っていました。なぜなら、同じ人物が続けてセリフを言うのはおかしいからです。もしどっちもイタマルなら、間に「ミッキーは黙っていた。」などと地の文を入れるはずだからです。
（資料15　考えが変わったM児のノート）	（資料16　考えが変わらなかったN児のノート）

　K小学校の対話型授業の研究実践は、「聞く」ことの分析と実践研究から、「相互に受けとった思いや考えを、いかにして自分の考えに生かしていくか」を重視し、「受けとめ合い」から「見つめ直し」へと向かう「状態を見通した」授業づくりへと進展していった。

　これらの基調には、児童の「思考力を高める」ことがあったと見ることが

できよう。その成果は、児童の感想や、思考の変化の記録によって実証されていると考察できる。

　同校の対話型授業の実践研究は，「児童の思考力を高める」ことを目的に、第1に、重視する「聞く」「聞き合う」「受けとめ合い」「見つめ直し」などについての精緻な分析をしたこと。第2に、その分析結果を実践研究に活用するための「状態を見通した」授業づくりの工夫をしたこと。第3に、日常的な授業の相互参観を継続し協同探究継続型の対話型授業研究を推進してきたことに特色があるといえよう。

〈事例　2014年度以降の実践研究の展開〉

　2015年10月5日にK小学校を訪問し、現在のM副校長およびT研究主任と面談し、2014年度以降の研究の推進について説明を受けた。その概要は以下である。

　○　研究テーマ　考える子を育てる

　このテーマに迫るために「学ぶ楽しさを味わう授業」を追及していく。そのための有用な手立てとして対話型授業を活用している。

　同校では、「聞くこと」を重視してきたが、2015年度からは、聞くことから自分の考え方を再構成する段階から発展させた。すなわち、受容的に自分の意見を再構成するだけでなく、相手に対して問を出し、取捨選択し、価値ある情報を自己に活用していく聞き取り方を重視していく。

　聞き取り方とは、㋑対象を多角的視点からとらえ直すこと、㋺対象をさまざまな関係の中に位置づけること、㋩明確になっていないことについてはっきりしていることをもとに推論すること、㋥個別事象の解決から学んだことをさまざまな場で用いること、㋭自らの考えを表出し自分自身にフィードバックし、深めたり広げたりすること、である。

　研究主任によれば、この方針による授業研究の結果、㋬お互いの考えに興味をもってかかわるようになってきた、㋣問題解決のための質問をし合うようになってきた、㋠探究的に学ぶ意欲が高まった、㋷一つの「問」から次の「問」を生みより深く思考するようになった、㋦「もっと〜してみたい」

第4章　対話型授業の実践的研究　173

と思うようになったり、意欲をもって学んだ、との傾向が出てきた。

　2015年度は、学ぶ楽しさを味わう場は、「本質に気づいていく」「相互の考えの深まりやよさを認め合う」「自分の成長を認識する」中で得られる。この方針で研究を展開している。

　副校長・研究主任から研究紀要等の資料を提示されながら上記の説明を受けた。M副校長は、毎日の児童の学校での生活の記録に担任が必ずコメントを書くなど一人ひとりの児童への丁寧な対応は同校の伝統であること、学年集団が融和的で授業研究に協働で取り組む同僚性があることが研究推進の原動力であると語っていた[76]。同校の実践研究が、相互の深まりや自己成長を重視して進展していることが確認できた。

　2016年4月21日、再度、K小学校を訪問し、M副校長と面談し、研究の進展状況について聴き取り調査をした。同校では、3年間の対話型授業の実践研究の成果である「受けとめ合う、見つめ直し合う」を重視しつつ、教師が児童の成長の契機を「見取り、適切に対応し、伸長させる」実践研究に発展していっているとのことであった。各教室の授業を参観したが、空き時間の教師が参観し、コメントを記している姿が見られ、同校の研究の日常化が継続していることを知る機会となった。

(4) K小学校における対話型授業の実践研究の考察

1) グローバル時代の人間形成を希求する対話型授業研究の実態把握

　グローバル時代の人間形成を希求する対話型授業研究の観点から、K校の実践研究を分析・評価する。表4-7は、K小学校のグローバル時代の人間形成を希求する対話型授業研究の推進の状況の一覧である。

　同校の3年間にわたる対話型授業研究を「グローバル時代の人間形成の視点から考察」すると以下が指摘できる。

　対話型授業の実践研究の主目的は、「対話による思考力の深化」であり、その目的を具現化する実践研究が展開されている。

　すなわち、③の多様性の尊重による叡智の共創、⑦批判的思考の考え方を具現化した、聴き方の実践は、グローバル時代の人間形成に重要な多様性の

表 4-7　K小学校のグローバル時代の人間形成を希求する対話型授業研究の推進の状況

視点	関連する実践活動	評価
①	物的・人的な配慮による受容的雰囲気作りを対象とした実践研究は行われている。他者の伝えたいことを真摯に聴き取る等の指導は重視されている。	2
②	対話力の向上を目指した多様な他者との対話場面の設定は意図的には行われていない。ただ、対話の中で多様な意見を尊重し、思考力を高める方向は共通理解されている。	2
③	A　自分と友達の考えを比べながら共通点や相違点に気付く　B　自分の考え方を振り返り見つめ直す A　自他の思考や心情を表現しようとしていること。B　他者の思考を推察し理解していること　C　他者の心情を共感的に理解していること A　課題解決への意欲をもつ　B　比較・分類・関連づけの視点をもつ C　言語を視覚的に支える表現の場である A　互いに考えを補い話し合いをしていること　B　自己の成長に気付いていること C　話し合う視点が明確になっていること 　多様性を生かして新たな叡智を共創することが本校の研究の目的であることが共通理解され、上記のように、具体的な方途が開発されている。	5
④	自己内対話と他者との対話との往還について明確に示されていないが、研究の進展と共に「受け止め合い」から「見つめ直し」への過程に焦点をあて、相互作用のある受けとめ合いの実践研究が展開されてきている。	4
⑤	受けとめ合いから「自分の考えにも取り入れてみたい」「新たな視点で考えてみたい」状態、また、受けとめ合いの中で「自分の考えが揺れる」、または考えをもつための「方向性が不明瞭になってくる」など、考えの方向性が定まらず立ち止まって考えようとしている状態を思考の深化のときと位置づけており、沈黙の時間が活用されているとイメージできる。ただし、対話における沈黙の意義そのものの機能についての論議はない。	4
⑥	相互の対話場面で相手の意図を明確に把握するための一部として共感・イメージ力は生かされるが、研究会で論議すること、実践場面で活用されたりすることはなかった。	3
⑦	批判的思考の基本を具現化する活動を重視し、習得させ実践している。 情報を集める　解を探る　考えの成否を確かめる　考えをもつ　考えを共有する 考えを整理する、まとめる、分からないことを知る、つながりを考える　別の考えを探る、はっきりさせる、理由づける、考えをよりよくする　根拠を確かなものにする 選択する、考えを絞る、様子をとらえる、可能性を検討する 発想を広げる、矛盾を解消する	5
⑧	非言語表現について、研究会で論議したり、活用することは体育美術での部分的活用以外はなかった。	2
⑨	互いに他の思いや考えを受けとめ伝え合うことにより、互いの学びに影響し合っていく相互作用	2
⑩	聴く・話す・対話スキルの基本のスキルのトレーニングはないが、思考を深めるための方途に関わる以下の基本のスキルを開発し、定着させていた○合成する（複数の考えを組み合わせ新たな考えをもつ） ○選択する（複数の考えから妥当と思われる考えを選ぶ） ○強化する（理由や根拠を加え、考えをより確かなものにする） ○補充する（考え方や理由などの不十分な面を補う） ○視点・観点を増やす（事物・事象を違う視点・観点でとらえ直す）	4

（出典　K小学校実践記録から抜粋）

第4章　対話型授業の実践的研究　175

活用、グローバル時代の対話力の要諦を重視した実践研究といえる。

　また思考を深めるための、合成・選択・強化・補充・視点観点の増加による思考スキルの開発は、同校の実践研究の成果である。

　他方、重要的雰囲気作り、非言語表現力、共感・イメージ力に関わる実践研究は十分になされているとはいえない。

2) K小学校の実践研究から導き出される「グローバル時代の対話型授業に関わる実践知」

①　実践研究における分析の重要性

　K小学校の実践研究の特質は「分析」にある。「聞くの機能」を、相手の思いや考えについて意見を問う（聞く）・相手に話に耳を傾ける（聴く）・相手の考えに質問する（訊く）・考えの構築に影響を与える（利く）と分析したように、「聞き合い」「受け止め合い」「見つめ直し」などについて、分析し、その成果を対話型授業に活用している。

　また、「状況を見通した授業づくり」においては、「状況」を分類し、研究授業前には、授業を進める際の条件を設定している。

　このような分析が、同校の対話型授業の質的向上につながっているとみることができる。

②　グローバル時代の人間形成における「対話型授業の有効性」をもたらす具体的実践活動

○　聞くことの重視

　対話の基本は応答である。聞くことはグローバル時代の対話の基盤である。同校では聞くを分析し、多様な聞き取り方を習得させている。

○　批判的思考の活用

　同校の実践研究では、単に受容し聞くから、質問したり、異見を出すなど、批判的思考を重視している。グローバル時代に対話力育成に資する実践活動である。

○　自己成長・変革力の促進

　自己再組織化は、同校の研究の根本である。他者見解を聞き、問い、また自己見解を表現しつつ新たな自己の見解を再構成させている。このことは自己成長・変革力につながる。

○ 思考力のプロセスの検討と実践

　同校では、学習者が思考力を深化させるプロセスを明らかにしている。すなわち、「聞く」「聞き合い」「受けと止め合い」「見つめ直し」「見通し」の流れである。

　K小学校の実践研究は、対話型授業が受け止め合い活用により、思考力の深化に有効なことを示した実践研究であったといえよう。

4　グローバル時代の人間形成を目的とした実践研究の分析

　MC中学校では、中学校におけるグローバル時代の人間形成を基本的課題とし、各教科・道徳・特別活動における対話型授業の開発に取り組んだ。1年次、2年次の研究は混迷していたが最終の3年次には、急速に研究が進展した。

（1）MC中学校の研究実践の概要　2012年度〜2014年度

1）学校の概要

　MC中学校（仮称）は、東京都の区立中学校、学校規模は生徒数510名14学級である。同校は、対面的配置の教科教室と、その中央の教科学習エリアと教科教員エリアで構成されている。教科センター方式の施設の学校である。また環境に配慮した太陽光発電や太陽熱使用の施設など、環境教育にも適した施設の学校である。

2）調査の概要

　筆者は、同校の対話型授業研究に参加し、10回にわたり訪問し、そのたびに、全学級の授業参観の機会を得た。このことにより、同校の研究実践の深まりを把握できた。文献調査として、同校の3年間の研究紀要、研究委員会の会議記録、教員が記していた授業の参観の記録、省察文、公式・非公式の会議に参加した折の記録も調査した。また、必要に応じて電話による確認も行った。

　聴き取り調査として、同校を訪問し、校長・研究主任への面談調査を行った。調査の概要は**表4-8**の通りである。

第 4 章　対話型授業の実践的研究　177

表 4-8　MC 校での聴き取り調査の概要

年月日　　時刻	調査対象者	場所	主な聴き取り内容
2014.3.17　15-16	校長	校長室	グローバル時代の人間形成を希求する実践研究開始の経緯
2014.3.17　16-17	研究主任	校長室	対話を活用した実践研究を開始した経緯
2014.3.17　17-18	校長 副校長 研究主任	校長室	各教科でバラバラに実践していた混乱期に状況
2014.3.18　16-18	校長 研究主任	校長室	混乱期から、焦点化した実践研究への転換の経緯と内容
2014.9.11　16-17	校長	校長室	同校の研究が焦点化していく経緯と、3 年目の研究の概要
2014.9.11.　17-18	研究主任	校長室	同校の研究が大きく進展した契機と研究実践の概要
2014.9.11　18-19	校長 研究主任	校長室	各教師による対話型授業の捉え方を記した意味
2014.9.11　18-19	研究主任	校長室	研究発表に向けての，重点事項と学習指導案の形式の作成

3）実践研究の概要

　MC 校の研究テーマは「グローバル社会で求められる資質を育む教育活動」である。また、対話の捉え方は「話し合う力・発信する力、プレゼンテーションなどの発表を工夫して行う」としている。

　研究の重点は、国際理解教育の推進による育てたいマインドとしての「挑戦しようとする意欲」「自らの考えを伝えようとする意欲」「失敗を恐れない精神」の育成および、「各教科・道徳・特別活動におけるコミュニケーション能力の育成」としている[77]。

(2) 1 年次・2 年次の研究実践の経緯と内容

　1 年次（2011）・2 年次の研究（2012）、―実践研究の混迷期―

　MC 中学校は平成 23 年度より、3 年間区教育委員会より研究開発校の指

定を受け「グローバル時代で求められる資質を育む教育活動」を研究テーマに実践研究を展開してきた。同校の研究実践を文献資料および聴き取り調査等に因り、分析・考察していく。

1）実践研究の混迷

校長・研究主任への聴き取り調査から、同校の研究実践の経緯が明らかになった。

同校のM校長は「実践研究は、区の指定校となったことを契機に1年次、Y副校長（当時）が研究推進のリーダーとなり、国際理解とコミュニケーション能力の育成を中心に研究実践をすすめてきた。しかし、1年次の実践研究は国際理解については、各教科学習において『日本と世界の国々の比較』ができる学習内容の洗い出しで終わった。コミュニケーション能力の育成については、学習指導要領の言語活動の記述を手掛かりとして実践研究を行ってきたが、研究の方向が定まらず混迷していた」[78]と語った。

また、H研究主任は「2年次、区教育委員会T指導主事が担当となり、その指導で国際理解の基盤である対話力の育成を各教科で行う方向となった。そこで、各教科で対話型授業を行ってきた。しかし、対話を取り入れるだけで必ずしも対話型授業としての学習の質は高まっていたとは言い難かった」[79]と語った。

MC校の実践研究は、「グローバル時代で求められる資質を育む教育活動」を目指し、「各教科・道徳・特別活動におけるコミュニケーション能力の育成」を重視して行われてきたが、研究の1年次、2年次は焦点化できず、「各教科がバラバラに実践している状況」[80]であった。この状況から、対話を活用した授業の研究実践の方向が焦点化する契機は、2012年12月の研究全体会での論議とみることができる。

〈事例：研究全体会での主な論議〉

・　対話を授業に持ち込む良さは分かるが、そうすると時間が足りなくなり、教科の指導が充分できない。

・　対話を取り入れるというが、どのように取り入れたらよいか、分

からない。

- 国際理解と対話との関わりがよくわからない。
- 対話を活用したが生徒の発言がすくない。
- せっかく良い発言をした生徒がいても、それを教師がうまく取り上げられない。
- 生徒同士の対話も途絶え気味でうまくいかない。
- 発言者への否定的な反応がよくでて、こんな場合、対話をする意味がない[81]。

この論議には、対話の活用の意味や活用の仕方、国際理解と対話との関わりなどについて、教員の認識が不十分なことが表れている。

こうした研究全体会での論議を受けて、同校では2年次の後半、こうした混迷を解消し、実践研究を焦点化し、進展させるための手立てを具体的に取り始めたとみることができる。

2) 3年次(2013)の実践研究の進展に向けての2年次末の取り組み

同校の3年次にむけての研究実践が、焦点化した要因は、研究推進委員会及び研究全体会における、2年目までの研究実践の振り返りであるといえる。

第1に2013年1月の研究推進委員会での論議である。以下は議事録からの抜粋である。

- 発信力のある生徒を評価し、表彰すると、効果的だと思う。
- 発信力を評価するということは、現状では出来ていない。言った者勝ちになってしまうところもあるので、難しいところである。
- どういう生徒像を目指すのかはっきりさせる必要がある。
- 発信力を育てるために何がたりないのか、原因をはっきりさせたい。自分の考えを持っていないのか、言えないだけなのか。[82]

第2は2013年2月の研究全体会での論議である。以下は議事録からの抜粋である。

- 対話を取り入れた学習の方法が各教科によってちがうはずである。
- 生徒に対話をさせても基本をわからせることが必要だ。

- ・ 生徒の実態について、自分の意見が言えない、あいさつもできない。
- ・ 対話を中心とした実践は生徒の実態からいっても必要である。
- ・ 3年目に向かってもう一度、研究を立て直す必要がある。[83]

　この論議の記録から、同校における「国際理解の基盤としての対話」を活用した授業の必要性を教職員が共通理解したとみることができる。下記の校長の述懐も、この時期の同校の研究実践の状況を表している。

〈事例：この時期についての校長の述懐[84]〉

　混乱期があった方がよいと思った。戸惑いがあること、それをやがて乗り越えていくことにより研究が教員たち自身のものになる。だから拙速に対応策をとることを求めなかった。ただし、教員全員が研究授業をする校内体制をとることは、研究主任に指示した。

3）3年次の研究活動への対応策の検討

　2年間の研究を省察し、研究実践の現状を直視し、同校では、いよいよ具体的な対応策を取り始めた。この動機づけを分析すると「教員全員による自己の研究授業の反省文の作成」「研究推進委員会の新体制」「研究の目標・内容・分担の明確化を目指した研究推進委員会提案」とみることができる。同校の研究実践の記録を考察する。

① 教職員全員によるこれまでの自己の研究授業の反省文の作成と公開[85]

　反省文に記された主な内容は下記であった。

- ・ 自信の無い発言できない生徒への対応が不十分であった。
- ・ 正解の追求でなく論議にする工夫ができていない。
- ・ おしゃべりから対話にするための手立てが必要。

　この全教員による反省文の記述が、授業研究への意識を高める契機となった。

② 研究推進委員会の新体制

　1年次・2年次は、研究推進部会は、4名の有志により構成されていた。これを改革し、4名体制から各学年・各教科から推進委員を出すこととした。また名称も研究推進委員会とした。このことにより、各学年、教科等に委員

会の情報が的確に伝わり、また学年・教科等の特質を反省させた論議ができるようになった。

③ 研究の目標・内容・分担の明確化を目指した研究推進委員会提案[86]

新体制に研究推進委員会では、研究の目標・内容・分担の明確化を目指し、下記に提案を行った。

「育てたいマインド」とは

挑戦しようとする意欲　自らの考えを伝えようとする意欲
失敗を恐れない精神とする

研究の柱「コミュニケーション力を育む」ための具体的な活動

- 各授業の中に、国際理解の基盤としての対話活動を取り入れる。
- 道徳の授業を中心に日本の伝統文化を学ばせ、また、対話させる。
- 各授業の中で自分の意見を自分から発表できる生徒を評価し、研究推進部会に推薦し、月ごとに表彰する。（授業にプラスである意見内容であることが前提）

こうした 3 年次研究に向けての活動が、同校の対話型授業研究の質的向上につながったとみることができる。

（3）3 年次の研究の急速な進展

2 年次末の研究推進委員会の提案を受けて、同校の研究は急速に進展した。その研究実践の内容と要因を分析していく。

同校の研究は急速に進展した要因は、研究推進委員会で実践研究の根幹をなす、主題設定の理由と対話型授業研究の具体的手立てについて論議し、明文化し、全体会の提案し、了承を得たこととみることができる。研究紀要に記されている事項は下記である。

1）主題設定の理由の明文化

○ 主題設定の理由の提案文

国際社会においては日本人の活躍する姿が多く見られるようになっている。また、日本国内においてもダイバーシティ（多様性）が進み、各国の方々と

共に仕事をしたりする機会が増えている。このような社会に対応できる人材を育成するため、本校においてはその素地を育むことをねらいとし、本研究主題を設定した。

その上で、グローバル社会を生きる日本人にとって、コミュニケーション（対話）力が非常に重要な課題であることから、互いの考えを交流することで更に考えを深めたり、自分の考えを発表したりするといったコミュニケーション力を育む活動を設定した授業を計画的に行うことを研究の柱とした。

さらに、国際社会では、自国の知識やアイデンティティの確立が求められるため、日本のよさについて見直す機会を設定し、本研究を進めることとした[87]。

この「主題設定の理由」には、「グローバル社会を生きる日本人にとって、コミュニケーション（対話）力が非常に重要な課題」と明記してある。このことによる、同校の国際理解教育は、対話力を重視する方向に進んでいくこととなる。

2）対話型授業の実践研究の具体化

研究推進委員会が新体制となり、同校の研究実践の推進組織として機能するようになってきたとみることができる。その研究推進委員会では、国際理解の基盤としてのコミュニケーション力を育成するための具体的方法を検討した。この論議が、対話を活用した国際理解教育の具体化につながっていくこととなる。実践研究の具体化に向けての研究推進委員会での論議を考察していく。

〈事例：実践研究の具体化に向けての研究推進委員会での論議[88]〉

出席者 副校長　研究主任　研究委員8名が参加

- ・　今回は、全教科で「コミュニケーション力」の育成を目標に行う。
- ・　書かせる活動もコミュニケーション力と捉えてよいか。
- ・　対話を授業で活用する効果は分かった。各教科の特性とつなげたい。
- ・　美術は、言語で説明することで、かえって崩れてしまう面もある。
- ・　技術は、プレゼンなどは考えられるが、一方通行の言語活動にな

ると思う。

　情報モラルの分野など、取り扱いやすい分野での言語活動になると思う。
・　英語が毎回取り組んでいるさまざまな対話が、各教科でも期待される。
・　社会では、毎時間、授業の最後に書かせ、発表につなげる取り組みをしている。このような取り組みでよいのか。→　毎時間のそうした取り組みでよい。

　この2014年4月の研究推進委員会での論議の記録を、前掲した2012年12月20日の研究全体会での論議を比較すると、戸惑いから、各教科の特色を生かした、対話型授業研究の具体化へと進展してきたと分析できる。

　同校の実践研究の進展は、校長・研究主任への聴き取り調査からも確認できる。

〈事例：校長・研究主任への聴き取り調査[89]〉

　校長は、「2年次末に、全教職員がこれまでの研究実践の反省文を記したこと、研究組織を充実させたこと、推進委員会の提案を全体会で討議し、主題設定の理由を作成し、各教科で具体的な研究実践の方向を検討した。これらが教職員の一体感をもたらし、研究の方向を共通理解させていった」と、H研究主任は、「全員の気持ちが高まってきたことが3年次研究の推進の基盤になった」と語った。

　MC校の対話型授業の実践研究の特色は、「グローバル時代で求められる資質を育む教育活動」であること、各教科の特性を生かした対話型授業の開発にある。

　MC校において、焦点化してきた3年目の実践研究の内容を分析・考察する。

3) 対話型授業実践のための主な取り組み

　MC中学校の、3年次の主な実践研究内容を記す。同校では、対話の捉え

方、国際理解と対話との関連が不明確であったので、研究推進委員会で論議し、下記のように共通理解をするようにした[90]。

下記は研究紀要に掲載された国際理解と対話との関連の説明である。

○　コミュニケーション力の育成について

ア　授業における取り組み

各教科においてコミュニケーション力を育む活動を設定した授業を計画的に行う。その際、国際理解の基盤である、「発信する力と話し合う力」を重点的に育成することをねらい、コミュニケーション・タイプを以下のように分類した。

イ　発信する力の育成

・　自分の考えを全体に向けて発言する場を設定した授業

・　個人またはグループによるプレゼンテーションを行う場を設定した授業

ウ　対話の活用

・　自己対話と他者との対話を活用する。少人数による話し合い活動を設定した授業

・　グループによる討論の場を設定した授業

・　グローバル時代の対話力を高める授業を重視する。

エ　特別活動や学校生活における取組

授業以外の学校生活の場でも、コミュニケーション力の育成を図る。「コミュニケーションの入口」であるあいさつが進んでできる生徒、授業で積極的に発信できる生徒を評価する[91]。

研究紀要の記述には、国際理解の基盤である「発信する力と話し合う力を重点的に育成する」「グローバル時代の対話力を高める授業を重視する」等の文章があり、同校の実践研究の方向が確認できる。

4）3年次研究の拡充の大きな要因

7月～8月にかけて、同校の実践研究は具体的となり、内容的にも大きく進展した契機を考察すると「各教科・道徳・特別活動における学習案に明示

するコミュニケーションの捉えの記述」「生徒の対話に関する実態調査」「教師の実践の省察文の集約」および「学習指導案自体の再検討」にあった[92]。

　3年次研究の拡充の大きな要因の第1は、学習案に対話についての捉え方を明示することであった。対話型授業の実践の向上に資することは、各教員の記した、次の文章から推察できる。

　①　学習案に明示する対話についての捉え方の記述例

［国　語］

　「『話し合い活動を取り入れた授業』と『一斉で行う授業』とでは、どちらの方がよいか。」実態調査を行った結果、前者を8割強の生徒が支持した。その理由として多かったものが、「自分の意見と友達の意見を比較することで新しい発見ができる点」や「少人数のため、自分の意見を臆することなく発言することができ、伝え合うことの楽しさや大切さを実感した点」などを挙げている。

　そこで、研究授業では「グループから全体への話し合い」や「ディベート」という多様な話し合い活動を取り入れ、「他の意見からさらに自分の意見を深め、自信をもって発表できる能力」や「意見を述べるだけはなく、話し合いを進められる能力」を伸ばすなど"今、国語科で求められ期待されている"ことをねらいに設定した。

［社　会］

　社会科では、資料を読み取って解ったことをノートに書くという「記述」、社会事象の意味・意義を解釈する「解釈」、社会事象間の関係、関連を説明する「説明」、自分の意見をまとめる「論述」を社会科における「言語力＝コミュニケーション力」と考えた。そのため、各単元で「記述」「解釈」「説明」「論述」を中心にした授業の展開を増やした。しかし、なかなか「記述」「解釈」「説明」「論述」を段階的に行う授業の確保ができないのが現状であった。そこで、本研究授業では「日本海海戦」をテーマに、「各自が調べたことをまとめて発表し合い」、「他者の意見を取り入れ」、「自分の考えを再構築し意見を発表する」ことを中心に、「言語力＝コミュニケーション力」が向上することをねらいとし設定した。

［数　学］

　数学では、班で協力して円滑に話し合いを行うため、自らの考えをまとめる時間をつくり、その後班で意見交流し、班の代表が発表を行い、様々な意見の交流を行った。いろいろな意見を聞くことで視野を広げ、自らの考えもより深められるような活動を行ってきた。その結果、班活動での行動もスムーズになり、意見交換も活発になってきた。また、他の生徒の意見を聞くことで、他の意見を受け入れたり、自らの考えを深め、視野も広まってきた。

［美　術］

　美術では、表現や鑑賞の活動を通して自分の見方や感じ方について想像を働かせることを主とし、さらに他者との意見の分かち合い活動を通して、自分と他者との価値観の違いに気づき、自分の本当の価値をつくりだすことをねらいとしている。

　本研究授業は、美術史上の名画を一つ選び、クラス全員で模写するという共同制作に取り組む活動である。原画になる作品選出の段階から、生徒が主体的に取り組めるよう、中心となって取り組む生徒を募り、クラスの雰囲気を言葉にして考え、グループごとの発表を通して決定した。制作にあたっても、お互いのアドバイスを大切にしながら、表現を学ぶことができる課題として設定した。

［保健体育］

　体育におけるコミュニケーションの捉えを理解させるため「五感を使って応答する力」の具体例を考えさせた上で筆記テストや個人カードのチェック項目にし意識させた。また、コミュニケーションの中身を考え、励ましのコミュニケーションだけでなく各自のねらいに向かっての思考・判断できるコミュニケーションも促した。その工夫として、ねらいの設定は技術面で具体的に考えさせ、班員全員のねらいを知るようにした。知ることで変化に気づきねらいに沿ったコミュニケーションにつながると考えた。授業ではミーティングを多くし、全員が発言し聞き入れる関係作りを促した。このような工夫により、見て聞いて触れ合いながら、技の向上や仲間との楽しさを味わいながらコミュニケーション力の向上が図れた[93]。

第4章　対話型授業の実践的研究　187

　各教科の教師が記した文章には、教科の特性を生かしつつ、対話の活用により、教科の目標を高次に達成するための方途が記されている。

　国語における、「自分の意見と友達の意見を比較することで新しい発見ができる」、社会における「各自が調べたことをまとめて発表し合い」「他者の意見を取り入れ」、「自分の考えを再構築し意見を発表する」、数学における「いろいろな意見を聞くことで視野を広げ、自らの考えもより深められるような活動」、美術における「自分と他者との価値観の違いに気づき、自分の本当の価値をつくりだす」、保健体育における「見て聞いて触れ合いながら、技の向上や仲間との楽しさを味わいながらコミュニケーション力を向上」は、それぞれ、教科の特色による対話の活用を記していると分析できる。

　M校長は「この文章を記すことにより、各教科における対話型授業の具体的な手立てを認識していったとみることができた。各教科や特別活動、道徳において対話型授業への取り組みも多くなった。また教科センター方式に本校の施設をうまく活用するようにもなってきた。地域に人材を招聘する授業も出てきた」[94] と語っている。

　教員全員が、学習案に明示する対話についての捉えを記したことは、対話型授業への認識を深める有用な手立てであったとみることができる。

　3年次研究の拡充の大きな要因の第2は、生徒の対話に関する実態調査の結果であった。

② 　生徒へのアンケート調査にみる MC 中学校の実践研究の成果

　生徒全員へのアンケート調査結果の抜粋[95]（2013年7月15日　11月13日実施）

　このアンケート調査結果の分析・考察が対話型授業実践への教師集団の意欲を高めた。研究紀要に掲載されている生徒へのアンケート調査の抜粋は図4-4、図4-5 の通りである。アンケートは5項目で尋ねており、上位2項目への回答の割合を示したものである。

　この調査結果から、生徒たちに対話力が高まっていること明示された。このことが、教師たちの対話型授業研究への意欲を高めたとみることができる。

　3年次研究の拡充の大きな要因の第3は、対話型授業の実践研究に取り組

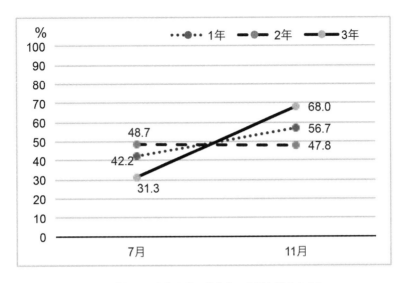

図 4-4 「友人の発表や発言が自分の意見と違うときに、それでも自分の考えを発表しようと思いますか」に対する回答の変化

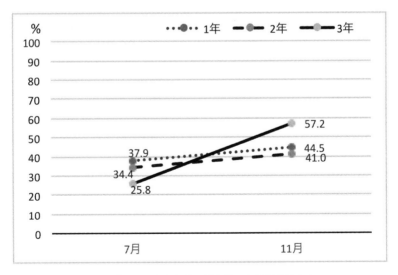

図 4-5 「友人の発表や発言が自分の意見と違うとき、実際に自分の考えを発表していますか」に対する回答の変化

第4章　対話型授業の実践的研究　189

んできた教師たちによる年度末の省察文の記述であった。下記は、その抜粋
である。

　対話型授業の実践研究に取り組んできた教師たちによる省察文の記述
・　生徒より取ったアンケート結果より話し合い活動は授業に取り入
　れた方が良いと感じた。
・　自分の意見以外にたくさんの友達の考えを聞くことができるので、
　比較することにより理解が深まったり、一人では解答を導けない問
　題でも、解法を導いたり、別の解法を学ぶこともできるようになった。
・　一斉授業だと発言ができないが、少人数だとは意見を発言しやすい。
・　話し合いを入れた授業の方が、積極的に参加できた。
・　他者の意見を聞くことで、自分の意見をより良いものにしていく
　機会を与えることができた。
・　相手の話をよく聞こうとする姿勢がみられるようになった。
・　勇気を持って発言したことで周りから認められ、それが励みになり、
　さらに 成長している生徒がいた。
・　生徒自身が他人の考えを共有する中で、価値観の多様性に気づい
　ていた。[96]

　この省察文には、対話型授業研究を推進することにより、生徒の変容と、
今後の課題が記されている。対話型授業の実践研究が生徒の成長につながっ
ていることが認識され、それが教師の実践研究への意欲を高め、また今後の
対話型授業研究の課題を明確にしたとみることができる。

　3年次研究の拡充の大きな要因の第四は、研究授業の実施である。以下の
その概要を示す。

5）授業研究の推進　公開された研究授業

　MC校では、学習指導案のフレームワークづくりに全校を挙げて取り組ん
だ。学習指導案の指導計画、言語活動の実態、授業のコミュニケーション・
タイプ等の項目を決め、形式を定めることにより、学校全体としての対話型
授業の研究実践の共通理解を深めることになった[97]。下記は各教科で実施

された対話型授業の学習テーマである。

国語科　　2年「ディベート」3年「笑いを斬る」

社会科　　2年「日清・日露戦争と近代産業」

数学科　　1年「資料の活用」　2年「一次関数の利用」

理　科　　1年「大地は火をふく」　2年「空気中の水の変化」

音楽科　　3年「世界の国歌と日本の国歌」

美術科　　2年「クラスで協同制作しよう」

技術科　　3年「デジタル作品の設計と制作」

家庭科　　1年「家族のためにおいしいおにぎりをつくろう」

英語科　　1年「現在進行形」

学級活動　3年「自己表現とコミュニケーション」

道　徳　　1年「麗わしの歌舞伎座」　2年「Dream Autumn Momiji」
　　　　　3年「江戸のしぐさを考える」[98]

○　授業実践事例「自己表現とコミュニケーション」

授業公開された対話型授業の実践事例の概要を紹介する。授業者T教諭は特別活動を専門とする教師経験25年の中堅教員である。以下は学習指導案の抜粋である。

　ア　授業の概要　（授業者　T教諭）

1枚の絵を見せる。気づいたこと、発見したことを出し合う。イメージを膨らませ、多様な角度からの気づきや発見を出させる。発見したことをもとに、組み合わせ、グループで協力して自由な発想で物語をつくる。

　イ　授業者の配慮事項

　・　提示する1枚は、絵が多様な見方や発見・気づきがあるものを選定する。

　・　クリティカル・リーディングからクリティカル・シンキングにつなげるためには、見方や深い読み取りのトレーニングを事前にしておくことが必要である。

　・　対話場面での論議を活発にするためには雰囲気作りが大切である。

　・　どんな意見や発見を尊重する姿勢を作っておくかがクリティカル・

【学習案】

第3学年 特別活動	「自己表現とコミュニケーション」 〜意図や背景を読み取り推論する言語力の育成〜	平成26年1月28日（火）5校 第3学年A組　36名

時	指導計画（2／4時）
1	［ガイダンス］ ＊学習のねらいを掴む。 ＊クリティカル・リーディングについて理解する。
2 本時	［クリティカル・リーディング］ ①課題絵画を分析する。 ②分析結果をもとにして物語を作る。
3	［クリティカル・シンキング1］ ＊新たな分析を加える。 ＊物語の展開を発展させる。（長編化）
4	［クリティカル・シンキング2］ ＊学級全員で物語を考える。 （もっとよい物語を作ろう）

【本時のねらい】

根拠を挙げて分析し、課題絵画の背景を推論することができるようにする。

生徒作成の絵を使用

課題絵画

【授業のコミュニケーションタイプ】
A：話し合い活動を設定した授業
B：自分の考えを発信する場を設定した授業
C：プレゼンテーションなどの、発表の仕方について重点を置いた授業

【言語活動の実態】

生徒は付箋紙などにより、自己の意見を示すことができる傾向にある。しかし、挙手により自発的に意見を表明できる生徒は極めて限定的である。

【本時の設定理由】

自己の考えに自信をもたせ、表明できる生徒を育てたい。そこで、根拠を挙げる学習活動を通して、自己の考えに確信をもち、発言への自信につながる授業展開を試みることにした。

【本時の展開】

	学　習　活　動	○教師の支援　★評価
導入	・自己表現に関わる学級の実態について知る。 ・本時のねらいを掴む。	○学級の自己表現に関わる状況を取り上げ、学習の動機として示す。
展開	クリティカル・リーディング 〜対象を深く読み取り、よりよいものを追求する学習〜 学習活動1［根拠を挙げて分析する］ ワークシート（言語力の基礎づくり）　個人活動 ・課題絵画を観察し、根拠を挙げて分析する。 …指名発表 学習活動2［分析結果を話題にして物語を作成する］ 話し合い（言語活動）　　　グループ活動 ・個人の分析結果（ワークシート）を持ち寄り、課題絵画からイメージした物語を作成する。	○分析の際には「なぜならば」などの根拠を挙げるように指示する。 学習活動1で育てたい言語力「根拠を示す力」 ★根拠を挙げて分析している。〈思〉 ○絵本の物語のように豊かな言葉を選んだストーリー展開を期待していることを伝え、学習意欲を喚起する。 学習活動2で育てたい言語力「発言する力」 ★根拠を挙げて話している。〈関〉
まとめ	・物語を発表する。…全グループ ・他者の発表を聞くことにより「豊かな言葉で表現できたか」を自己評価（他者との比較）する。	○言葉の選び方（自己表現）により、コミュニケーションの状況が変わってくることに気付かせる。

シンキングに重要である。

筆者は授業参加の機会を得たが、本授業において生徒は、クリティカル・リーディングの意味を事前に学び、提示された絵について多様な視点から、イメージしたことを発表していた。ことに、根拠への着目が生徒に共通理解されており、発言の趣旨を明確にしていた。

ことに、授業の振り返りが効果的であった。授業後の検討会では論議の深まりが充分になされないことが今後の課題とされ、教師による揺さぶり、混沌の重視や新たな視点からみつめ直させる効果などが提言された。

H研究主任は、研究発表会後、同校の研究の経緯について「MC中学校では全教師が、各教科における対話の特質を記述したこと、対話型授業の研究実践に取り組んだこと、生徒の実態調査により研究の成果が認められたことにより、学校全体としての対話型授業研究への認識が深まっていった。授業後に生徒たちに感想文や振り返り文を書かせたたことや友だちの発言のよさなどを想起させた活動は効果的であった」と記している[99]。

MC校の実践研究は、中学校における各教科・道徳・特別活動で、対話型授業が有用であることを示した。ただ、グローバル時代の人間形成に視点からは、次項で詳記するように課題も多いといえる。

(4) MC中学校における対話型授業の実践研究の考察

1) グローバル時代の人間形成を希求する対話型授業研究の実態把握

MC校のグローバル時代の人間形成を希求する対話型授業研究の推進の状況を**表4-9**に集約した。

グローバル時代の人間形成を目標としたMC学校における対話型授業の実践研究であるが、多様性の尊重と活用、自己内対話と他者との対話の往還については、学校全体で重要性を認識し、各教科等で実践されているが、その他の視点については、体育や美術では、非言語表現や共感・イメージ力を重視するなど教科によるばらつきがある。

第4章　対話型授業の実践的研究　193

表 4-9　MC 中学校のグローバル時代の人間形成を希求する対話型授業研究の推進の状況

視点	関連する実践活動	評価
①	学校全体での挨拶の奨励、授業で積極的に発信できる生徒を評価することを行っているが、対話における受容的環境づくりを重視した研究はとくに行われてはいない。	2
②	学級集団の中での多様な意見を持つ他者との交流はあるが、異年齢、社会で活躍する人々等多様な他者との対話機会の意図的設定はない。	2
③	自分と異なる考えでも、よりよい意見には耳を傾け、すすんで協力する力や意見を述べるだけはなく、話し合いを進められる能力の大切さは共通理解され、各教科等の授業で実施されている。その成果は生徒へのアンケート調査結果にも出ている。	5
④	「他の意見からさらに自分の意見を深め、自信をもって発表できる能力」、「自分の見方や感じ方について想像を働かせて見ることを主とし、さらに他者との意見の分かち合い活動を通して、自分と他者との価値観の違いに気づき、自分の本当の価値をつくりだす」等の自己内対話と他者との対話の往還のよさを生かす実践は実施されてきた。しかし、自己内対話の役割、他者との対話の意味について、学校全体での共通理解はされてはいない。	4
⑤	沈黙・混沌の活用については、授業研究での論議も具体的実践も見当たらない。	1
⑥	「失敗を恐れない精神」本研究の主目標に掲げられている。また、研究全体会において、「意見を発表したり、質問する等の参加意識を高める。そのために、ほめることが大事。グループワークでも、発言について、承認してあげる。2つほめて、1つしかるくらいの割合で。新しいこと（知識など）を少しずつ入れて、考える習慣をつけさせたい」との提案があり共通理解を深めた。ただし、能動的に参加をうながす具体的手立ては十全に開発されていない。	3
⑦	クリティカル・リーディングの必要については、特別活動の公開授業で示された。しかし学校全体への波及にいたっていない。	3
⑧	美術は、言語で説明することで、かえって崩れてしまう等、教科の特性から非言語表現の必要が主張されている。また音楽等では言語と非言語〈発信と受信〉のバランスのとれた伝達表現能力が述べられている。しかし学校全体では共通認識がなされてはいない。	3
⑨	コミュニケーションの定義の検討において、共感（自分のこととして考えられる力、相手を理解しようとする気持ち）をベースに持ち、互いの意見を交わすこと、五感を使って応答する力の大切さの指摘は散見できる。しかし、学校全体での対話における共感・イメージ力の必要への認識は共通理解されているとはいいがたい。	3
⑩	プレゼンテーションなどの、発表の仕方について重点をおいた授業の必要性は指摘されてきたが、具体的な技能の習得のためのトレーニングは日常的に実施されてはいない。	2

（出典　MC 中学校の実践記録から抜粋）

また受容的雰囲気作り、多様な他者との対話、沈黙・混沌の活用については、学校全体の共通認識に至っていない。

2) MC 中学校の 3 年間にわたる実践研究から導き出される実践知

MC 中学校の 3 年間にわたる実践研究野分析・考察からは以下の実践知が導き出される。

① 学校全体での総合的な取り組み

MC 中学校の実践研究が 3 年次に急速に拡充してきた要因は次の 3 点と言えよう。第 1 は研究推進組織の改革である。推進委員を各学年及び教科のバランスを考慮し選出し、組織したことが研究への共通理解を浸透させることに有用であった。

第 2 は、研究構想・目的・方法などを再検討し、教職員が何を、どのように実践研究していくかを明確にしたことである。

第 3 は「対話型授業」に関する認識を深めたことにある。学級全体での対話、パネルディスカッション等だけでなく、短時間の対話、ことばを交わさない対話もあるとの認識をもつことにより、気楽に日常的に対話に取り組むことができるようになった。

こうした学校全体での対話型授業の実践研究体制ができたことにより、各教科・道徳・特別活動の特性が授業に反映され、幅広い視点からの対話型授業が推進された。

② グローバル時代の人間形成における「対話型授業の有効性」をもたらす
　　具体的な実践研究

○ グローバル時代の人間形成に必要な資質・能力、技能

MC 校では、グローバル時代に「育てたいマインド」は「挑戦しようとする意欲」「自らの考えを伝えようとする意欲」「失敗を恐れない精神」とした。

また対話については、「話し合う力」「発信する力」「プレゼンテーションなど、発表を工夫して行う力」の育成を指向している、いわばアウトプット重視型であった。これらには、経済のグローバリゼーションに対応した資質・能力、技能を育む色彩が濃い。同校の生徒たちに当初の状況が、発言力の欠

如との捉え方もこの根底にあったからともみることができよう。

しかし、21世紀に市民育成に視点からは、協調性、調整力、共感力などの資質や、自己内対話、異質との共生のための対話など、対話を共創させる手立ての習得も必要となる。

MC校の実践研究はグローバル時代の人間形成を希求する実践研究においては、「グローバル時代の人間形成」について、広義に検討することが必要なことを明示したといえる。

○ 多様な教育資源の活用

同校では、各教科・道徳・特別活動での対話型授業を展開するために、学校内外の多様な教育資源を活用した。

国際社会で活躍した人々、修学旅行の映像資料、日本の伝統文化に関わる資料等々である。これらは、対話型授業における「材との対話」の機会となった。

また、対面的配置の教科教室と、その中央の教科学習エリアと教科教員エリアで構成されている教科センター方式の施設の学校であり、生徒達がグループ学習する空間や、コンピュータで情報を収集する環境も整っている。このことが、対話型授業の環境作りに有用であった。

○ 対話の広義な捉え方

各教科・道徳・特別活動での対話型授業は、対話を広義に捉える機会となった。体育における五感を活用した対話、美術の共同制作における対話はその例である。また、家庭科の授業における「家族のためにおいしいおにぎりをつくろう」の授業は、生徒一人ひとりが家族のために食材・形状などを工夫したおにぎりをつくる活動であり、心の中で相手を思い浮かべている対話活動といえた。

上記は、対話型授業が「グローバル時代の人間形成」に必要な資質・能力、技能を育むのに有効であることを示したといえよう。

総　括

調査対象とした学校全体で長期にわたり対話型授業の実践研究に取り組んできた学校4校全体の結果を集約し、考察する。

表4-10　グローバル時代の対話型授業研究分析の視点による各学校の結果の一覧

視点	A校	M校	K校	MC校	合計点
①	3	5	2	2	12
②	5	4	2	2	13
③	5	2	5	5	17
④	5	4	4	4	17
⑤	5	2	4	1	12
⑥	5	5	3	3	14
⑦	4	1	5	3	13
⑧	2	2	2	3	9
⑨	2	4	2	3	11
⑩	3	5	4	2	14

1）グローバル時代の対話型授業研究に関わる分析結果

表4-10 は、グローバル時代の対話型授業研究分析の視点による各学校の結果の一覧である。

視点（再掲）

1　対話の活性化のため物的・人的な受容的雰囲気の形成

2　多様な意見、感覚・体験をもつ他者との対話機会の意図的設定

3　多様性差違性の尊重、対立や異見の活用による思考の深化と視野の拡大

4　自己内対話と他者・対象との対話の往還による知の共創

5　沈黙の時間の確保や混沌・混乱の活用による思考の深化と視野の拡大

6　対話への主体的参加を促す工夫

7　グローバル時代の対話としての批判的思考力の活用

8　非言語表現力の育成と活用

9　他者の心情や立場への共感・イメージ力の錬磨と活用

10　対話の基本技能の習得と活用

2）分析結果の考察

今回調査対象として4校の結果から、次の事項が考察できる。

第1に、4校全体の傾向として、③多様性・差違性の尊重、対立や異見の活用による思考の深まりや視野の広がり、④自己内対話と他者との対話の往還による思考や視野の広がりを重視した実践研究が行われている。

第2に⑧非言語表現力の育成と活用、⑨他者の心情や立場への共感・イメージ力の錬磨と活用、に関する実践研究はどの学校でも重視されていない。

第3に、学校により、重視する視点に違いがある。M校では環境づくりや対話の基礎力を重視し、A校は協働学習における対話の活用を重視し、K校では、批判的思考を含め、深い思考力の育成を重視している。

こうした調査結果は、対話型授業の先駆的研究校である学校においても、グローバル時代の人間形成を希求する対話型授業が「すべての視点」を重視しては行われていない実態を明らかにした。

このことは、グローバル時代の人間形成を希求するためには、本研究の先行研究の分析・考察から析出した10の視点を活用した対話型授業の実践研究が、今後は、意図的に実施されなければならないことを示唆したと受けとめられる。

3）4校全体の対話型授業の実践研究から導き出される実践知の分類・整理

4校全体の対話型授業の実践研究から導き出される実践知は次の3つに分類・整理できる。

第1は理論研究の実践研究への援用である。具体的には、文献研究、研究協力者との交流により理論的研究が、対話型授業の実践研究を進展させている。

第2は、実践研究組織の「進捗性」と「開放性」[100] のある機能と役割についてである。研究全体構想づくり、管理職・研究主任のリーダーシップ、協働探究蓄積型の研究会の推進、研究活動の日常化、同僚性とメンタリングの有用性などによる研究組織の「進捗性」と「開放性」が対話型授業の実践研究を拡充している。

第3は、対話型授業推進の具体的手立ての開発と活用の効果である。学習者の成長の見取り、受容的雰囲気づくり、話題設定（多様な視点から論議が可能な話題）、対話の組織化、多様な教育資源の活用、対話の深まり・思考の深化の方途、揺さぶりの効果、沈黙・混沌の活用、振り返り・省察等の対話型授業の質的向上のための方途の開発がある。また、思考スキル・対話スキルの習得、対人能力を高めるスキルの開発の活用も4校全体の対話型授業の実践研究から導き出された。

　本章では、対話型授業の研究に取り組んできた実践研究校の取り組みを調査・分析してきた。次章においては、第1章〜3章において考察してきた理論研究と本章における実践研究の成果を融合させ、「グローバル時代の人間形成を希求する対話型授業」について探究していく。

　さらに、理論研究と実践研究の融合により紡ぎ出された「グローバル時代の人間形成を希求する対話型授業」の要件の有効性を実証授業により確認する。

　そうした作業の上に、「グローバル時代の人間形成を希求する対話型授業」の授業理論を提示する。

注

1　ドナルド・A・ショーン　柳沢昌一・三輪健二監訳『省察的実践とは何か—プロフェッショナルの行為と思考—』，鳳書房，2009年，p.ii
2　同上
3　前掲書　pp.71-72
4　佐藤学『教師というアポリア』，世織書房，1997年，p.56
5　小田博志『エスノグラフィー入門—現場を質的研究する—』，春秋社，2010年，p.6
6　山住勝広『活動理論と教育実践の創造—拡張的学習へ』，関西大学出版部，2004年，pp.ii-iii
7　前掲書　p.189
8　鯨岡峻『エピソード記述を読む』，東京大学出版会，2012年，p.184
9　A校に限らず、以降同様とする。
10　A校平成25年度『研究紀要』，2013年，pp.5-9
11　A校のU校長・K研究主任への聴き取り調査，2012年5月10日16時〜19時，校長室

第 4 章　対話型授業の実践的研究　199

　　この背景について「学力の高さで評価を得ている県の教育をさらに高めていくために
は、他者との関わり合いや、高次な思考力育成を目指す必要があるとの教職員の共通
の願いがあった」と語っている。

12　平成 25 年度 A 校研究紀要,『仲間と共に創る豊かな学び―「対話」を通して思考
　　を深める授業づくり』, 2013 年, pp.6-12

13　平成 25 年度『研究紀要』, pp.6-13

14　研究全体会の記録, 2013 年 4 月 27 日

15　A 校の U 校長・K 研究主任への聴き取り調査, 2012 年 5 月 10 日 16 時〜 18 時,
　　校長室

16　平成 25 年度『研究紀要』, 2013 年, p.4

17　前掲書　pp.12-13

18　平成 25 年度『研究紀要』, pp.14-16

19　同上, pp.18-21

20　K 研究主任への聴き取り調査, 2012 年 5 月 10 日 18 時〜 19 時, 校長室

21　校内研修会で提出された資料, 2013 年 2 月 13 日

22　平成 25（2013）年度公開研究協議会における論議の記録, 2013 年 6 月 14 日

23　K 研究主任への聴き取り調査, 2012 年 5 月 10 日 18 時〜 19 時, 校長室

24　授業力アップ情報交換カード 2013 年 5 月 10 日

25　平成 25 年度『研究紀要』, pp.208-210, K 研究主任による 2 年次「研究の成果」
　　の記述

26　平成 25 年度『研究紀要』, 2013 年, pp.10

27　平成 26 年度『研究紀要』, 2014 年, pp.21-22

28　K 研究主任への聴き取り調査, 2012 年 5 月 10 日 18 時〜 19 時, 校長室

29　平成 27 年度『研究紀要』, 2015 年, p.10 には「新たな価値を創造する対話」に
　　ついて、そこに参加する者が協働して、利害対立の現実や相互理解の難しさを認識し
　　つつ、智恵を出し合い、新たな価値を創り出していく「対話」と記してある。

30　平成 26 年度『研究紀要』, 2014 年　K 研究主任による 3 年次の「研究のまとめ」,
　　p.228

31　U 校長・K 研究主任への聴き取り調査, 2013 年 6 月 14 日, 校長室

32　M 校、校長・教務主任への聴き取り調査, 校長室, 2013 年 12 月 12 日, 14 〜
　　16 時

33　M 校『研究紀要』, 2011 年, p.3

34　研究全体会に記録, 2011 年 2 月 18 日

35　同上, p.5

36　M 校『研究紀要』, 2012 年, p.4

37　M 校研究主任への聴き取り調査, 校長室, 2013 年 12 月 13 日 15 〜 18 時

38　教務・研究委員会の記録, 2012 年, 12 月 22 日

39　研究全体会の記録, 2012 年 2 月 20 日 15 〜 17 時, 会議室

40　同上、研究主任への聴き取り調査

41 同上、研究主任への聴き取り調査

42 2012 年度『研究紀要』、「研究のまとめ」、p.20

43 2013 年度『研究紀要』、「研究主題設定に理由」、p.3

44 M校研究主任への聴き取り調査，2013 年 12 月 19 日

45 車尾薫「特集　言語活動の充実」『教育ジャーナル』11 月号，2013 年，pp.11-14

46 研究報告会用リーフレット，2013 年 11 月 5 日

47 同上

48 M校研究主任への聴き取り調査，2013 年 12 月 19 日

49 多田孝志「深い対話を活用した授業の創造」『群馬大学教育実践年報』第 4 号，群馬大学附属学校教育臨床センター，2014 年，pp.5-9

50 K校『研究紀要』第 66 集，2012 年，p.2

51 同上，pp.2-7

52 K校『研究紀要』第 66 集，2012 年，p.3

53 同上，p.3

54 K校『研究紀要』第 65 集，2011 年，p.4

55 K校『研究紀要』第 65 集，2011 年，p.5

56 K校『研究紀要』第 66 集，2012 年，p.4

57 研究紀要 64 集，2010 年，pp.8-11　「相互参観制度」とは、教師達が日常的に，授業校を公開し、相互に参観する制度である。一時間全部の公開でなく、参観してほしい 15 分の授業時間を予告公開することに特色がある。

58 K校研究紀要 64 集，2010 年，pp.14-25

59 同上，pp.9-11

60 O教諭 研究実践記録（算数），2011 年

61 K校副校長への聴き取り調査，2012 年 11 月 11 日 15 ～ 17 時，校長室

62 『研究紀要』第 66 集，2012 年，pp.2-7

63 K校副校長への聴き取り調査，2012 年 11 月 11 日 15 ～ 17 時，校長室

64 『研究紀要』第 66 集，2012 年，pp.2-8

65 同上，p.5

66 『研究紀要』第 66 集，2012 年，pp.5-7

67 上田薫『知られざる教育―抽象への抵抗―』，黎明書房，1958 年，p154

68 副校長への聴き取り調査，2013 年 11 月 29 日

69 『研究紀要』第 66 集，2012 年，pp.6-7

70 同上，p.7

71 『研究紀要』第 66 集，2012 年 pp.10-95

72 同上，pp.10-21

73 『研究紀要』第 66 集，2012 年，p.12

74 同上，p.12

75 同上，p.17

76　K校副校長と研究主任への聴き取り調査，2015 年 10 月 7 日 13 〜 15 時，校長室
77　MC 校『研究紀要』，2014 年，pp.2-4
78　MC 校　校長、研究主任への聴き取り調査，2014 年 3 月 17 日
79　同上
80　同上
81　研究全体会の記録，2012 年 12 月 20 日
82　研究推進部会の記録，2013 年 1 月 16 日
83　研究全体会での記録，2013 年 2 月 26 日
84　MC 校　校長への聴き取り調査，2014 年 3 月 18 日
85　教員各自が研究授業の省察文を記した。2013 年 2 月 8 日
86　研究推進委員会からの提案，2013 年 2 月 20 日
87　研究紀要，2014 年，p.2
88　研究推進委員会での論議，2014 年 4 月 10 日
89　校長 研究主任への聴き取り調査，2015 年 9 月 11 日
90　MC 校『研究紀要』，2014 年，pp.3-4
91　MC 校『研究紀要』，2015 年，p.2
92　校長への聴き取り調査，2015 年 9 月 18 日，校長室
93　研究紀要 2015 年，pp.5-12
94　MC 校校長への聴き取り調査，2015 年 9 月 18 日，校長室
95　研究紀要 2015 年，pp.15-17、アンケートは 2013 年 7 月及び 11 月実施
96　各教師が推進委員会に提出した年間の対話型授業実践の省察文。2014 年 3 月中に提出。
97　MC 校　研究主任への聴き取り調査，2015 年 9 月 18 日，校長室
98　2015 年 1 月 28 日の研究発表会に向けての事前検討会のテーマ一覧。
99　MC校研究主任からの電子メール文 抜粋 2015 年 3 月 10 日
100　村井実『日本教育の根本的改革』川島書店，2013 年，pp.164-181
　　村井は日本の教育の新しい在り方としての「開放性」を提唱している。

第5章
グローバル時代の人間形成を希求する対話型授業の提示

　本章においては、本研究における対話型授業に関する理論研究と実践研究の成果を関連づけ、グローバル時代の人間形成を希求する対話型授業の授業理論を提示する。

　まず、第4章の実践研究の調査・分析結果を踏まえ、理論研究と実践研究との往還・融合の有効性を明らかにする。

　次いで、理論研究及び実践研究から導き出された「グローバル時代の対話型授業」の要件を整理し、12の要件に集約する。

　この12の要件の妥当性・有効性を検証するため、新たな研究協力校で検証授業を行い、「厳密性（rigor）」に留意しつつ、結果の分析・考察をなし、妥当性・有効性を確認する。

　第1〜3章における、「グローバル時代の人間形成」「対話」「対話型授業」に関する理論研究の分析・考察結果、及び第4章での対話型授業の実践研究の調査・分析から明らかにされた、実践研究の進展をもたらす実践知を整理し、明示する。

　これらの作業の上に、理論研究と実践研究の成果を関連づけ、グローバル時代の人間形成を希求する対話型授業の学習理論を提示する。

第1節　理論研究と実践研究との往還・融合の有効性

　理論と実践の統合は教育の理想ではあるが、容易には現実化できない。それは理論と実践をつなぐためには双方を精緻に考察・分析することが必須であるからである。本研究においては、理論研究とともに、対話型授業の実践研究校の長期にわたる実践研究の事実をできるだけ丁寧に正確に調査し、分

析してきた。この実践研究の事実が理論研究の成果と結びついたとき、グローバル時代の人間形成を希求する対話型授業の有効性を向上させていくと考える。

1 理論研究の成果による実践研究の分析

　本研究では、理論研究の成果を活用することにより、実践研究の実態と課題を明らかにすることができた。

　本研究における、ここまでの理論研究の経緯を整理しておく。

　第1・2・3章において、先行研究等の分析・考察により、本研究におけるグローバル時代に生きる人間形成の要件を「多様性」「関係性」「自己変革・成長力」「当事者意識・主体的行動力」「共感・イメージ力」「対話力」とし、相互の関わりを構造化し、「多様性」「関係性」「自己変革・成長」「当事者意識・主体的行動力」の4つの要素を「共生」社会の中に位置づけた。また、それぞれは単体としてではなく、特性をもちながらも、相互に関連し、影響し合っているとし、その4つの構成要素が統合された中核を「共創」とした。

　「グローバル時代の人間形成」「対話」に関わる先行研究、対話型授業に関わる理論・実践上の特質について考察してきた成果をもとに、本研究においては、グローバル時代の対話型授業を「自己内対話と他者との対話の往還により、差異を尊重し、思考を深め、視野を広げ、新しい智恵や価値、解決策を創り上げていき、その過程を通して、参加者相互が、共創的な関係を構築していく協同・探究的な学習活動」と定義した。

　こうした、理論研究から導き出された「グローバル時代の人間形成」の要件及び「対話型授業の学習論としての特質」を関連づけ、整理し、「グローバル時代の対話型授業」の要件を析出した。この要件を基調におき、対話型授業の実践研究の調査・分析の10の視点を設定した。

　第4章において、長期にわたり学校全体で取り組んできた対話型授業の実践研究を、この10の視点（要件）により調査・分析した。4校全体の調査結果でみると、理論研究から抽出された視点（要件）はすべて取り上げられており、要件の有効性が担保された。

しかし、各学校でみると、10 視点（要件）、すべての視点を網羅した対話型授業研究は稀少である実態も明らかになった。このことは、今後のグローバル時代の対話型授業において、10 の視点（要件）すべてを念頭においた実践研究を進める必要を明示したともいえる。

2　実践研究から導きだされた実践知

本研究における、実践研究から析出された実践知を集約しておく。

実践研究校の分析・調査からは「理論知と実践知の往還・融合」「研究組織の運営と進行の影響」「対話型授業の学習効果を高める具体的な手立ての創出」について導き出すことができた。

第 1 に理論知と実践知の往還・融合の効果である。その具体化は、文献研究・他校参観・研究協力者との交流である。文献研究により「対話」や「学習論」について認識を深め、他校の研究授業を参観することにより、対話型授業の構造や具体的な方途を知ることができる。

Ａ小学校における自主的理論研究会はその例である。研究主任が中心となり、対話論や学習論を学ぶことが対話型授業への認識を深めた。また研究協力者の参加は、深層性ある対話やグローバル時代の対話についての教師の知見を広げる機会となった。

それでは、研究協力者の参加は実践研究にどのような意味をもつのであろうか。長年、教育現場の実践研究に参加してきた黒羽正見は、教育実践研究の意味について「教育現場の研究対象と長期的かつ直接的な関わり合いがあり、教育の事実（子どもの学びの事実）と常に密着しながら、研究（理論）と実践が一つになっている研究である。極論すれば、教育現場の役に立ち、最終的には学校現場に多大に貢献し得る明確で、具体的な実践的指針を提供出来る研究である」[1] と記している。

研究協力者が長期にわたり学校研究に参加し、教育現場の役に立ち、貢献しうる具体的実践的指針としての理論を提供できるとき、実践研究は進捗する。

理論研究の実践研究への援用は、対話型授業研究の質的向上に資する。と

第5章　グローバル時代の人間形成を希求する対話型授業の提示　205

同時に、実践研究の成果は、理論研究を促進する事実を提供する。

　第2に、実践研究の現実的な推進においては、研究推進委員会や授業研究会などの「研究組織の運営と進行」が対話型授業の進展に多大な影響を与えることが明らかになった。

　研究推進委員会が中心となり研究全体構想を作成することにより、教職員が研究目的や現在の実践研究の位置づけをすることができる。管理職や研究主任の言動は、研究進捗の潜在的な要素である。実践研究進展の重要な機会は授業研究会である。この会での論議が、学校全体での実践研究に直接的に関わる。授業研究会で真摯・率直な論議がなされ、その成果が蓄積され、次の授業に生かされることが、学校全体で実践研究を進捗させる。

　また、各学校の研究実践の進捗に、日常的な研究活動は大きな意味をもつ。K小学校における、授業の一部分の公開の日常化、M小の金曜日の15分間のミニ研修会などのように各学校では日常的な取り組みがあり、対話型授業研究の進展の契機となっている。

　「研究組織の運営と進行」においては、「進捗性」と「開放性」が重要であり、研究の進展の実感が教師集団の研究実践への意欲を高め、研究の日常化と協働探究蓄積型の研究会の推進が実践研究を促進していくことも実証された。

　実践研究の「進捗性と開放性」は、教師集団間の同僚性とメンタリングにより具現化している。石田真理子は「『同僚性』の概念は今日、教育理論において最も注目されており、広範囲にわたる教育改革や学校改善に貢献している概念である。しかしその定義や機能に関して明確な定義はない」[2]、「しかし、概念の曖昧さは、同僚性の意義を棄却するものではない」[3]と述べ、さらに「教師間の協力がなければ学校レベルでのカリキュラム改革はあり得ない。この『教育』には人間的つながりの意も含まれている。しかしながら、教員が各教科指導でより大きな成果をあげ学校全体における教育の質的改善につなげるためには、それだけでは不十分である。システムとして機能する『同僚性』を育むメタリングが重要なキーポイントである」[4]と述べている。佐藤学は「教師は一人では成長しない。専門家として学び成長する教師はモデルとなる先輩から学び、同僚の教師と学び合って成長している。教師

の専門家としての成長の質は、その教師が帰属している専門家共同体の質に依存していると言ってよいだろう」[5]と記している。第4章で例示したA校の国語科のO教諭の同僚教師から学んだことを記した文章にみられるように、「同僚の教師と学び合って成長する」ことは、調査対象とした4校の実践研究校の実態調査が証左している[6]。

第3に「対話型授業の学習効果を高める手立ての創出」である。実践研究校の調査・分析からは、教師集団が対話型授業の質的な向上を希求し、創意・工夫した実践研究から導き出された数多くの具体的手立てが発見できた。

各学校で開発・活用した対話型授業の具体的な方途は下記に分類できる。

1　対話の基礎力の育成：思考スキル・対話スキルの習得・対人能力スキル　多様な対話体験の蓄積
2　環境設定：聴き合う関係　受容的雰囲気
3　話題設定：多様な視点から論議が可能な話題　問の生起
4　対話の組織化：自己内対話・他者との対話、事象との対話、ペア・少人数・学校全体　意図的対話集団づくり
5　思考の深化、視野の拡大及びその継続：差違や対立の活用　教師の揺さぶり　時間の活用（沈黙・混沌・混乱）イメージ・共感力の錬磨と活用
6　模倣の学習法：教師による説明　映像資料　モデル演技
7　振り返り・省察：自己成長・変革の自覚　書くこと想起すること

次節では、実践現場から導き出される多彩な実践知を整理・分析し、実践研究から導き出される「グローバル時代の対話型授業の要件」を探究していくこととする。

第2節　グローバル時代の人間形成を希求する対話型授業の要件

理論研究から抽出された対話型授業の要件と、実践研究校の調査・分析か

ら導き出された実践知を、整理、統合して「グローバル時代の人間形成を希求する対話型授業」の要件を明らかにする。

既に理論研究においては「グローバル時代の人間形成を希求する対話型授業」の要件をもとに 10 の要件（視点）を抽出している。そこで、ここでは、調査対象とした各学校の対話型授業の実践研究から導き出される具体的な手立てを再検討する。その目的は下記である。

1 つめは、理論研究から抽出された対話型授業の 10 の要件の妥当性の再確認である。各要件に対応した実践の手立ての出現頻度により、要件の必要性が実践研究の調査からも担保できる。

2 つめは、実践研究から紡ぎ出される独自の対話型授業の要件を析出することである。理論研究から抽出された対話型授業の 10 の要件に収まらず、しかも実践研究において重要な学習の手立てを発見し、整理し、実践研究から導き出される「グローバル時代の対話型授業」の新たな要件とする。

1　実践研究から導き出される具体的手立て

調査対象校 4 校の実践研究から導き出される「対話型授業推進のための具体的手立て」を各学校の実践研究の調査記録から抜粋し、第 4 章の実践研究の分析に用いた 10 の視点ごとに整理する。**表 5-1** は、実践研究から導き出される具体的手立ての一覧表である。

調査結果から次の点が明確にできた。

第 1 は、本研究の理論研究から析出された 10 の要件の妥当性である。個別の学校の実践研究には重視する要件に差違はあるが、対象校全体の実践研究の調査結果には、すべての要件に、対応した実践の手立てが出現していた。このことにより各要件の必要性・妥当性を確認したといえよう。

第 2 は、調査対象とした各学校が、それぞれに創意・工夫し、さまざまな学習の手法を開発し対話型授業の実践研究を進展させてきたことである。

第 3 は、実践研究から導き出される、対話型授業に関わる新たな要件の析出である。10 の要件では収まりきれない、実践上の工夫があり、それらを整理・統合することにより、実践研究から導き出される新たな要件を析出できる。

表 5-1　実践研究から導き出される具体的手立て一覧

① 対話の活性化のための物的・人的な受容的雰囲気の形成

A校	全員の対話力を高めるためには個の指導を強化する　導入時の工夫
M校	対話したくなる環境づくり 児童の融和的人間関係を醸成する活動 縦割り班活動　多様な人々（高齢者、障害者、幼児等）との交流、手紙交換 地域の豊かな自然の活用 　自然の中での気づきを共有する体験学習、草木や虫の感触、花の香りや風を感じたこ 　とは、自己の体験を語るときの材料とし、表現の工夫につなげる 子どもたちを授業前にリラックスさせる方法 良さを認め合うハッピーレター 　友だちによいところ、相手がもらって嬉しいことを書いて渡す 必ず返事を書く
K校	物的・人的な配慮による受容的雰囲気作り
MC校	挨拶の奨励　雰囲気づくりに大切さ他者への否定的・侮蔑的発言への是正

② 多様な意見、感覚・体験をもつ他者との対話機会の意図的設定

A校	意図的に設定する集団構成　立場を明確にした「対話」
M校	児童が苦手と感じていた公的な場で論議することや、たくさんの人の前でスピーチする
K校	ランダムなグループ構成
MC校	学級集団の中での多様な意見を持つ他者との交流

③ 多様性差違性の尊重、対立や異見の活用による思考の深化と視野の拡

A校	「ズレ」や「迷い」を生かす　子どもの表情やつぶやきを見逃さずに拾い上げる 自分とは違った見方や考え方に触れたり，予想外の結果をていねいに解釈したりする 「新たな気付き・発見」「新しい見方や考え方」「対話」を生む課題設定 　価値ある課題とは次のようなものであるととらえている。 　・協働する必然性や必要感を子ども自身が感じている課題 　・多様な思いや考えが引き出され、知的葛藤が生じるような課題 　・単元あるいはその1単位時間の授業のねらいの達成につながる課題 　・その教科等の本質を踏まえた課題
M校	社会を変える対話
K校	自他の違いに気づき、関連付けたりして、自分の思いを再構築していく 認め合う集団づくり、考えを揺さぶる発問、思考過程を書かせる 　A　自分と友達の考えを比べながら共通点や相違点に気付く 　B　自分の考え方を振り返りみつめなおす 　A　自他の思考や心情を表現しようとしていること 　B　他者の思考を推察し理解していること 　C　他者の心情を共感的に理解していること

第5章　グローバル時代の人間形成を希求する対話型授業の提示　209

K校	A　課題解決への意欲をもつ
	B　比較・分類・関連づけの視点をもつ
	C　言語を視覚的に支える表現の場である
	A　互いに考えを補い話し合いをしていること
	B　自己の成長に気付いていること
	C　話し合う視点が明確になっていること
MC校	正解の追求でなく論議にする工夫

④　自己内対話と他者との対話に往還による知の共創

A校	「内言」と「外言」を明確にし、その往還が深い思考を生起させ、変容した自己と出会う 自己の成長と変容を自覚 互いの見方・考え方を交流し合うことを繰り
M校	さまざまな対話の形態を組み合わせる「システム化」
K校	「聞く」および「見つめ直し合い」 ペア及びグループなど様々な学習形態や授業者の意図に合わせて、抽出児や抽出グループを設定
MC校	自分の見方や感じ方について想像を働かせて見ることを主とし、さらに他者との意見の分かち合い活動を通して、自分と他者との価値観の違いに気づき、自分の本当の価値をつくりだす

⑤　沈黙の時間の確保や混沌・混乱の活用による思考の深化と視野の拡大

A校	「対話」の可視化　思考を深める自己再組織化の時間の重視
M校	読書の奨励
K校	思考の過程を書かせる　考えの方向性が定まらず立ち止まって考えようとしている状態を思考の深化のときと位置づけており、沈黙の時間が活用されているとイメージできる
MC校	関連記述なし

⑥　対話への主体的参加を促す工夫

A校	子どもの思考を画一化しようとせず、個々のもっている個性や資質・能力を生かす。単元の導入の工夫　単元の見通しをもたせる
M校	緊張をほぐし、自然に学習に入っていける雰囲気づくり
K校	問題設定や掲示の工夫、相手の意図を明確に把握するための一部として共感・イメージ力
MC校	自信の無い発言できない生徒への対応、発信力を鍛える活動として、各教科からの推薦をもとに、発信力のある生徒を評価し、表彰し、通知表の諸活動欄に掲載する

⑦　グローバル時代の対話としての批判的思考力の活用

A 校	批判や異見、対立を活用
M 校	体育美術での活用
K 校	考えを整理する　まとめる　分からないことを知る　つながりを考える　別の考えを探る　はっきりさせる　理由づける　考えをよりよくする　根拠を確かなものにする　選択する　考えを絞る　様子をとらえる　可能性を検討する　発想を広げる　矛盾を解消する等
MC 校	関連記述なし

⑧　非言語表現力の育成と活用

A 校	生活科では言葉、絵、動作などの方法で表現しながら「対話」する活動を重視　音声言語だけではなく、黒板や電子黒板を利用したり、ノートの記述内容や実物、模型などを提示したりすることと組み合わせて発表　（理科）
M 校	参加型掲示物（付箋を使って自由に参加できる掲示物）　日常的に自分たちが掲示物をつくる活動
K 校	クリティカル・リーディング（特別活動）
MC 校	言語で説明することで、かえって崩れてしまう面もある

⑨　他者の心情や立場への共感・イメージ力の錬磨と活用

A 校	思考力や想像力及び言語感覚
M 校	NG ワード・OK ワード（人を傷つける言葉、温かくする言葉を整理し、意識させる）
K 校	互いに他の思いや考えを受けとめ伝え合うことにより、互いの学びに影響し合っていく相互作用
MC 校	共感（国語）五感を使っての応答（体育）

第5章　グローバル時代の人間形成を希求する対話型授業の提示　211

⑩　対話の基本技能の習得と活用

A校	対話における自らのコーディネート力を高める
M校	音読・暗誦・漢字の読み書きなどの基礎的な力の定着 1分間スピーチ　内なる対話　追求型対話　ブレーンストーミング　ディベート 百冊読書の木　「おすすめ本」紹介カード　読書週間　アニマシオン エプロンシアター　読み聴かせ　書く活動 徹底した添削指導　吹きだし法　手紙　漢字練習　スピーチ聴き取りワーク 対話の基礎となる活動の重視 　対話に自信のない児童には、対話の基礎となる活動をさせることが大切との考え方から、「声を出す」「考えを話す」「よく聴く」「じっくり読む」「思いを書き表す」など、語彙を増やし表現力を高めるための学習や常時活動を行っている ○暗唱 　今月の詩、早口言葉、俳句、干支、二十四節季、春夏の七草、八高線の駅名、百人一首、漢字歌の暗唱を、朝の時間や授業の初めに行っている。声を出すことへの抵抗をなくし、和やかな雰囲気をつくっている ○対話型ゲーム 　話すこと、聴くことのスキルアップゲーム、自信をもって表現し、友達の考えを受け入れる雰囲気作りゲーム等、簡単で楽しい活動を展開するようにしている ○スピーチ 　イメージマップの活用、スピーチメモの習慣化、話法の工夫や補助資料の準備、テーマ設定の工夫（身近な話題、聴いてほしいこと等）
K校	○「聞く」の機能を下記に分類した 　相手の思いや考えについて意見を問う（聞く）　相手に話に耳を傾ける（聴く） 　相手の考えに質問する（訊く）　考えの構築に影響を与える（利く） ○「聞き合い」の働き（例）を検討した。 　情報を集める　解を探る　考えの成否を確かめる　考えをもつ　考えを共有する 　「見つめ直し」の中で起こる考えの再構成を以下のようにとらえる。 　　・合成する（複数の考えを組み合わせ新たな考えをもつ） 　　・選択する（複数の考えから妥当と思われる考えを選ぶ） 　　・強化する（理由や根拠を加え、考えをより確かなものにする） 　　・補充する（考え方や理由などに不十分な面を補う） 　　・視点・観点を増やす（事物・事象を違う視点・観点でとらえ直す）
MC校	関連記述なし

2 グローバル時代の対話型授業の要件

　調査対象とした4校の実践研究の調査・分析から、理論研究から抽出した10の要件の妥当性が担保された。他方、調査対象とした学校の実践研究からは、10の要件以外にも対話型授業の研究実践に重要と指摘されている次の2つの事項が析出された。

　まず、「対話による思考の深化を継続する方途の工夫」である。A小学校における「思考を深める自己再組織化の時間・継続・連続する対話による思考の深化」を重視した実践研究、K小学校の「『受け止め合い』と『見つめ直し（再構築）』の繰り返しによる、思考力・判断力・表現力」[7]の育成の方針が、その具体例である。対話型授業は概ね次のプロセスで展開される、①問題意識をもち、対象に働きかけようとしている段階、②試行錯誤しながら、自分の考えをつくり上げている段階、③自分の伝えたい、友達に聴いてみたいという切実感、必要感がある段階、④互いの考えを知り合う段階、⑤自分とは異なる出会いに心揺さぶられる段階、⑥新たな自分の考えを再組織化する段階である。思考力を深める対話を活用した授業では、自己完結せず、①～⑥の段階を繰り返す[8]。ひとつの結論が更なる課題を生起させ、「次々」と深い思考、広い視野へと導いていく、A小学校やK小学校で重視してきた「対話により思考の深化を継続する方途の工夫」は、拡大・深化・継続していく対話型授業の方向を示している。

　次に全学校で大切にし、取り組んでいる学習の「省察・振り返りの重視」である。

　A小学校では、振り返りの時間を保証し、学習内容の確認と自己成長の機会としている。M小学校やMC中学校でも、「授業後の振り返り」を重視している。A小学校では、自己の意見の再組織のための時間を設けている。振り返り・省察は、既習内容を確認し、次に学習への目的意識を高める。また対話に関わる自己評価の機会とも成る。対話型授業において重視すべき事項といえる。

　これらは実践研究から新たに紡ぎ出された「グローバル時代の対話型授業」

第5章　グローバル時代の人間形成を希求する対話型授業の提示　213

の要件である。

　本研究では、理論研究から抽出され、実践研究により妥当性が確認できた
10 の要件と実践研究により重要とされた要件を融合させ、教育現場で分か
りやすい表現とし、下記の 12 を「グローバル時代の対話型授業の要件」と
した。

　　1　受容的雰囲気の醸成

　　2　多様な他者との対話機会の意図的設定

　　3　多様性の尊重、対立や異見の活用

　　4　自己内対話と他者・対象との対話の往還

　　5　沈黙の時間の確保や混沌・混乱の活用

　　6　対話への主体的な参加を促す手立ての工夫

　　7　批判的思考力の活用

　　8　非言語表現力の育成と活用

　　9　他者の心情や立場への共感・イメージ力の錬磨と活用

　　10　思考力・対話力に関わる基本技能の習得

　　11　思考の深化を継続する方途の工夫

　　12　学習の振り返り、省察

第3節　対話型授業の実践開発研究校による実践研究の検証

　本節では、前項で設定した「グローバル時代の対話型授業の要件」の有効
性・妥当性について協力校で研究授業を実施し、検証する。

1　調査・検証方法
(1)　対象校および配慮事項

　調査対象校は新たな協力校を依頼し、対話型授業の実践に取り組んでいる
3 校とした。対象校はそれぞれ、国語科・算数・持続可能な開発のための教
育の実践研究に取り組んでいる下記とした。(　) 内は検証授業の教科名で

ある。

　　　対話型授業の研究校（国語）東京都の区立 S 小学校
　　　持続可能な開発のための教育の実践研究校（図画工作）東京都の区立 Y
　　　小学校
　　　対話型授業の研究校（算数）栃木県の町立 MM 小学校

　客観性をできるだけ担保するため複数以上の観察者（協力者）の参加を原則とした。各学校の分析にあたっては、大学院教授 1 名、大学院生 2 名、各校の研究主任、研究推進委員 2 ～ 4 名が参加し、実施し、また確認してきた。

　新たな協力校における論者の立場は、各学校の実践研究の観察・分析者であるとともに、それにとどまらず、研究実践への介入者、協働者の立場と位置づけている。論者自身が 3 年以上の長期にわたり調査対象校の実践研究に継続的に参加し、教職員との信頼関係を構築してきた。

　調査・分析にあたっては、実践研究の実相・学習現場で生起した事実とそ意味を正確に捉えるため、授業の計画段階から参加し、また授業参観し、事後の検討会にも出席してきた。授業者の慰労会など非公式な会にも参加し、率直な語り合いを心がけた。

　なお、本研究への掲載については、各学校の校長・授業者の同意を得ている。

（2）調査方法

　具体的な調査・分析の方法は次によった。

　授業参観をした。検証授業の学習案の企画段階から参加し、検証授業を参観し、また授業後の研究協議会にも参加した。

　校長・研究主任・授業者・研究推進委員への聴き取り調査を行った。実践の意味を明確にするため、実践直後のみでなく、一定の期間を置いての聴き取り調査も行った。

　文献調査として、研究委員会・研究協議会の記録、学習指導案、授業構成メモ、授業記録・観察記録、児童の学習の記録、授業者の省察文を調査・分析した。

　また電子メールでの往信・電話での情報交換を頻用し、授業で生起した事

第 5 章　グローバル時代の人間形成を希求する対話型授業の提示　215

実をできる限り正確に把握するように努めた。

(3) 調査・検証の視点

前掲した 12 の要件を調査・検証の視点とする。各視点について授業計画の段階で指導上の工夫をなし、授業で実践し、児童の反応を参観、記録し、有効性を検証する。

2　研究授業による調査・検証

グローバル時代の対話型授業の 12 の要件を活用した検証授業を実施し、設定した 12 の要件の妥当性を考察した。

(1) S 小学校

1) 学校の概要

S 小学校（仮称）は、東京都の区立小学校、学校規模は 21 学級　児童数 650 名（調査日）である。東京の山の手地区にあり、文人墨客の住居跡が多数ある。私立中学への進学率が高い学校でもある。

同校の研究テーマは、「仲間と共につくる豊かな学び―『対話』を通して思考力を深める授業づくり」であり、各教科における対話型授業の実践研究に取り組んできている。

筆者は研究協力者として、平成 24（2012）年〜 28（2016）年度までの 4 年間同校の対話型授業の実践研究に参加してきた。また、実践授業後に**表 5-2** の通り聞き取り調査を実施した。

表 5-2　S 校での聞き取り調査の概要

年月日 時刻	調査 対象者	場所	主な聴き取り内容
2015.9.18 16-18	授業者	校長室	国語科の検証授業後の省察 グローバル時代の対話型授業の 12 の要件の妥当性・有効性

2）検証実践事例の概要

4年生国語科の「夕鶴」の読解の授業（2015年9月11日5時間目）である。

授業者R教諭は国語科教育を専門としている、実践研究に真摯に取り組む教職経験15年の教諭である。以下はR教諭の学習指導案からの抜粋である。

① 対話を活用した授業の基本サイクル

サイドラインを引き考える。（自己内対話）グループで話し合う。（他者との対話）

学級全体で話し合う。（他者との対話）・再組織化した自己の考えを書く。（自己内対話）

② 読解の授業で対話を生かす配慮事項

- 読みの浅い傾向にある児童には自己内対話の際に個別指導を行い、叙述に気づかせる。
- グループの対話の際に、個々の考えを生かせるよう、助言を行う。
- 全体での対話の際に、一定の結論にとどめず、再度全体をゆさぶる手立てを工夫する。
- 他者の意見に啓発されることにより、読解が深まっていくことを児童自身が感じられるように工夫する[9]。

R教諭は、対話場面で工夫した点について「初発の感想で『よひょう』について批判的な意見が大半の中、Y児だけが『よひょうがかわいそう』との感想を記した、授業者はこのY児の感想を生かして深い読み取り」を進行させることとした。そこで全児童の初発の感想を印刷して配布し、さまざまな読み方があることを知らせてから授業を展開させた」と語っていた[10]。

このY児の他の児童とは異なった意見を活用することにより，論議が活発化したようすを授業記録から紙上再現する。（　　）内はR教師の語る工夫点である。

○ 対話場面「約束をやぶってしまったよひょうと布を織るつうの気持ち」を話し合う。

対話を深めるための対話場面の前の工夫として、次の2つの学習活動をさ

せた。その1は、約束を破ったよひょうと布を織り続けるつうの心情がわかる叙述にサイドラインを引き、表にまとめさせた（自己内対話）、その2は、班で話し合ってホワイトボードに考えをまとめさせた（他者との対話）。

この作業に後に、全体で話し合いを行った。（他者との対話）

全体での意見の出し合い（主な発言）

T：よひょうとつうの気持ちを深く考えてみよう。気がついたことを出し合おう

C：よひょうは好奇心でのぞいた。どうやって織っているのか知りたかったか。

C：何度ものぞいちゃだめと言われたら、のぞきたくなってしまう。

C：早く都に行きたくて待ち遠しかったからという気持ちもあると思う。

C：いや、つうがだんだんやせ細っていくのを見て、心配だったと思う。夜中になっても織り続けているから。

C：自分の思いがつうにわかってもらえなくて、いらいらしてしていたこともある。

T：つうの気持ちどうだったのかな、のぞかれたのを気付いていたのかな（沈黙の時間）

C：気づいていたけど、よひょうのために最後の力をふりしぼって織り続けていた。

C：もう最後とわかって織っていた。最後まで織って最後の恩返しにしようと思っていた。

C：「いつもより心をこめて織った」と書いてあるよ。別れの気持ちをこめていたと思う。

T：つうはなんで鍵をかけなかったのだろう？（揺さぶり）

C：よひょうを信じていたから。

C：見られても織り続けようと思っていた。

T：つうがいなくなってしまって、よひょうは何を感じただろう。（揺さぶり）

C：探し続けているから、切ない、よひょうはまだつうを大好きだと思う。

C：約束を破ってしまって反省やすごい後悔の気持ち。さびしくてしかたな

かった[11]。

この授業記録には、自己内対話と他者との対話の往還、沈黙や教師による揺さぶりに効果によって、論議が深まっているようすが見て取れる。

3）12 の要件の有効性の検証

R 教諭の授業終了後、授業研究協議会が開かれ、「授業計画の段階に工夫した手立て」「実際に授業場面での児童の反応」について話し合われた。

表5-3 は、授業後の検討会での論議をまとめたものである。

R 教諭の国語科の授業は、12 の要件を念頭に、授業を企画した。国語科の特質を生かし、自己内対話としての個人の読みと、主人公の行動についての他者との対話の往還、ことに異なった意見を重視し、対話をさせることにより、作品を深く読解させていた。

R 教諭は個々の児童の読みの変化を座席表に 3 色の色で記録している。この一覧表を見ると、個別また学級全体に児童の読解が深まっていることが分かった。同教諭の一人ひとりの児童の読解力を深めるための工夫であった。

グローバル化の進展による、多文化共生社会の到来は、異質な文化・価値観を持つ人々と共存・共生することを日常化させている。こうした社会においては、皮相的・形式的な対話ではなく、異見や対立をむしろ生かし、論議を深め、より高次な叡智を生起させていく対話力が必要となる。

本検証授業では、個々人の着想、発見・気づきなどが生かされつつ、参加者が相互に啓発し合うことにより、新たな解や智恵が次々と探究されていく深層性ある対話が生起され、それが学習目標を高次に達成させていた。と同時にグローバル時代の対話力を高めていく授業といえる。

4）授業者の省察

授業者 R 教諭は，論者の聴き取り調査に対し、次のように語っていた。

子どもの変化について「学級の多くの児童が Y 児の意見を受け入れていき、よひょうを好意的にとらえる読みが広がっていった。よひょうは金のために、つうへの気持ちを変えたと初めの感想に書いていた児童が、『よひょうのつ

うへの愛情は変わりない』ということに気づいた」。

　12 の要件の有用性については、「12 の要件があることで、対話型授業が組み立てやすくなった」、「『沈黙や揺さぶり』が効果的だった。深い自己内対話・他者との対話を往還させつつ、教材と対話させることにより、事実として、児童は読解を深めていた。その際、ズレの活用や教師の発言への対応力が重要であった。こうした深い読み取りができたのは、12 の要件を教師が意識していたことが、Y 児だけが『よひょうがかわいそう』」と記した初発の感想の意味を追求し、その過程で自己内対話を繰り返し、他者との対話では（揺さぶり）をかけ、深く読解させる学習活動につながった」と語った[12]。

　また、R 教諭の授業後の反省記録文には、「子どもたちは，通常は一定の結論になると、それでよいとなってしまう。今回の授業では、12 の視点にあるような、雰囲気作り、自己内対話と他者との対話の交互の活用、沈黙・混沌の時間を大切にしたこと、異見の重視、また批判的思考の大切さなどについて、教師が意識し、また子ども達にも説明しておいたので、よひょうの行動について、次々と意見がでたり、自分の考えを変える子たちもでてきた。12 の視点を授業の途中でもみながら進めて、論議を深めることができた」と記されていた[13]。

　国語科の検証授業において、「グローバル時代の対話型授業の 12 の要件」の有効性が確認されたと受けとめられる。

表 5-3　S小学校の検証授業（国語）の分析

	学習指導の手立て	児童の反応・効果	授業後の検討会での論議に集約
①	これまでの学習場面を朗読して物語の世界に入りやすくする。全児童の初発の感想を印刷して配布し、さまざまな読み方があることを知らせてから授業を展開させた。	集中して教師の範読を聴きながら、本文を読んでいた。	朗読の効果があった。初発の感想の配布により論点が明確になった。
②	多様な話し合いの形式で論議させた。	小グループでの話し合いが、学級全体の論議につながっていた。	二人組の話し合いが重要ではないか。
③	主人公「よひょう」についての「よひょうがかわいそう」との異見を活用し、論議を深めるようにした。	学級の多くの児童がY児の意見を受け入れていき、よひょうを好意的にとらえる読みが広がっていった。よひょうは金のためにつうへの気持ちを変えたと初めの感想に書いていた児童が、「よひょうのつうへの愛情は変わりない」ということに気づいた。	Y児が、自分の意見をきちんともち、その理由を語っていたことが、論議を深めた。
④	サイドラインを引き考える。再組織化した自己の考えを書く等の「自己内対話」とグループで話し合う。「学級全体で話し合う」の「他者との対話」場面を意識的にとり入れた。	サイドラインを引くことで自分の考えが明確になり、また他者との対話により、考えが変化していくようすが見られた。	深い自己内対話・他者との対話を往還させつつ、教材と対話させることにより、児童は読解を深めていた。
⑤	沈黙・混沌の時間を確保した。	子供たちが、考えを深めたり、意見が多様な場面では、意図的に時間を取るようにすると、一人で考えこみ、また混沌・混乱の状況からポツリポツリと意見が出ていた。	教師が「待つ」時間が子どもの思考を深めていることを自覚したい。

第 5 章　グローバル時代の人間形成を希求する対話型授業の提示　221

	学習指導の手立て	児童の反応・効果	授業後の検討会での論議に集約
⑥	読みの浅い傾向にある児童には自己内対話の際に個別指導を行い、叙述に気づかせた。	一人ひとりが思考を深め、意見を出そうとしていることが見とれた。	個別指導は、効果的であり、対話への能動的態度をつくっていた。
⑦	気付いたこと、考えたことを率直に発言することを事前指導した。	対話場面で、さまざまな意見が出ていた。	批判的思考の基礎は育ってきている。
⑧	ホワイトボードの活用	ホワイトボードに書き込む時に、新たな考えがだされていた。	書くことが思考を深めていた。
⑨	朗読や黙読の活用	朗読や黙読により、主人公の心情をイメージ・推察しようとしていた。	国語は、文章から読み取る教科であるが、共感・イメージ力が深い読解をもたらす。
⑩	日常的な、聴く・話す・対話するスキルの習得	対話を深める、さまざまな対話スキルの活用が見られた。	論議を深めるスキルは今後も開発し、活用させたい。
⑪	読解を深める場面では、意図的に「ゆさぶり」をかけた。	Ｔ：つうはなんで鍵をかけなかったのだろう？Ｔ：つうがいなくなってしまって、よひょうは何を感じただろう。この発問によって、子供たちは黙り込み思考を深め、やがて意見が出だし、読解を深めていった。	一定の結論にとどめず、次々と思考を深化させ、視野を広げさせていた。今後、子供たち自身が揺さぶりをかけるようにしたい。
⑫	授業を 3 つの視点から振り返らせた。○主人公の「よひょう」の言動○本教材のテーマ○学習へ各自の参加	子供たちは国語のノートに 3 点について真剣に記していた。深い読解をしたことが、振り返りの記述を充実させていた。	児童の読みの変化を座席表に 3 色の色で記録している。個別また全体の児童の読解が深まっていた。

(2) Y小学校

1) 学校の概要

Y小学校は、東京都の区立小学校である。学校規模は、18学級 児童数は440名である。地域は東京の下町地区にあり、江戸時代からの神社や老舗があり、地域の人々との交流が活発な学校である。研究テーマは「〜対話によって学びが深まる授業づくり〜」である。

筆者は研究協力者として、平成24（2010）年〜28（2016）年度まで6年間に渡り継続して同校の持続可能な開発のための教育の実践研究に参加してきた。

Y小学校の実践研究の経緯と概要について、同校のT校長（6年間在任）は次のように記している。

「本校では、ESDの持続可能な社会づくりという視点から、教科・領域の学習活動と関連づけて指導を進めようと、ESDカレンダーを作成し、毎年改良を重ね、新しい単元開発や同じ視点に分類された学習内容を教科横断的につなぎ合わせること 本校独自の『学びに火をつける』という導入の工夫を中心に、新たな学習づくりの可能性が拡がってきている。また、育てたい力を明確にした評価基準を作成し、問題解決で育てたい力・ESDで育てたい力を低、中、高学年ごとに定めることで、学習過程と 評価の関係が 明確になった。ユネスコスクールに加盟し、グローバル時代の人間形成を希求し、ユネスコスクールの4つの視点・環境の教育・多文化理解・国際的な協力・人権、命の教育を意識した授業展開を行ってきた」[14]。

Y小学校で実施されたグローバル時代の対話型授業の12の要件についての検証授業の概要は以下の通りであった。

2) 検証実践事例の概要

授業者C教諭は、経験年数7年の美術科を専門とする明朗快活な若手教員である。2015年から研究推進委員となり、同校の実践研究の中核となっている。

① 3年生授業、単元名「ペーパー　つむつむ」

② 授業の概要

　グループで協力して、工作用紙を使って、できるだけ高い塔をつくる。

　工作用紙を切ったり、曲げたり、つないだりは自由なアイディアを出し合い塔をつくっていく。60分の授業とする。終了時に、お互いにつくった塔を鑑賞し合う。

　C教諭は配慮・工夫した事柄について。「図画工作での対話なので、言語で語り合うよりも、互いの作品を眺めながら、相互啓発していくことも対話とする。また、作業をしやすいように場所を広い体育館とした。また、さまざまな素材や道具を準備してアイディアがたくさんでやすいようにした」[15]と語っていた。

　次頁の**表5-4**は、Y校での実践の分析内容である。図画工作の授業であり、教材との対話が重視された。教材である厚紙に質感、手触りとしっかり感得することから授業が開始された。他者との言語表現による対話よりも、互いに作品を見て、啓発される広義の対話、非言語対話が多用されていた。工作の基本のスキルの習得が次のステップへと高まっていく基盤とされた。授業の途中で、次々と課題を与えたり、気づきや発見をさせることが、塔づくりへの意欲を高めていた。体育館での授業であり、広いスペースが使え、さまざまな活動をするのによい学習環境であった。

表 5-4　Y小学校の検証授業（図画工作）の分析

	学習指導の手立て	児童の反応・効果	授業後の検討会での論議に集約
①	・体育館の前方に児童を集め体育座りをさせ、指導者が同じ視線で、課題を理解させ、材と出会わせた。 ・児童同士を近い距離に座らせたことで作業しながらも話しやすい雰囲気を作った。	・工作用紙を触らせる、体育館で活動をするなどどんな学習をするのか自由に試行錯誤できる雰囲気ができた。 ・児童同士が近い距離にいたので、材と向き合ったり、活動しながら相談しやすかったりした。	工作用紙を触ったり、どのような扱い方があるのか一人で考えたりすることで学習に対する意欲が高まった。
②	・個人の作業に限定せず、少数グループでもよいとの場を設定した。	・個人でもよいし、自然発生的にグループになってもよいという、多様な他者との対話の機会ができた。	教師の指示を意図的に減らし、子供同士の対話の機会を増やした。
③	・タブレットを利用して、多様な考え方（作戦、手立て）を見せた。	・タブレットで他者の考えを知ることや、当初試行錯誤したものを自由に見られるようにしたことで、色々な意見がぶつかる場面の設定ができた。	他の考えを知ることで、さらに自由な発想、個々の多様性が生じた。
④	・一人で考える時間を確保し、授業の途中で意図的に中断させ、周りを見る余裕ができた。	・一人で考る時間をとったり、複数の組み合わせをすることができたりしたことで自由な思考の場面ができた。	試行の時間の中で対話の時間を確保できた。
⑤	・混沌・混乱を引き起こすような題材を設定した。 ・沈黙・試行錯誤の時間を十分に確保した。	・作業していく中で思うように進んでいかないという混沌が生じ、自分のイメージとの差に混乱した。 ・作業の時間が十分に確保されたことによって、試行錯誤しながら取り組むことができた。	児童が混沌（葛藤）としながらも取り組んでいることの良さを大事にしていた。
⑥	・作戦タイムを設けることで自分の考えをもたせ、また、考えを共有することで活動への意欲を持たせた。 ・個別に声をかけ、褒めたり、助言をしたりして、個々の活動を広げる。	・自分の考えをもったことと他の考えを知ったことで、どの児童も意欲的に活動することができた。 ・個別に声をかけたことで、意欲が続いた。	指導者が、児童の間を回りながら声をかけたることで、モチベーションが高まり、能動的な授業参加を促した。

第5章　グローバル時代の人間形成を希求する対話型授業の提示　225

	学習指導の手立て	児童の反応・効果	授業後の検討会での論議に集約
⑦	• 作業をいったん中断させ、周りの進行状況を見せた。	• 他のグループの作成状況を見ることを通して、自分との違いを知ることができた。	つくったものや、どのような考え方があったかを相互批評させた。
⑧	• 非言語表現力の育成と活用 • 活動する中で非言語表現が育成された。	• 夢中になって活動することができた。	非言語表現が生かされていた。
⑨	• タブレットの活用により、イメージを膨らませる工夫をした。	• 他のグループの様子を見ることでイメージが膨らみ、それをどのように取り入れるか等の活用につながった。	作業時間の合間にタブレットを使うなどして他のグループのイメージを取り入れられた。
⑩	• 図画工作科の既習の技能スキルの習得	• 創作活動の中で、基本的なスキルを想起したが全て活用するまでには至らなかった。	高さを過剰に意識させたため、スキルの活用が少なくなった。
⑪	• 活動の中盤・終了後に自分たちの結果だけにこだわらせないよう、みんなが工夫したことを直接見せる。	• 2段階目に移るときの思考を深めるための手立てが不十分であったため、ある程度のところで満足するか、あきらめてしまうか、それ以上を求めることができなくなってしまった。	もっと工夫したい、進化させたいという子供の意識を呼び起こすような手立てが必要である。
⑫	• 自分のつくったものや友達がつくったものを見合った。 • 写真を撮って、次回への意欲へとつなげた。	• 他のグループのつくったものを見る時間が十分にとれなかったので、他の作品を味わえなかった。	最終的な制作物だけで振り返るのではなく、形や工夫のおもしろさに目を向けさせるとよい。

3）授業者の振り返り

Y校では以下の表の通り聞き取り調査を実施した。

表 5-5　Y校での聞き取り調査の概要

年月日 時刻	調査 対象者	場所	主な聴き取り内容
2015.9.17 17-18	授業者	校長室	図工科の検証授業後の省察 グローバル時代の対話型授業の 12 の要件の妥当性・有効性

　C教諭は筆者の聴き取り調査に、「対話型授業をつくるときに 12 の要件は有効であった。たとえば、自己内対話と他者との対話を持ち込む、次々と思考を深化・継続することを教師が意識すると、深まりある学習活動ができた。ただ、美術では、自分のイメージ力が重要なので、ことばにしないことも共感・イメージすれば交流である等の対話の概念を広くとる必要があった。その共感・イメージさせるためにタブレットによる作品紹介は効果があった。また、美術における対話では、『対象、素材』との対話が創作の深く関わっている。体育館での活動は、広いスペースがつかえ、子どもたちの活動が活発にできた。意図的グループ編成は，予想以上に仲よく活動していたので、今後もさまざまな組み合わせで学習させたい」[16] と語っていた。

　授業後の反省文に「図画工作科における『対話』について、少し検討する必要がある。材との対話は図工科の特色であり、その意味を深めてみたい。図工において、思考を深めていくとはどういうことかも検討したい」[17] と記していた。

　図工科の検証授業において、「グローバル時代の対話型授業の 12 の要件」の有効性が確認されたと受けとめられる。

（3）栃木県 MM 小学校

1）学校の概要

　MM 小学校（仮称）は、栃木県の町立小学校である。学校規模は 6 学級、児童数は 150 名である。栃木県中央部の農村地帯の学校である。

研究テーマは「楽しく算数を楽しみ、思考力を高める児童の育成―対話を活用して―」である。

同校は、対話を活用し、算数科における思考力の育成を実践研究してきた。筆者は研究協力者として、平成 24（2012）年〜 28（2016）年度まで 4 年間同校の授業研究の立案・実施・検証に参加してきた。

2）検証実践事例の概要

授業者 A 教諭は、算数科を専門とする教員歴 20 年の中堅教員である。同校の実践研究の中心者であり、研究実践の推進者である。真摯な人柄で、算数科学習法、及び対話についての文献を読み、また常に学習指導の方法を研鑽している。

検証授業は 3 年生「わり算の筆算」を行った。かけ算やひき算の学習と、操作や図・式を相互に関連付けて、自分の考えを説明したり話し合ったりしながら、わり算の意味理解と式表現の知識を獲得する姿を目指す学習展開である。

A 教諭は、児童の思考力を高めるための工夫として、問をもたせる、学習の見通しをもたせること、既習事項を活用すること、作や図・式を相互に関連付けることを提示した[18]。

筆者は、授業を参観したが、3 年生の児童が、次々と自分たちの考え方を出し、友だちに説明する。その思考の多様性に驚かされる。既習事項の確認、本時の課題の明確化、問いと学習の見通しをもたせることの重視など、算数科の学習の基本と、グローバル時代の対話型授業の要件が結びつくことにより、思考力を高める対話型授業が展開されることを検証した授業であった。

表 5-6　MM 小学校の検証授業（算数）の分析

	ア　学習指導の手立て	イ　児童の反応・効果	ウ　授業後の検討会での論議に集約
①	・グループ学習の意義を伝える。 ・個々の問や迷いを尊重する。 ・これまでの学びの足跡の確認	・多様な意見が尊重される雰囲気が出来た。 ・思う存分試行錯誤し、それが歓迎される雰囲気ができた。豊かな算数的活動の体験が保障され、思考の根拠、土台となるものが形成される。	どんな考えでも、途中でも、きちんと受け止め出し合うことができる雰囲気と人間関係作りが、対話の質も向上させる。
②	・多様な立場や考えをもつグループでの意見の出し合い。	・説明が分からない友になんとか分かるように工夫する。 ・当初は遠慮がちだったが、時間の経過とともに語り合いが増加してきた。	思考の差違が深く学ぶ機会となる。意図的に多様なグループづくりをしていた。
③	・個々の子どもによって、得意が違う。まず「問い」を共有し、答えの出る過程を多様な視点から探究させる。 ・考え方の「ズレ」を活用させ、自分の方法との違いに出合わせる。	・自分とは考え方の違う解法に、戸惑ったり、理解できずにいたりする子たちもいたが、やがて「分かる」と感動していた。 　説明者は、図示したり、数式にしたり様々な手立てで分かってもらおうとしていた。	基礎を学ばせてから思考を深めていた。 多様な考え方をぶつけ合わせるためには、「思考のスキル」を習得させる必要がある。
④	自分の考えをもたせる。 書くこと、ノートづくりをさせ、その時間をとる。自分の考えをグループの話し合いで「コミュニケーションボード」に互いに書き込み、交流する。	・自他の考えを交流する場面で、自分の考えを説明しながら、新たなアイデアに気付く姿に出合っていた。「～だから、～でしょ。…あっ、ということは～すればいいんじゃない！？」という声が出ていた。	他者との対話の前に、自分の考えを持たせることが大切。また自分の考えが新たになっていくことに気付かせていた。
⑤	間違いやすい、理解しにくい課題に合えて向き合わせた。 ・12 は 3 の 4 倍。では 3 は 12 の何倍かをどう表したらいいか。 ・「積は大きくなる」「商は小さくなる」という誤概念を活用した小数、分数のかけ算、わり算の学習。	・考え込んだり、教師に聴いたり、友だちとひそひそ声で話していたが、やがて自分で考え込みはじめた。 ・さまざまな解法が出て混乱場面では考え込み、気付くと発言する子どもの姿がみられた。	「はやく・簡単に」が重んじられる教科ではあるが、学ぶ過程を大切にする。形式的な処理で理解にならないよう、「なぜ」を問い、それを追究することを大切にしたい。
⑥	「授業は（学び）は自分（達）で創るもの」「学びの主体は自分」を伝えておく。 学びの連続性を意識させ、授業再現・継続のために、学習ノートを読み直させ、本時の課題を明確にする。	・算数ノートを読むことで、これまでの学習の経緯が分かり、また本時の学習課題が分かった。 ・考えること、問うことを連続してきた学習体験が前向きな姿勢を培っていた。	「なぜ？」「どうして？」と自他に問いかける姿勢に出合ったときは、推奨し認めることで、それらを強化する。

	ア　学習指導の手立て	イ　児童の反応・効果	ウ　授業後の検討会での論議に集約
⑦	他者の意見に対する応答の約束を習得させておく。「いいです！」で済ませない。自分との小さな相違を大切にさせる。「付け足しがあります」「同じ考えだけど、違う言い方」	・学習課題「3ケタ÷2ケタ」を「10のたば」で考える。「10でわる」ということ→「2ケタ÷1ケタ」（既習）にするということについて、友だちの意見に「つまりどういうこと？」との追求型問い、「本当？」「どうして？」：理由づけの要求「もう一度やるとしたらどの方法で考える」との別の視点の指摘、等が出された。	子供たちの発達段階に応じた応答の仕方を習得させておくことにより算数に於いて重要な批判的思考力は育っていく。
⑧	・算数技能：式、図、数直線、絵、ジェスチャを事前指導しておく。	・相手意識の表れ。聴いている友達の反応を確かめながら、できうる表現を駆使して臨む姿が相手を共感に導き、理解の促進につながっていた	うなずき、首をかしげる、目線が合う等から、理解や意欲を読み取り、授業に返していくことも大切だ。
⑨	・他の思いを知った時の「心動かされる」体験を大切にする。語れない子の「伝えたい」内容をくみ取り、「〜ちゃんが言いたいことは　○○ということだと思う」とつなぎ合う活動の大切さを事前指導。	・説明が上手ではない友達にも気持を向けて、どうしてそう考えたのか分かろうとして、聴こうという姿勢がみられた。時に、教師には分からないのに「あ〜、なるほど」「〜さんが言いたいことが分かります」という嬉しい場面もあった。	教室の一体感・連帯感：全員で一歩ずつ階段を上るように。誰一人として置き去りにしない。このことが大切である。
⑩	・対話を促進させるために必要な基本対話スキルの活用（国語科や朝の活動などのトレーニングとの相関 ・教科の特質を活かした説明の仕方を教える（図、数直線などを書きながら説明する。式とのつながりを説明する	・「なぜ78÷26の式になるのか、対応数直線を使って説明しましょう」との学習課題の提示グループでの対話で、「聴く側は、『つっこみ』や『良い反応』が大事。「どうして？」「なぜ？」「なるほど！」「とても分かり易いよ」などのスキルが生きた応答が行われていた。	概念形成、内包を知る、問題解決、外苑を広げる）に応じた思考につながる言葉（数学的思考）も習得させたい。
⑪	・小さな問題解決の繰り返しの先に理解が存在するという見通しをもたせる。	・結論が一応はでた学習課題を更に探究させる。 ・ノートを見直したり、友だちと話したりしながら新たな解法を見つけようとする姿勢が見られた。	探究の学びに没頭する楽しさを存分に感得させたい。わくわく感を体験させたい。
⑫	学習ノートに、本時で考えたこと気がついたことを書く。	授業を振り返り、分かったこと、気付いたこと、友だちの意見から知ったことなどを書いていた。	振り返りは、内在化させるための重要な時間である。

3) 授業者自評

　MM 校では授業後、授業者 A 教諭に以下の通り聞き取り調査を行った。

表 5-7　MM 校での聞き取り調査の概要

年月日　　　時刻	調査対象者	場所	主な聴き取り内容
2015.9.29　　15-18	授業者	校長室	算数科の検証授業後の省察 グローバル時代の対話型授業の 12 の要件の妥当性・有効性
2015.10.28　　15-18	授業者	校長室	グローバル時代の対話型授業の 12 の要件の同校の今後の実践研究への活用の方向

　授業者 A 教諭は、聴き取り調査に次にように語っていた。「算数科の授業では、思考の継続性が大事だと考えてきた。『問い』をもたせることを大切にしてきた。また、『思考の根拠』『土台の確認』を重視してきた。これまで何を学んできたか、それを確認し、その根拠に基づいて新たな課題に向かうのである。また見通しも重視した。今日の授業では最終的に何が解明できればよいか、問をもたせること、見通しをもたせることに留意してきた」と語っていた。

　12 の要件の有用性への質問には「対話は、思考を深めるのに有効である。とくに差違やズレを生かして論議させると思考力が深まっていった。また 30 秒間でも沈黙の時間の保証するとさまざまなアイディアがでてくる。このために 12 の視点はきわめて有効である」[19] と語っていた。さらに 2015 年 10 月に再度の訪問時の聴き取り調査では、「本校では 12 の要件を、基礎・自立・探究・協働の 4 つに分類して、今後実践研究を推進していくことにした」[20] と述べていた。

　算数科の検証授業において、「グローバル時代の対話型授業の 12 の要件」有効性が確認されたと受けとめられる。

第5章 グローバル時代の人間形成を希求する対話型授業の提示 231

第4節 対話型授業の実践研究校の実践研究の検証結果と分析

検証授業の調査・分析の結果は概ね次に集約できる。

1 検証授業の結果の集約

国語科における対話型授業、図画工作科における対話型授業、算数科における対話型授業を「グローバル時代の対話型授業の12の視点（要件）」から検証・分析した。

各学校の分析一覧表の内容を考察すると、3つの検証授業すべてが12の視点（要件）に関わる学習指導の手立てをなし、それが児童の反応に表れ、学習効果につながっていることが明示されている。また、後述するY校の検証授業後の検討会での多様な発言にみられるように、12の視点をさらに有効に生かすための工夫も示されている。

検証授業の立案段階から12の視点（要件）を考慮して、計画・実施した3校の検証授業に共通して、重視されていた事項を「環境設定」「多様な他者との対話や異質の活用による共創」「自己成長・自己変革」「思考の深まり」に集約して記す。

(1) 環境設定

3つの検証授業はそれぞれに対話の活発化のための環境設定を工夫をしていた。S小学校では、朗読を通して雰囲気づくり、Y小学校では　素材（段ボール）を触ることに素材へのイメージづくりと自由な発想がされやすいスペースとしての体育館での学習、MM小学校では「問いと見通し」をもたせることによる学習意欲の醸成をしている。また、全員が参加することへのそこはかとない配慮を基調として、人数、役割分担、学習場所、掲示物の工夫など交互に意見や感想を出し合い学ぶ雰囲気づくりをしていた。

対話の活性化に影響を与える「環境設定」が重視されていることが、3校の検証授業に共通していた。

(2) 共創

3校の検証授業で重視されていたのは、多様な他者との対話や異質の活用による新たな智の「共創」であった。S小学校では、異なる意見を生かした文学作品「夕鶴」の深い読解、Y小学校では　高い塔づくりにむけての個の発想と集団としての相互啓発　MM小学校では　算数の多様な解法を出し合うことによる論議の深まりは、多様性・異質性の活用の方向と効果を示している。

それぞれが、教科は異なっても、自己と他者との対話の往還を通して、新たな知の世界を共創していく点では一致していた。このための手立てとして、沈黙・混沌の時間の活用、対話のグループ編成などを行っている。

(3) 自己成長・自己変革

一人ひとりの学習者の自己成長・自己変革の機会の保証も3校に共通していた。S小学校では、作品への理解度や、授業への参加を振り返る。Y小学校では、自分の作品や、友だちの作品を鑑賞する。MM小学校では　学習ノートに本時の授業で気がついたことを書く活動が行われていた。

上記の他、終末場面でのワークシートへの書き込み、学習ノートの記載事項の再読など、自己成長・変革が重視されていた。

(4) 思考の深まり

S校の国語の授業では「読解を深める場面では、意図的に『ゆさぶり』をかけた」、Y校の図画工作の授業では「結論が一応はでた学習課題を更に探究させる。活動の中盤・終了後に自分たちの結果だけにこだわらせないよう、みんなが工夫したことを直接見せる」、MM校の算数の授業では「ノートを見直したり、友だちと話したりしながら新たな解法を見つけようとする姿勢が見られた」との記述がある。これから、学習に於いて、一定の結論に留まらず、次々と新たな思考を深めていく方向が見とれる。

2 「グローバル時代の対話型授業の 12 の要件」の妥当性・有効性

　授業者の授業後の聴き取り調査や、授業者の省察文には、12 の要件により授業を立案・実施することが有効性について率直な感想が述べられている。

　MM 校の A 教諭は授業後に「グローバル時代の人間形成を希求する対話型授業の実現を強く思います。12 の要件は、広く大きな視野から考察され、集約されたと解釈いたしました」と述べ、さらに 「さまざまなアイディアがでてくるこのために 12 の視点は有効であることが検証授業を通して分かりました。本校では 12 の要件を、基礎・自立・探究・協働の 4 つに分類して、今後実践研究を推進していくことにしました」と記している。

　さらに「対話型授業のよさは分かっていても、その具現化に難しさを感じていました。12 の要件を授業づくりに活かすためには、具体的な方法を学校全体で考えてみたいと思います」と今後の方向を記した手紙を郵送してきた[21]。

　この授業者の省察文・手紙文から、MM 校において、12 の要件の有効性が確認され、今後も活用されていくことが認められる。

　また、以下は、Y 小学校の検証授業後の 12 の要件についての検討会の記録である[22]。この論議には、12 の要件の有効性が教育実践者としての立場から語られている。

- 　12 の要件があることにより、授業のねらいを達成するための具体的活動が組みたてやすくなった。
- 　図工科の特色として、対話とは言語使用は少なくなる。よって今回はタブレットで作品を紹介する手法により他者との対話をすすめた。
- 　塔をつくる活動では、いろいろな意見ややり方が出た。そこで対立や葛藤がみられたことは、むしろよかった。授業の最後の場面で、その成果を確認することが必要ではなかったか。
- 　途中で沈黙の時間をとると、アイディアが出やすかったのではないか。

- 子供たち一人ひとりに主体的な参加を促すため、教師が声かけをしているのが効果的と思った。
- 作品を一応創り上げた子が、退屈した、ようすも見られた、もっとよい作品になるようにさらに追求させる手立てが必要なのではなかったか。
- 図工科としての基本のスキルは習得させていたが対話スキルの必要性を感じた。
- 今日の授業で課題になったことを、次の低学年の算数や4年生の総合の授業で生かしていきたい。

　研究協力校3校の検証授業の結果を分析・考察すると、本研究の理論研究及び実践研究から抽出した「グローバル時代の対話型授業の12の要件」の妥当性・有効性が担保されたといえよう。ただ、図画工作の授業で検証されたように、自己・他者にとともに、対象（事象、教材等）との対話も重要であることが明らかにされた。また、12の要件を提示し、教師集団の共通理解を深めておくことにより、学校全体での「グローバル時代の対話型授業」の授業研究が効果的に進展していくことも確認できた。

第5節　グローバル時代の人間形成を希求する対話型授業の授業理論の提示

　第1章～第3章において、分析・考察してきたグローバル時代の対話型授業に関わる理論研究の成果と、実践研究から析出された実践知を融合・統合させ、グローバル時代の対話型授業の授業理論を提示する。

1　理論研究の分析・考察の整理

　その前提として、本研究で考察してきた「グローバル時代の人間形成」「対話型授業を支える対話理論」「対話型授業」に関わる理論研究の考察結果を整理しておく。

第 5 章　グローバル時代の人間形成を希求する対話型授業の提示　235

(1)「グローバル時代の人間形成」に関する理論研究から導き出された事項

　「グローバル時代の人間形成」に関する先行研究の考察・分析から、グローバル時代を異質との共生の社会の現実化の時代と捉え、そうした時代に人間形成の構成要件としての「多様性」「関係性」「批判的思考力」「自己変革・成長力」「当事者意識・主体的行動力」「共感・イメージ力」「対話力」を抽出した。

　「多様性」「関係性」「自己変革・成長」「当事者意識・主体的行動力」の各要件について、内容や意味を検討した。さらに、4つの要件は、単体としてではなく、特性をもちながらも、相互に関連し、影響し合っているとし、その4つの要件が統合された中核を「共創」と位置づけた。

　「共感・イメージ力」は、「多様性」「関係性」「自己変革・成長」「当事者意識・主体的行動力」の基調とした。4つの要件が「共感・イメージ力」を基調におきながら、共創に向かう、そのための基本の技能が対話力と捉えた。

　さらに、「グローバル時代の人間形成」を「世界（社会）がつながり、関連性をもって成り立っていることを認識し、さまざまな民族が共存・共生する社会において、多様な文化・価値観などの差異を調整・調和し、また活用し、相手の立場や心情も共感し、イメージでき、利害の対立等の困難さをなんとか克服し、その過程で自己成長・変革しつつ、持続可能な地球社会を構築し、発展させる資質・能力、技能をもった主体的行動力をもつ人間を育成すること」と定義した。

(2)「対話型授業を支える対話理論」に関する理論研究から導き出された事項

　バフチン、ボルノー、ピカード、ハーバーマス、ボーム等の対話論の先達及び国語科教育研究者の対話論から明らかにされた事項は下記であった。

　「対話の概念　目的・意義・形態・機能・類型　会話と対話の違い」「対話における真摯な姿勢の必要」「対話の基本は応答」「対話における聴くの重要性」「自己内対話としての沈黙の意味」「自己内対話と他者との対話の往還の意義」「対話の特質としての変化・継続性」「対話における多声性・異質との出会いの重要性」「人間形成と対話との関わり」「対話におけるイメージ・共感力の大切さ」

しかして、グローバル時代の対話を「参加者が多様な意見・感覚、体験などを真摯に出し合い、絡み合い、ぶつかり合い、対立・混乱・混沌をも生かし、調整・融和・統合し、そこから、新たな智を共創し、さらに、この過程が次々継続していくことにより、参加者相互が、視野を広め、思考を深め、協力して高みに至った成就感・親和感を共有する対話」と定義した。

(3)「対話型授業」に関連する理論研究から導き出された事項

デューイ、ヴィゴツキー、吉田章宏、佐藤学等の対話型授業に関わる学習論の考察からは、次の事項を確認し、また要件を導き出した。

「対話型授業は協同の学び・構成主義的学習に包含される」「多様性・差異性を尊重し活用する」「学習者一人ひとりの多様な潜在能力を信頼し、尊重し活用する」「全人的見方をする」「聴くこと、受容的能動性の重視」「共感・イメージ力を錬磨し、活用する」「自己内対話と他者との対話による叡智の共創を目指す」「理解の不可能性への対応力を高める」「思考の深まり、視野の拡大を継続し続ける」「創発の基盤としての混沌、混乱、不確実性を尊重する」

これらの考察の結果を生かして、対話型授業を「自己内対話と他者との対話の往還により、差異を尊重し、思考を深め、視野を広げ、新しい智恵や価値、解決策を創り上げていき、その過程を通して、参加者相互が、共創的な関係を構築していく協同・創造的な学習活動」と定義した。

表 5-5 は、グローバル時代の人間形成を希求する対話型授業の関わる事項や要件を集約し、整理したものである。また対話型授業で実践研究した実践知も併記してある。

2 グローバル時代の対話型授業の提示
(1) グローバル時代の人間形成と理論・実践研究との関連

本研究から導き出された成果を集約・整理し、グローバル時代の人間形成と対話型授業に関わる理論・実践研究との関連を整理しておく。

本研究においては、次の事項が明らかにされた。

第 5 章　グローバル時代の人間形成を希求する対話型授業の提示　237

表 5-5　グローバル時代の人間形成を希求する対話型授業の関わる事項・要件一覧

	グローバル時代の人間形成	対　話	対話型授業	実践研究の分析
主たる事項	・冷厳な世界の現実への認知 ・理解の不可能性への対応 ・対立の克服の手立て、活用 ・異質との共生のための要件 ・文化理解の視点 ・相手に応じた多様な対話力	・対話の概念 　目的・意義・形態・機能・類型 ・対話における真摯な姿勢 ・自己内対話の意義 ・自己内対話と他者との対話の往還 ・対話の変化・継続性 ・対話における多声性・異質との出会いの活用 ・人間形成の対話との関連 ・イメージ・共感力の重要性	協同の学び・構成主義的学習 ・多様性・差異性を尊重 ・全人的見方 ・受容的能動性・共感・イメージ力 ・自己内対話と他者との対話による叡智の共創 ・理解の不可能性への対応力 ・思考の深まり、視野の拡大の継続 ・創発の基盤としての混沌、混乱、不確実性	〈進捗性と開放性のある実践研究組織〉 ・研究全体構想づくり 　管理職　研究主任のリーダーシップ ・協働探究蓄積型の研究会の推進　日常化 ・同僚性とメンタリング 〈理論知と実践知の往還・融合〉 ・文献研究　他校参観 ・研究協力者との交流 〈対話型授業の学習方法の開発と活用〉 ・対話の基礎力の育成 　思考・対話スキルの習得 ・環境設定　受容的雰囲気 ・話題設定　（多様な視点から論議が可能な話題）問の生起 ・対話の組織化 　自・他の対話の往還 ・思考の深化の連続性 　差違・対立の活用 　視野の拡大に連続性 ・時間の活用 　沈黙・混沌 ・振り返り・省察 ・多様な対話体験の蓄積

（出典　本研究により明らかにされたことを集約し、作成した）

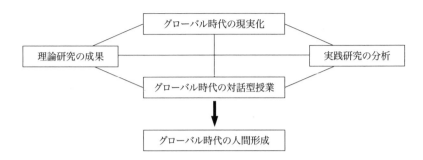

図 5-1　グローバル時代の対話型授業の基本構成図

- グローバル時代の現実化を背景に、そうした時代に対応した人間形成を希求する学習である。

　グローバル時代の人間形成を希求する対話型学習は、協同の学び、構成的学習に包含される。また「対話」「対話型学習」に関わる理論的な考察が、学習効果を高める。

- 対話型授業を具体的に促進していくためには、先駆的な実践研究校の実践研究の成果（実践知）から学ぶことが有用である。

　グローバル時代の対話型授業は、理論研究の成果と実践研究から導き出された実践知を往還・癒合しつつ、グローバル時代の人間形成を希求する学習と位置づける。図 5-1 は、グローバル時代の対話型授業の基本構造図である。

(2) グローバル時代の対話型授業の構造

　前掲したグローバル時代の対話型授業の基本構成をもとに、さらにグローバル時代に対話型授業の構造を精緻に検討していく。

　「グローバル時代の人間形成を希求する対話型授業」は、グローバリゼーションによる「世界の現実」を背景に創造される。グローバリゼーションとは、交通・通信・情報処理手段の高速化と低価格化によって起こってきた、人、モノ、情報、資本などの国境を超えた交流の増大がもたらす、政治・経済・

第5章　グローバル時代の人間形成を希求する対話型授業の提示　239

文化や社会構造の再編成過程といえよう。

　人類社会にとっての問題は、急速な交流の量の拡大により起こる負の変容にある。経済面では国境を越えた貿易、投資等の量の拡大とスピードの高まりがある。このことにより、経済の国際化がすすむ一方、金融のための金融活動の比率が高まり、実取引よりも差益による金儲け現象が起こり、貧富の格差が拡大し、深刻な社会不安を起こしている。

　社会・文化現象としては、社会制度・規範、生活文化などの国境を越えた交流の拡大によりグローバルスタンダードが蔓延し、人々の生活の同一化が促進された。一方、世界各地の伝統文化の崩壊、地域言語の消滅などの現象が起こっている。また、IT 革命による高度通信技術の飛躍的な発展は、一部の権力者に握られてきた情報を、多数が多数に送受信できる状況をもたらした。他方、情報の意図的操作による誤情報の伝播や思惟的な世論形成、ネットワークの過剰な管理などの危惧も発生している。

　グローバリゼーションのもたらすもっとも深刻な問題は、人々の基本的人権の危機にあろう。物質主義、経済的優位性を目指した苛烈な競争社会の中で、「みえざる鞭」[23] ともいうべき、心理的切迫感におわれ、自己が真に願う生き方を見出せず、また、他者信頼の意識が希薄となり、人間関係に疲弊している人々が急増している。

　2000 年代以降、グローバル化が世界中で進むなかで、「負の連鎖が進み開発や発展の根本を問い直す『脱経済成長』、『ポスト開発』『ポスト・グローバル化』『脱国際協力』による、経済や社会発展の考え方などが注目されるようになってきた」[24]。

　3.11 の東日本大震災は、東北地方と関東地方の太平洋沿岸部に壊滅的な被害をもたらし、さらにこの大震災にともなう福島第一原子力発電所事故による放射能汚染は、人々の生活に深刻な影響を与えている。心揺さぶられるのは、東北地方の人々の生き方であった。人々は、復興の過程で、「今後の社会づくりの理念や人間の生き方の再考の必要」を示した [25]。個としての生きる力と社会連帯意識、他者の立場や心情に響き感ずる心の大切さを復権させたのである。それはポスト・グローバリゼーションへの示唆とも受け止

められる。

　こうした、世界の動向への対応について、佐藤学は「資本とテクノロジーの神話が、飽くなき資本の蓄積の欲望を暴走させ、人類と自然との調和の限界を突き破り、自然破壊、恐慌、暴力、貧困、戦争の危機を世界のいたるところに蔓延させている。次世代に対する倫理も責任の感情も資本蓄積の自己運動は持ち合わせていない。21世紀の人類的な課題として資本とテクノロジーの暴走にどう立ち向かうかが問われている」と指摘する[26]。また、21世紀における人類最大の難問、水問題を探究する佐藤正弘は、気候・人口問題と水利用のネットワーク化において、隔離する安全保障から関係するレジデンスを主張し「地域間連結をめざすレジデンスの戦略の要諦は、積極的な異質な他者とつながり、お互いに補完し合うことである」と記している[27]。

　藤田英典は（1993）「学校学習の意義と構造—生活世界の変化のなかで—」において、社会の変化に対応した学校学習について論じ「国際社会という観念や、多様な民族文化がもつ行動様式や思考様式を理解する構えなどは期待されるであろう」と述べている[28]。小関一也は「多元的・多層的から読み解くグローバル・シチズンシップ」について論じ、多元的・多層的について「部分の中にある全体像」「矛盾・対立を含んだ多元性」「深層に潜む隠れた構造」「時間軸におけるオルターナティブ」「内面世界に多元性・多層性」「世界と自己の探求の相即性」について考察している[29]。このことは、世界の現実を背景にした学校におけるグローバル時代の人間形成が、皮相的・形式的な実践ではなく、深い分析・解釈・考察によってこそなされることを示している。

　また、遠藤誠治は現在の世界は、「相対的弱者の社会的排除を不可避とする新自由主義的な秩序が、暴力の拡散と無秩序が構造化される状況へ進むのか、平等志向的で包摂性の高い社会秩序に転換するのかという分岐点に立っているかもしれない」と指摘し、冷厳な現実世界に平等をもたらすものは「対話」であると主張している[30]。

　「グローバル時代の人間形成を希求する対話型授業」の創造は、佐藤学の指摘する冷厳な世界の現実を直視しつつ、佐藤正弘の提示する「異質な他者とのつながり、補完」を重視した、グローバル時代の人間形成を希求する、

皮相的・形式的な実践ではなく、藤田・小関の指摘にあるような、社会の変化に対応し、深い分析・解釈・考察による実践研究であり、その基底には、遠藤が述べる「冷厳な現実世界に平等をもたらすものは『対話』」であるとの共通認識をもち進める研究・実践活動とする。

多文化共生社会の現実化の視点からは、グローバル時代とは、多様な文化・価値観・行動様式・恣意方式をもつ人々との共生時代である。そこには冷厳な現実があり、対立や相互理解の難解さ日常化している。しかし、魚住忠久が、人類共通の地球的課題の相互依存性、連鎖性、複雑性を視野に「次に続く世代が、そのような社会に容易に参加できるようにそこで必要とされる知識や能力を習得させ態度を育てることが教育課題である」[31]と記しているように、そうした社会において、多様性を尊重し、活用していく人間の形成が学校教育の緊要の課題となっている。

対話は、多様な人々が叡智を出し合い、多様性を尊重・活用し、持続可能で希望ある地球社会・生命系を維持・構築するための基本的な機能である。

皮相的・形式的でなく、深い思考による深層性ある対話が生起したとき、相互信頼と相互理解が促進され、新たな解や叡智の共創がなされる。対話を活用した対話型授業は、グローバル時代の人間形成の有効な学習である。この対話型授業の有効性を高めるためには、理論研究と実践研究の往還・統合が必要なのである。

「グローバル時代の人間形成」「対話型授業を支える対話理論」「対話型授業の学習論」に関わる理論研究を分析・考察することにより、「グローバル時代の対話型授業」の定義づけや構成要件を抽出することができる。

他方、学校全体で長期にわたり、対話型授業に取り組んでいる学校の実践研究を調査・分析することにより、実践の実相から導き出される実践知を析出できる。理論研究と実践研究の往還・統合の必要の所以である。

こうした、理論研究と実践研究の成果が融合することにより、「グローバル時代の人間形成を希求する対話型授業」の12の要件を設定できた。この12の要件にもとづき新たな研究協力校3校において、検証授業を実施し、その妥当性・有効性を確認できた。

本研究においては、「グローバル時代の人間形成を希求する対話型授業」を、「自己内対話と他者との対話の往還により、差異を尊重し、思考を深め、視野を広げ、新しい智恵や価値、解決策を創り上げていき、その過程を通して、参加者相互が、共創的な関係を構築していく協同・探究的な学習活動」と定義づけた。

　また理論研究・実践研究から紡ぎ出されてきた、「グローバル時代の対話型授業」の立案・実施における 12 の要件の有効性について主張し、提示した。

　図 5-2 は、本研究の成果を集約し、筆者が提示する「グローバル時代の対話型授業」の授業理論の構成図である。

　また、**図 5-3** は、図 5-2 の構成図の関係性をより端的に示した全体構造図である。

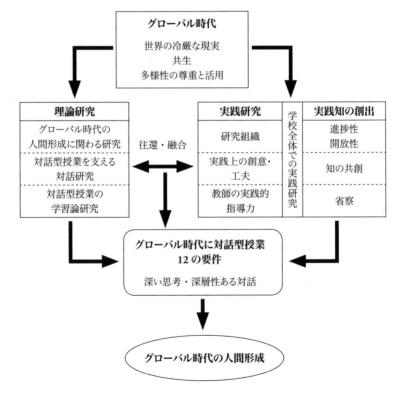

図 5-2　グローバル時代の対話型授業の授業理論の構成図

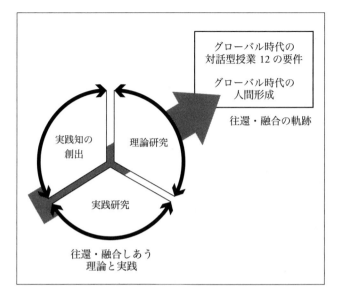

図5-3 本研究の全体構造

注

1 黒羽正見「『当事者性』をもった教育実践研究とは何か」日本学校教育学会『学校教育研究』30，2015年，p.134
2 石田真理子「教師のリーダーシップにおける『同僚性』の理論とその実践的意義」東北大学大学院教育学研究科『東北大学大学院教育学研究科研究年報』，第60集第1号，2011年，p.419　石田は教育リーダーシップについて包括的に論じているトニー・プッシュの分析に基づき「同僚性」の理論を分析し、同僚性の機能を確認し、この分析を踏まえて、中高一貫校の教員を対象として聴き取り調査を行った。
3 同上書 p.423
4 前掲書 p.419
5 佐藤学『専門家として教師を育てる』，岩波書店，2015年，p.120
6 多田孝志「対話型授業への教師の認識の深化に関する一考察」『学校教育研究』第30号，2015年，pp.94-109，本論考にはA校における、教師に教育実践力の向上について詳記してある。
7 K校『研究紀要』，2013年，pp.4-6
8 多田孝志「深い対話を活用した授業の創造」『群馬大学教育実践年報』第4号，群馬大学附属学校教育臨床センター 2014，p.6

9　S小学校4年国語科学習指導案，2015年9月12日

10　R教諭の授業記録，2015年9月12日

11　R教諭の授業記録，2015年9月12日，授業の参観者による記録

12　R教諭への聴き取り調査，2015年9月18日16〜18時，校長室

13　R教諭の授業の反省記録文，2015年9月18日

14　Y校 T校長からのメール文，2015年9月17日

15　教諭への聴き取り調査，2015年9月14日17〜18時，会議室

16　C教諭への聴き取り調査，2015年9月17日17〜19時，会議室

17　C教諭の授業の反省記録文，2015年9月18日

18　A教諭。算数科三年生学習指導案　2015年9月29日

19　A教諭への聴き取り調査，2015年9月29日，校長室，17〜18時

20　A教諭への聴き取り調査，2015年9月29日，校長室，17〜18時

21　MM校A教諭からの手紙，2015年10月10日

22　Y校 授業研究会記録，2015年9月14日

23　多田孝志「ポスト・グローバリゼーション時代の人間形成と対話」目白大学教育研究所『人と教育』No.8，2014，pp.14-17

24　重田康博「ポスト開発・ポスト・グローバル時代における国家と市民社会」宇都宮大学附属多文化公共圏センター『宇都宮大学附属多文化公共圏センター年報』第4号，2012年，p.5

25　多田孝志「はじめに」，多田孝志・佐々木幸寿・和井田清司編著『東日本大震災と学校教育』，かもがわ出版，2012年，p.5

26　佐藤学「持続可能性の教育の意義と展望」，佐藤学・木曾功・多田孝志・諏訪史郎編著『持続可能性の教育』教育出版，2015年，p.5

27　佐藤正弘『水資源の国際経済学』慶應義塾大学出版会，2015年，p.278

28　藤田英典「「学校学習の意義と構造―生活世界の変化のなかで―」日本学校教育学会『学校教育研究』8，1993年，pp.5-12

29　小関一也「多元性・多層性から読み解くグローバル・シティズンシップ―グローバルなものの見方―を基軸として」日本国際理解教育学会『国際理解教育』Vol.17，2010年，pp.47-54

30　遠藤誠治「分断された世界と対話に基づく世界秩序」，遠藤誠治・小川有美編著『グローバル対話社会』明石書店，2007年，pp.27-31

31　魚住忠久『グローバル社会と教育』，記念選集刊行委員会，2005年，p.10

終　章　研究の成果と課題

第1節　研究の成果

　研究課題は「グローバル時代の対話型授業の研究」である。本研究は、グローバル時代の人間形成における対話型授業の有効性に着目し、「グローバル時代の人間形成」を定義し、「対話」の概念や「対話型授業の特質」を理論研究により明らかにするとともに、実践研究として学校全体で対話型授業の実践に取り組む学校を調査・分析・考察し、その成果を検証することを通して、理論研究と実践研究の融合による対話型授業の授業理論を提示することを目的とした。

　研究の成果を述べる前に、本研究の意義に関連させて、研究課題についていま一度確認しておく。「グローバル時代の対話型授業」に関する先行研究の分析・考察から次の5点が明らかになった。

　すなわち、第1に、「グローバル時代の人間形成」を希求した対話型授業の理論・実践研究の稀少さである。第2に、対話型授業の定義や構成要件について体系的に論じた論考は殆ど見出すことができないことである。第3に質の高い実践を希求するための理論と実践を往還する研究が十全にみられないことである。第4に、対話型授業研究における実践研究において、ひとつの授業の事例紹介にとどまるケースが殆どであり、学校全体での長期的な取り組みをテーマとした研究が見当たらないことである。第5に対話型授業を推進する教師に関わる研究の少なさである。

　本研究では、上述した5つの問題点の課題解決を希求し、次の3点を探究していくこととした。

第1に理論研究による「グローバル時代の人間形成」「対話」「対話型授業」の考察と「グローバル時代の対話型授業の要件」の抽出である。

　第2に学校における対話型授業研究の調査・分析による、実態の把握と課題の明確化・実践知の析出、及び「グローバル時代の対話型授業の要件」の妥当性の検証である。

　第3に理論知と実践知の往還・融合による、グローバル時代の人間形成を希求する対話型授業の学習理論の提示である。

　理論研究と実践研究の両面から「グローバル時代の人間形成を希求する対話型授業」を探究してきた本研究の成果をまとめると以下となる。

　第1に、関連する言説を考察し、「グローバル時代の人間形成」「対話」「対話型授業」の定義や概念、構成要件を明らかにしたことである。「グローバル時代の人間形成」を定義し、グローバル時代の人間形成には共生意識を基調にした「多様性」「関係性」「当事者意識と主体的行動力」「自己変革・成長力」が重要であり、それらは単体でなく相互に絡み合っていることを明示した。また、「多様性」「関係性」「当事者意識と主体的行動力」「自己変革・成長」のすべては「共感・イメージ力」によって支えられているとした。「対話」は、すべての要件を有用に発揮させる基本的技能と位置づけていた。

　「対話」の概念、機能・特色・類型などを分析・考察し、さらに「対話型授業」の特質・要件を検討し、定義づけた。これらの作業の上に、学校における対話型授業の実践研究を分析する視点（要件）を析出した。

　第2は、実践的研究である。学校全体での長期にわたる対話型授業の実践研究を調査・分析した。できる限り実践の実相を正確に把握するため、資料の精緻な分析、関係者への聴き取り調査を真摯・丁寧に行った。

　この作業により、対話授業の実践研究における多様な実践知、具体的な指導の方途を導き出すことができた。学校全体での取り組みが実践研究の成果を高め、また。理論研究と実践研究の往還・融合が教育実践の質的向上に資することも明示された。

　理論研究から析出した10の視点による分析により、グローバル時代の人間形成における対話型授業の有効性を検証できた。また、「グローバル時代

終　章　研究の成果と課題　247

の対話型授業」の実態と課題が把握できた。さらに、教育実践の実相から「グローバル時代の対話型授業の新たな2要件」を導き出せた。

「観察」や「分析」にとどまらず、実践創造の同僚として、研究対象校の教職員の求めに応じて参加・介入する姿勢をとったことは、本研究の特色であった。

第3は、グローバル時代の対話型授業の要件の検証である。理論研究と実践研究の融合・統合により析出した12の要件を活用した授業を新たな協力校3校で研究授業をなし、検証することにより、要件の妥当性が確認できた。

第4は、「グローバル時代の人間形成を希求する対話型授業」に関わる理論研究と実践研究の成果の融合による、「グローバル時代の対話型授業」の授業理論の構築と、提示である。教育実践学としての本研究の意義はここにある。

第2節　今後の研究課題

研究の成果を確認したうえで、次の諸点を今後の研究の課題としたい。

1　対話型授業に関わる理論研究と実践研究との関連の精緻な分析

本研究の実践的研究において、理論研究の成果の実践研究への援用が、対話型授業の質的向上に資することが検証された。

こうした理論研究の成果の実践研究への援用を促進していくことは、今後の課題である。たとえば、本研究で、対話型授業において、自己再組織化の時間としての「沈黙」が有用であることは明らかになったが、沈黙の概念・機能については、さらなる理論的探究が必要である。また学習者が論議に参加する折に、自己決定するが、その自己決定はいかなる概念であるか、またそのプロセスとは何かについて「学習意欲の理論」[1]等を考察することによって、対話場面の更なる思考の深化への実践上の手掛かりを得ることができよう。本研究の研究課題である「グローバル時代の人間形成」については、「グローバルシチズンシップ教育の成果をどのように捉えるべきかということに

ついても、いまだ幅広い合意というものは得られておらず」[2] にいる。理論的考察が必要なのである。

　教育実践者が、分析・考察が不十分な学術用語に依拠して実践を創ることは、皮相的・形式的な実践に陥る危惧がある。広義には理論、具体的には学術用語について理解を深めることが、実践研究において理論研究の成果を活用する意義を高めていく。理論を学ぶことは重要である。しかし理論的見地を無批判に受け入れるのではなく、むしろ理論の限定的性格を理解し、理論をうまく活用力を育むことが望まれる。

　また、新たな教育分野の開拓を使命とするグローバル時代の学校教育を推進する教師には、教師としての専門性を高めることが期待される。グローバル時代の対話型授業を開発する教師たちには「グローバル時代の対話力の重要性を認識」[3] し、また、実践的な問題を研究的に対象化し実践知を吟味・一般化して、自分たちの言葉と論理を創ったり、再構成したりする力を高めることが重要である。実践から編み出される理論の構築である。

　佐藤学は「教育実践において必要なことは、『主体』を構成している関係の『解釈』なのではなく、『主体』を構成している関係を編み直す『実践』である。『実践』の性格こそ問われなくてはならない」[4] と述べ、さらに実践の中の理論研究 (theory in practice) について、「この立場の特徴は、教師や子どもが内面化している『理論』の所産として教育の実践を認識するところにある。この立場においては、あらゆる活動は、活動主体に内面化された理論の遂行であり、あらゆる実践は理論的実践である」[5]、と記している。

　「教師は学びの伝達者ではなく学びの開拓者」なのである [6]。このことに、深く共感し、論者は、学びの開拓者・実践型研究者としての意識をもち、対話型授業の実践研究を傍観者として観察する立場ではなく、共創者としての参加を継続したい。その過程の中で、実践から生起する事実を編み直し理論化し、他方、対話型授業に関わる理論が提示する言説や用語について、考察・分析・翻訳し、実践研究に資する理論と実践の橋渡しをする研究を促進することを今後の課題としたい。

2 個人卓越型から協同・共創型教師の育成

　教師の対話型授業への認識の深化と実践的指導力の向上が対話型授業の推進に多大な影響を与える。グローバル時代の人間形成を希求する対話型授業を開発できる教師とは、多様な人々と協同し、また多様な教育資源を活用できる共創型教師と考え、その育成を課題とする。

　西穣司は、「地球市民を育む教師教育」について論じ、基本要素としての「傾聴」「観察」「省察」、教師教育の核心としての教師の「自己探究」、教職における「公共と同僚性」の新たな開発の3点を上げている。また、地球市民を育む教師教育の方略として、「フィールドワークを重視した柔軟でリアルな教育観の啓培」を指摘している[7]。和井田清司は学習支援の要因として、「第1に学習空間の整備であり、ここでは、教室の内外における学習フィールドを適切に準備することが重要となる。第2は探究ツールであり、学習の課題設定・追求・結果の整理・表現等を効果的にすすめるための技術の総体を適切に準備することが求められる。第3は支援体制であり、教師間あるいは教師と外部支援者間のネットワークの構築が不可欠となる」[8]と述べている。

　佐々木幸寿は、教員の使命感・意欲の育成のための、「教員の自律的コミットメントを確保するうえで基盤となる同僚性を育む」施策の必要を論じている[9]。若井彌一は「教員の資質向上の施策の展開には、若者にとって教職が魅力ある専門職であり続けるための条件整備に対する十分な配慮が必要である」と記している[10]。

　佐藤学は「実態に即して見ると、日本の教師の危機の本質は、教師教育の（研修）の高度化と専門職化の著しい遅れである」[11]と指摘し、さらに教師としての専門的力量を高めるのに「何よりも大切なのは、教育の専門家として共に学び育ち合う仲間の存在である」と述べている[12]。

　グローバル時代の対話型授業を促進する魅力ある教師とは、佐藤の指摘する「共に学び育ち合う仲間の存在」を大切にし、西の指摘する「傾聴」「観察」「省察」「自己探求」「公共と同僚性」を重視し、和井田の示す「学習空間」「探究ツール」を提供でき、「教師間あるいは教師と外部支援者間のネットワーク」を活用でき、佐々木の指摘する「同僚性」をもつ共創型の教師像と捉えたい。

現代社会にあって次々と発生する教育的課題に対して、教師一人で対応し解決をはかることは難しい。教師集団が得意分野や個性を生かしつつ、協同して対応すること、多様な教育資源を活用することが、問題の解決に不可欠となっている。個人としての卓越した教師から、協同・共創型教師への転換が望まれる。

　佐藤学は、研究協力者と現場教師との関わりについて、稲垣忠彦の事例を引用しつつ、「事実、数え切れない教師たちが、この『教育学（ペタゴジー）』に支えられ、励まされて育てられている。その関わりも、何かを教授したり実践を援助するというものではなく、実践と成長の課題を教師と共有しながら、一人ひとりの労苦と悩みを理解し、そこに稲垣先生自身の成長の契機を見いだす方法で、教師を具体的に励まし、援助し、育てるのである」[13]と、記している。

　グローバル時代の対話型授業は、多様な他者・事象との関わりを必然とする。共創型教師が、多様性・異質性を活用し、授業の質的向上につなげる対話型授業を開発していくと考える。

　協同・共創型教師は、実践と成長の課題を教師と共有しながら、一人ひとりの労苦と悩みを理解し合う関係性の中でこそ育まれる。今後も、教育実践者の一人として教師たちと連携し、その過程で高度な専門性をもつ、共創型教師の育成を希求していくことを課題としたい。

3　学習者主体の対話型授業の探究

　対話型授業には、教師主導の対話型授業と、学習者主導による対話型授業がある。日本の授業においても、優れた教師たちが主導することにより、質の高い対話型授業が共創されてきた。教師主導の対話型授業では、参加者の知的好奇心を喚起させる課題設定、高い学識に加え、議論を拡大・深化させる臨機応変の対応力・論議構成力などの教師スキルが必要である。

　他方、学習者主導による対話型授業では、学習者たち自身の目的意識や必要感を起点にする。やがて学習を展開する過程で、一人では解決できない、困っている、分からない疑問や問題がでてくる。そうした場面で、新たな学

習課題と学習方法を子供たち自身が設定（形成）し、学びを深めていく授業である。

　筆者は、この学習者主体の対話型授業こそ「グローバル時代の人間形成」に有効な学習と捉えている。佐藤学は「対人関係における対話的実践を遂行するためには、教室文化を構成している制度化された人間関係、言語、知識をダイアローグの言語によって変革する実践として展開されなければならない」[14]と記している。「教室文化を構成している制度化された人間関係」から変革するとは、本研究において、「グローバル時代の人間形成」の要件として提示した「多様性」「関係性」「自己変革・成長」「当事者意識・主体的行動力」「共感・イメージ力」を十全に伸長させる学びを教室に持ち込むことであり、学習者主体の対話授業は、そのための最も有効な学習である。

　それでは、教師の役割は何か、それは黒田友紀が「児童と教師が異なる他者として理解可能性という地平を共有し、自らより多くの責任を引き受ける生き方として授業や課題を経験する必要がある」[15]と記すように、傍観者ではなく対話を共創する他者として参加することなのである。

　教室における「協働的コミュニケーション行為としてのことば」を重視する細川英雄は「学習者の一人ひとりの『個の表現』というものを保証すると同時に『教室』というコミュニティの中で、共同体メンバーとしての他者との関係をつくることで、権力という規範から解放されなければならない」と記している[16]。学習者主体の授業とは細川の記す、「個の表現」が保証される共生意識の中でこそ展開されていく。

　佐藤は「協同と共有を志向する学習は、通常の教室における効率と競争の原理と衝突せざるをえない」「意味と関係の構成として再定義される教育実践は、教室のディレンマを教室の外に広がる社会に通わせる実践なのである」と記していいる[17]。学習者主体の対話型授業は、佐藤の提示する「協同と共有を志向する学習」であり、社会につながる学習として位置づける。

　学習者主体の対話型授業の基本的問題は、教室そのものに、所与の関係性が厳然と存在することである。教師の存在、学習者同士の有形・無形の力関係が教室という空間を支配する。それを共生・創造の空間にすることなくし

て学習者主体の対話型授業は現実化しない。課題は所与の関係性を払拭し、共生・創造の空間にする要件である。筆者はそれを「響（共）感」と仮説的に捉えたい。共通の解決すべき課題に向かうとき、また、ともに次々視野を広げ、思考を深めていくとき、成就感や挫折を響（共）感するとき、人は、所与の関係性を超えて、仲間として、相互信頼を深め、他者と共に知的世界を探究していこうとするのではなかろうか。

　本研究においても、学習者主体の対話型授業の事例を紹介し、また「課題設定」、「問の生起と学習の見通しをもたせる」「学習スキルの習得」など具体的な学習の手立ても考察してきた。調査対象校としたＡ校では、研究の3年目に至り、師問⇒児答から、児問⇔児答、すなわち、児童が主体的に問を発し仲間と論議するの授業の試行を開始している。さらにＭＭ校においても、学習者が次々問いを発見し、多様な方法で探究していく授業が研究され、実践されている。こうした授業を可能とする要件として、既習事項の活用、批判的思考の定着、混沌の活用、掲示の工夫、省察の重視などが試行されている。

　しかし、学習者主体の対話型授業に焦点化した理論・実践研究は十全に探究されているとはいえない。学習者主体の対話型授業を展開していくためには、協同・主体性・形成能力等の理論的背景の考察、学習過程の工夫、教師の役割の見直し、聴き会いの関係性の醸成、議論が混乱・停止したときの対処法等々に関する理論・実践研究の深化が不可欠である[18]。

　今後、学習者が主体的に課題について、次々と思考を深め、知的世界を広げ、探究していく学習者主体の対話型授業の理論と実践を統合した研究を継続していくことを課題としたい。

　本研究の実践研究においては、下記の7校の校長先生・研究主任、研究推進委員の先生方をはじめ教職員の方々に多大なご支援をいただいた。各校の方々のご協力・支援なくして、理論と実践を往還・融合させた本研究は推進できなかった。校名を記し、深い感謝の念を表します。ありがとうございました。

秋田大学教育文化学部附属小学校

東京都瑞穂町立瑞穂第五小学校

金沢大学人間社会学域教育学学校教育学類附属小学校

東京都目黒区立目黒中央中学校

東京都文京区立千駄木小学校

東京都江東区立八名川小学校

栃木県上三川町立明治南小学校

注

1 鹿毛雅治『学習意欲の理論』，金子書房，2013 年

2 北村友人「グローバルシティズンシップ教育をめぐる議論の潮流」『異文化間教育』42，2015 年，p.11

3 多田孝志「グローバル時代の国際理解教育」『教育展望』2014 年 4 月号，教育調査研究所，2014 年，pp.39-55

4 佐藤学『カリキュラム批評』，世織書房，1996 年，p.205

5 佐藤学『学びの快楽』世織書房，1999 年，p.313

6 アンディ・ハーグリーブス　木村優・篠原岳司・秋田喜代美監訳『知識社会と学校と教師』，金子書房，2015 年，p.294

7 西穣司「地球市民を育む教師教育の展望」，加藤章編著『21 世紀地球社会と教師教育ビジョン』，教育開発研究所，2000 年，pp.99-10

8 和井田清司『高校総合学習の研究』三恵社，2012 年，p.29

9 佐々木幸寿「教育基本法改正の趣旨と今後の取り組み課題」，若井彌一編著『教員の養成・免許・採用・研修』，教育開発研究所，2008 年，p.15

10 若井彌一「大学における教員養成と教員免許制度の改革方向」，同上，p.9

11 佐藤学『専門職としての教師を育てる』，岩波書店，2015 年，p.3

12 佐藤学『教師花伝書』，小学館，2013 年，p.139

13 佐藤学『学校教育の哲学』，東京大学出版会，2013 年，p.187

14 佐藤学『学びの快楽』，世織書房，1999 年，p.67

15 黒田友紀「真性の学びとラーニング・コミュニティを創造する学校改革の検討」，日本学校教育学会グローバル時代の学校教育編纂委員会編『グローバル時代の学校教育』，三恵社，2013 年，p.312

16 細川英雄・牲川波都季『わたしを語ることばを求めて―表現することへの希望―』，三省堂，2008 年，p.23

17 佐藤学『教室という場所』，国土社，1994 年，p.39

18 多田孝志「伝え合う、通じ合う、響き合う．創り合う授業の実現のために」，多田孝志・和井田清司・佐々木幸寿・青木一・金井香里・北田佳子・黒田友紀編著『教育の今とこれからを読み解く 57 の視点』，教育出版，2016 年，pp.146-147

引用文献一覧

【引用図書】（五十音順）

青木保『沈黙の文化を訪ねて』中央公論社，1982.

秋田喜代美『対話が生まれる教室』教育開発研究所，2014.

秋田大学教育文化学部附属小学校編『平成25年度研究紀要』秋田大学教育文化学部付属小学校，2013.

アマルティア・セン　東郷えりか訳『人間の安全保障』集英社，2006.

アービン・ラズロ　吉田三知世訳『叡知の海・宇宙』日本教文社，2005.

天城勲監訳『学習：秘められた宝ユネスコ「21世紀教育国際委員会」報告書』ぎょうせい，1997.

有元秀文『「相互交流のコミュニケーション」が授業を変える』明治図書，2001.

アンディ・ハーグリーブス　木村優・篠原岳司・秋田喜代美監訳『知識社会の学校と教師』金子書房，2015.

安藤知子『学級の社会学』ナカニシヤ出版，2013.

石井敏『コミュニケーション論入門』桐原書店，1993.

石森広美『グローバル教育の授業設計とアセスメント』学事出版，2013.

泉貴久・梅村松秀・福島義和・池下誠『社会参画の授業づくり』古今書院，2012.

稲垣忠彦『授業研究の歩み：1960-1995』評論社，1995.

稲垣忠彦・佐藤学『授業研究入門』岩波書店，2014.

今谷順重『総合的な学習の新視点—21世紀のヒューマンシティズンシップを育てる』黎明書房，1997.

上田紀行『生きる意味』岩波書店，2006.

植西浩一『聴くことと対話の学習指導論』渓水社，2015.

魚住忠久『グローバル社会と教育』記念選集刊行委員会，2005.

上田薫『知られざる教育—抽象への抵抗—』黎明書房，1958.

内海巌『国際理解の教育』民主教育協会，1962.

内海巌『国際理解教育の研究』第一法規，1973.

梅野正信『社会科歴史教科書の成立史—占領期を中心に』日本図書センター，2004.

梅野正信『裁判判決で学ぶ日本の人権—中学高校授業づくりのための判決所教材資料』明石書店，2006.

エドワード・T・ホール　日高敏隆・佐藤信行訳『かくれた次元』みすず書房，1970.

エドワード・T・ホール　國弘正雄・長井善見・斉藤美津子訳『沈黙のことば』南雲堂，

1966.

エドワード・ハレット・カー　井上茂訳『危機の二十年』岩波書店，1992.

遠藤誠治・小川有美編『グローバル対話社会』明石書店，2007.

大石初太郎『日本語教授原論』新紀元社，1943.

大石初太郎『話しことば論』秀英出版，1971.

岡田真樹子『「話す・聞く」コミュニケーション能力を高める授業』学事出版，2005.

小田博志『エスノグラフィー入門』春秋社，2010.

オットー・フリードリッヒ・ボルノー　浜田正秀訳『人間学的に見た教育学』玉川大学
　　出版部，1996.

オットー・フリードリッヒ・ボルノー　森田孝・大塚恵一訳『問いへの教育』川島書店，
　　2001.

海後勝雄「言語教育の基礎理論」『現代教科教育講座 2』河出書房，1957.

外務省「グローバル人材育成推進会議審議まとめ」外務省，2012.

鹿毛雅治『学習意欲の理論』金子書房，2013.

片倉もとこ『イスラームの日常世界』岩波書店，1991.

加藤章『21 世紀地球社会と教師教育ビジョン』教育開発研究所，2000.

門倉正美『アカデミック・ジャパニーズの挑戦』ひつじ書房，2006.

金沢大学人間社会教育学学校教育類附属小学校『研究紀要』第 66 集，2012.

唐沢富太郎『現代に生きる教育の叡智』東洋館出版社，1959.

川森康喜『ボルノウ教育学の研究』ミネルヴァ書房，1991.

北岡俊明『ディベートの技術』PHP 研究所，1996.

北川博子『教育ジャーナル―特集言語活動の充実―』11 月号，2013.

鯨岡峻『エピソード記述を読む』東京大学出版会，2012.

楠見孝・道田泰司編『批判的思考―21 世紀を生きぬくリテラシーの基盤』新曜社，
　　2015.

倉澤榮吉『國語教育概説』岩崎書店，1951.

倉澤榮吉『国語教育講義』新光閣書店，1974.

倉澤榮吉『ことばと教育』学陽書房，1979.

倉澤榮吉「対話の指導」『倉沢栄吉国語教育全集 10 話しことばによる人間形成』角川
　　書店，1989.

倉地暁美『対話からの異文化理解』勁草書房，1992.

グラハム・バイク　ディヴィット・セルビー　阿久澤真理子訳『地球市民を育む学習』明
　　石書店，1997.

桑野隆『バフチン〈対話〉そして〈解放の笑い〉』岩波書店，1987.

桑野隆『バフチン新版』岩波書店，2002.

桑野隆『バフチン カーニヴァル・対話・笑い』平凡社，2011.

国立教育政策研究所編『教育課程の編成に関する基礎的研究報告書 5　社会の変化
　　に対応する資質や能力を育成する教育課程編成の基本原理』国立教育政策研究
　　所，2013.

小坂貴志『異文化対話論入門』研究社，2012.

小林哲也『海外子女教育・帰国子女教育』有斐閣選書，1981.

小林哲也編『異文化に育つ子どもたち』有斐閣選書，1983.

斉藤美津子『きき方の理論』サイマル出版会，1972.

佐伯胖『「学び」の構造』東洋館出版社，1985.

佐伯胖・藤田英典・佐藤学『学びへの誘い』東京大学出版会，1995.

佐々木幸寿・多田孝志・和井田清司『東日本大震災と学校教育』かもがわ出版，2012.

佐藤弘毅・中西晃・小島勝・佐藤群衛・坂下英喜・多田孝志『海外子女教育史』（財）海外子女教育振興財団，1991.

佐藤群衛『国際理解教育：多文化共生社会の学校づくり』明石書店，2001.

佐藤郡衛『異文化間教育』明石書店，2010.

佐藤正弘『水資源の国際経済学』慶應義塾大学出版会，2015.

佐藤学『教室という場所』国土社，1994.

佐藤学『学びその死と再生』太郎次郎社，1995.

佐藤学『カリキュラムの批評』世織書房，1996.

佐藤学『教師というアポリア』世織書房，1997.

佐藤学『学びの快楽』世織書房，1999.

佐藤学『授業を変える学校が変わる』小学館，2000.

佐藤学・今井康夫『子どもたちの想像力を育む』東京大学出版会，2003.

佐藤学『放送大学叢書011 教育の方法』左右社，2010.

佐藤学『学校見聞録』小学館，2009.

佐藤学『学校改革の哲学』東京大学出版会，2012.

佐藤学『教師花伝書』小学館，2009.

佐藤学『専門家としての教師を育てる』岩波書店，2015.

佐藤学・木曾功・多田孝志・諏訪哲郎『持続可能性の教育』教育出版，2015.

澤柳政太郎『教育読本』第一書房，1937.

ジョン・デューイ　宮原誠一訳『学校と社会』岩波書店，1957.

ジョン・デューイ　阿部斉訳『現代政治の基礎―公衆とその諸問題―』みすず書房，1969.

ジョン・デューイ　阿部斉訳『公衆とその諸問題』ちくま学芸文庫，2014.

ジョン P. ミラー　中川吉晴監訳，吉田敦彦・金田卓也・今井重孝訳『魂にみちた教育―子どもたちと教師にスピルチュアリティを育む―』晃洋書房，2010.

杉江修治『協同学習入門』ナカニシヤ出版，2011.

鈴木健・大井恭子・竹前文夫『クリティカル・シンキングと教育』世界思想社，2006.

スチュアート・カウフマン　米沢富美子訳『自己組織化と進化の論理』日本経済新聞社，1999.

牲川波都季・細川英雄『「わたしを語ることばを求めて」―表現することへの希望―』三省堂，2008.

引用文献一覧　257

曽我幸代「ESD における『自分自身と社会を変容させる学び』に関する一考察」国立
　　教育政策研究所紀要，2013.
高橋俊三『国語科話し合い指導の改革―グループ討議からパネル討論まで―』明治図
　　書，2001.
竹腰千絵『チュートリアルの伝播と変容　イギリスからオーストラリアの大学へ』東信堂，
　　2017.
田尻信壹『探究的世界史学習の創造』梓出版社，2013.
多田孝志『学校における国際理解教育』東洋館出版社，1997.
多田孝志『地球時代の言語表現』東洋館出版社，2003.
多田孝志『共に創る対話力』教育出版，2009.
多田孝志『授業で育てる対話力』教育出版，2011.
多田孝志他編『現代国際理解教育事典』明石書店，2012.
多田孝志・手島利夫・石田好広『未来をつくる教育 ESD のすすめ』日本標準，2008.
多田孝志・和井田清司・佐々木幸寿・青木一・金井香里・北田佳子・黒田友紀編著『教
　　育の今とこれからを読み解く 57 の視点』教育出版，2016.
田近洵一『話しことばの授業』国土社，1996.
ツヴェタン・トドロフ　大谷尚文訳『ミハイル・バフチン対話の原理』法政大学出版局，
　　2001.
デヴィッド・ボーム　金井真弓訳『ダイアローグ』英治出版，2007.
寺田悠馬『東京ユートピア』文芸社，2012.
デール・カーネギー　市野安雄訳『話し方入門』創元社，1996.
都甲潔・江崎秀・林健司『自己組織化とは何か』講談社，1999.
ドナルド・A・ショーン　柳沢昌一三・輪健二監訳『省察的実践とは何か―プロフェッ
　　ショナルの好意と思考―』鳳書房，2007.
外山滋比古『思考の整理学』ちくま文庫，1986.
富山大学人間発達科学部附属小学校『対話が授業を変える』富山大学出版会，2008.
直塚玲子『欧米人が沈黙するとき』大修館書店，1980.
直山木綿子『小学校外国語活動のツボ』教育出版，2014.
永井滋郎『国際理解教育地球的な協力のために』第一学習社，1989.
中島彦吉『現代国際理解教育思想の展開―ユネスコの勧告とそれに対応する教育施策
　　との関連を追って―』表現社，1983.
中島義道『〈対話〉のない社会―思いやりと優しさが圧殺するもの』PHP 研究所，
　　1997.
中原淳・長岡健『ダイアローグ―対話する組織―』ダイヤモンド社，2009.
中村雄二郎『感性の覚醒』岩波書店，1975.
仲勇治『統合学入門』工業調査会，2006.
西尾実『日本人のことば』岩波書店，1957.
西尾実『人間とことばと文学と』岩波書店，1969.
西尾実『国語教育学の構想』筑摩書房，1975.

西尾実『西尾実国語教育全集第二巻』教育出版，1975.

西尾実『西尾実国語教育全集第三巻』教育出版，1975.

西尾実『西尾実国語教育全集第五巻』教育出版，1975.

西田司他訳『異文化間コミュニケーション入門』聖文社，1983.

西村公孝『地球社会時代に「生きる力」を育てる』黎明書房，2000.

西村公孝『社会形成力育成カリキュラムの研究―社会科・公民科における小中高一貫
の政治学習』東信堂，2013.

日本ユネスコ教育開発国際委員会　国立研究所内フォール報告書検討委員会訳『未来
の学習』第一法規，1975.

パウロ・フレイレ　里見実・楠原彰・桧垣良子訳『伝達か対話か』亜紀書房，1982.

パウロ・フレイレ　三砂ちづる訳『新訳被抑圧者の教育学』亜紀書房，2011.

服部英二・鶴見和子『「対話」の文化　言語・宗教・文明』藤原書店，2006.

ハワード・ガードナー　松浦庸隆訳『MI：個性を生かす多重知能の理論』新曜社，
2001.

平田オリザ『対話のレッスン』小学館，2001.

平野智美「教育のコミュニケーション」大島真・秋山博介編『現代のエスプリ―コミュ
ニケーション学―』SHIBUNDO，2002.

広岡義之『ボルノー教育学研究』上巻・下巻，創言社，1998.

福田和也『悪の対話術』講談社，2000.

本名信行・秋山高二・竹下裕子・ベイツホッファ『異文化理解とコミュニケーション 1〈こ
とばと文化〉』三修社，2005.

マイケル・ポラニー　佐藤敬三訳『暗黙知の次元　言語から非言語へ』紀伊國屋書店，
1980.

マイケル・ホルクウィスト　伊藤誓訳『ダイアローグの思想』法政大学出版局，1994.

増谷文雄『釈尊のさとり』講談社，1979.

松尾知明『21 世紀型スキルとは何か』明石書店，2015.

マックス・ピカード　佐野利勝訳『沈黙の世界』みすず書房，1964.

マルティン・ブーバー　佐藤吉昭・佐藤玲子訳『対話的原理 2』みすず書房，1968.

マルティン・ハイデッガー　細谷貞雄翻訳『存在と時間』筑摩書房，2000.

瑞穂町立瑞穂第五小学校編『研究紀要』瑞穂町立瑞穂第五小学校，2011.

瑞穂町立瑞穂第五小学校編『研究紀要』瑞穂町立瑞穂第五小学校，2012.

ミハイル・バフチン　北岡誠司訳『ミハイル・バフチン著作集 4』新時代社，1980.

ミハイル・バフチン　新谷敬三郎・佐々木寛・伊東一郎訳『ことば対話テキスト』新時代社，
1988.

ミハイル・バフチン　望月哲男・鈴木淳一訳『ドストエフスキーの詩学』筑摩書房，
1995.

村井実『日本教育の根本的改革』川島書店，2013.

村松賢一『対話能力を育む話すこと・聞くこと―理論と実践―』明治図書，2001.

目白大学人間学部児童教育学科『未来を拓く児童教育学―現場性・共生・身体性―』

三惠社，2015.

森昭『教育名著選集④人間形成原論』黎明書房，1998.

森茂岳雄・中牧弘允・多田孝志『学校と博物館でつくる国際理解教育』明石書店，2009.

森茂岳雄・中山京子『日系移民学習の理論と実践』明石書店，2008.

森戸辰男『日本教育の回顧と展望』教育出版，1959.

森美智代『〈実践＝教育思想〉の構築―「話すこと・聞くこと」教育の現象学』渓水社，2011.

山住勝広『活動理論と教育実践の創造』関西大学出版部，2004.

山西優二・上條直美・近藤牧子『地域から描く―これからの開発教育』新評論，2008.

山本麻子『ことばを鍛えるイギリスの学校』岩波書店，2003.

矢守克也『アクションリサーチ』新曜社，2010.

湯川笑子・髙梨庸雄・小山哲春『小学校英語で身につくコミュニケーション能力』三省堂，2011.

ユルゲン・ハーバーマス　藤沢賢一郎・岩倉正博・徳永恂・平野佳彦・山口節郎訳『コミュニケーション的行為の理論（中）』未來社，1986.

吉田章宏『教育の方法』放送大学教育振興会，1996.

吉田敦彦『ブーバーの対話論とホリスティック教育』勁草書房，2007.

吉谷武志・佐藤群衛編『ひとを分けるものつなぐもの』ナカニシヤ出版，2005.

和井田清司『高校総合学習の研究―自律的学習の展開―』三惠社，2012.

和井田節子『協同の学びをつくる』三惠社，2012.

若井彌一『教員の養成・免許・採用・研修』教育開発研究所，2008.

鷲田清一『まなざしの記憶―だれかの傍らで』TBS ブリタニカ，2000.

鷲田清一『聴くことの力』TBS ブリタニカ，2000.

渡部淳『討論や発表をたのしもう』ポプラ社，1993.

【引用論文】

秋田喜代美「質の時代における学力形成」東京大学学校教育高度化センター編『基礎学力を問う』東京大学出版会，2009.

秋田喜代美「学校文化と談話コミュニティー―教育実践を語る談話への視座」『異文化間教育』No.29，2009，pp.3-15.

新井郁男「グローバル化社会における教育の課題―機械論的教育観からエイコロジカルな教育観への転換―」教育調査研究所編『教育展望』No.46 臨時増刊号，2014.

石田真理子「教師のリーダーシップにおける『同僚性』の理論とその実践的意義」東北大学大学院教育学研究科『東北大学大学院教育学研究科研究年報』第 60 集第 1 号，2011.

石森広美「グローバルシチズンシップの育成に向けて」日本国際理解教育学会『国際理解教育』vol.17，2011.

市川秀之「国際理解教育における埋解不可能性の位置づけ—教育行為と教育者の立場の流動性の顕在化」日本国際理解教育学会『国際理解教育』Vol.15，2009.

市川秀之「国際理解における対話の諸課題」日本国際理解教育学会『国際理解教育』Vol.19，2013.

今津孝次郎「学校の協働文化—日本と欧米の比較—」藤田正典・志水宏吉編『変動社会のなかの教育・知識・権力—問題としての教育改革・教師・学校文化』新曜社，2000.

印南一路「交渉戦略の理論」『ハーバード・ビジネス・レビュー』ダイヤモンド社，2001.

梅野正信「地域教育サークルの実践に学ぶ—上越教師の会・江口武正実践の軌跡から—」日本学校教育学会『学校教育研究』24，2009.

梅原利夫・増田修治・鎌倉博「対話とコミュニケーションのなかで育つ学力と生きる力」和光大学現代人間学部『和光大学現代人間学部紀要』第4号，2011.

遠藤誠治「分断された世界と対話に基づく世界秩序」遠藤誠治・小川有美編著『グローバル対話社会』明石書店，2007.

岡野昇・山本裕二「関係論的アプローチによる体育の授業デザイン」日本学校教育学会『学校教育研究』No.27，2012.

岡本能里子「国際理解教育におけることばの力の育成—大学における協働学習を通した日本語教育からの提言」日本国際理解教育学会『国際理解教育』Vol.16，2010.

小関一也「ESD における共生：合意や一致をこえたつながり」多田孝志・手嶋利夫・石田好広編著『未来を拓く教育—ESD のすすめ—』日本標準，2008.

小関一也「多元性・多層性から読み解くグローバル・シティズンシップ」日本国際理解教育学会『国際理解教育』Vol.17，2011.

尾之上高哉「対話型授業を通した共感性の形成」九州大学大学院行動システム専攻修士論文，2013.

桂聖「対話を成立させている条件」筑波大学附属小学校初等教育研究会編『教育研究 2013 年 11 月号』筑波大学附属小学校初等教育研究会，2013.

假屋園昭彦・永田孝哉・中村太一・丸野俊一「対話を中心とした授業デザインおよび教師の指導方法の開発的研究」鹿児島大学教育学部『鹿児島大学教育学部実践研究紀要』Vol.19，2009.

川端末人「歴史的展望による帰国子女教育問題」東京学芸大学海外子女教育センター編『国際化時代の教育』東京学芸大学海外子女教育センター，1986.

北川雅治「協働研究を志向した討論力の育成—協同討論と対話論的討論の開発—」日本国語教育学会『国語教育研究』No.505，2014，pp.50-57.

北田佳子「協同学習における異種混交グループの機能」日本学校教育学会『学校教育研究』No.24，2000，pp.112-125.

北村友人「グローバルシティズンシップ教育をめぐる議論の潮流」『異文化間教育』Vol.42，2015.

黒田友紀「真性の学びとラーニング・コミュニティを創造する学校改革の検討」日本学

校教育学会グローバル時代の学校教育編纂委員会編『グローバル時代の学校教育』三恵社，2013.

黒羽正見「『当事者性』をもった教育実践研究とは何か」日本学校教育学会『学校教育研究』No.30，2015.

桑野隆「対話的流動性と創造的社会―バフチン的社会学の今日的意味―」『思想』(940) 岩波書店，2002.

小池順子「アイデンティティ形成と音楽の授業―対話と承認の問題を通して」音楽学習学会『音楽学習研究』第7巻，2011.

小林敬一・小澤敬「相互指名を用いた対話型授業の参加構造―教師のステップ・インと指名主導権の関係」静岡大学教育学部附属実践総合センター『静岡大学教育学部附属実践総合センター紀要』No.13，2007.

斉藤美津子「新しい話し方―ヒューマン・コミュニケーションの理論―」文化庁『話し方』No.22，1991.

佐々木文「国際理解教育の教材開発における〈動的対話〉の意義―安重根と千葉十七の相互理解の心理過程をめぐって―」日本国際理解教育学会『国際理解教育』Vol.5，1999.

佐々木文「国際理解教育の基礎理論の検討及び結果を適用した初等教育における教材開発に関する研究」広島大学教育学研究科博士論文，2002.

佐々木幸寿「教育基本法改正の趣旨と今後の取り組み課題」若井彌一編著『教員の養成・免許・採用・研修』教育開発研究所，2008，p.15.

佐藤群衛「国際理解教育の現状と課題」日本教育学会『教育学研究』No.74-2，2007.

佐藤学「21世紀の学校における国際理解教育」日本国際理解教育学会『国際理解教育』vol.17，2011.

佐藤学「学びにおけるコミュニケーションの構造：対話的実践における学びの共同体へ」日本コミュニケーション研究学会『日本コミュニケーション研究』No.42-特，2014.

佐藤学「持続可能性の教育の意義と展望」佐藤学・木曾功・多田孝志・諏訪史郎編著『持続可能性の教育』教育出版，2015.

鹿野敬文「グローバル社会にふさわしい2つの対話力育成方法」日本グローバル教育学会『グローバル教育』No.9，2006.

重田康博，「ポスト開発／ポスト・グローバル化時代における国家と市民社会」宇都宮大学附属多文化公共圏センター『宇都宮大学附属多文化公共圏センター年報』第4号，2012.

菅沼静香「ボルノーにおける言語と人間形成との関わり」早稲田大学大学院教育学研究科『早稲田大学大学院教育学研究科紀要』2012-別冊，2012.

鈴木正幸「海外・帰国子女の教育」日本教育学会『教育学研究』第51巻，第3号，1985.

鈴木有香・八代京子・吉田友子「「阿吽の呼吸」が終焉する時代―平成不況後に企業が求める異文化間コミュニケーション能力」異文化間教育学会『異文化間教育』通号29，2009，pp.16-28.

瀬戸健「対話による研究を目指したある学校のレポート」多田孝編『多文化共生社会の基本技能，対話力育成のための指導モデル作成に関する実証的研究』科学研究費補助金報告書，2008.

千家弘行「授業研究会の活性化と同僚性に関する研究―高等学校における取組から―」兵庫県教育研究『兵庫県教育研究紀要』第 121 集，2010.

高岸美代子「談話分析を活用したコミュニケーションについて考える授業コンフリクト・リゾリューションを導入した「異文化コミュニケーション」授業の可能性」『異文化間教育』通号 20，2009，pp.77-89.

高橋洋行「グローバリゼーションとフランスの市民性教育理論―市民統合理論の変遷と市民性教育との関わり―」日本グローバル教育学会『グローバル教育』Vol.10，2008.

多田孝志「共創型対話における浮遊型思索と響感・推察力の意義」目白大学『目白大学人文学研究』第 7 号，2011.

多田孝志「ステージ方式の学習の提唱」日本グローバル教育学会『グローバル教育』Vol.5，2003.

多田孝志「説得力を育む，話し方・聴き方」日本国語教育学会『国語教育研究』No.483，2012.

多田孝志「対話を成立させている要件」筑波大学附属小学校初等教育研究会編『教育研究』筑波大学附属小学校初等教育研究会，2013.

多田孝志「感性的アプローチによる国際理解教育の実践研究の探究」日本国際理解教育学会『国際理解教育』Vol.19，2013.

多田孝志「グローバル社会における人間形成と深い対話」日本学校教育学会『学校教育研究』No.28，2013.

多田孝志「当事者意識」日本国際理解教育学会編『現代国際理解教育事典』明石書店，2013.

多田孝志「ポスト・グローバリゼーション時代の人間形成と対話―」目白大学教育研究所『人と教育（目白大学教育研究所所報）』No.8，2014.

多田孝志「深い対話を活用した授業の創造」『目白大学教育研究所年報』第 4 号，2014.

田中治彦「日本における開発教育の現状と課題」日本教育学会『教育学研究』第 51 巻 - 第 3 号，1985.

田渕五十男「世界遺産と国際理解教育」日本国際理解教育学会編『グローバル時代の国際理解教育』明石書店，2010.

千葉杲弘「1974 年国際教育の改訂を巡って」日本国際理解教育学会『国際理解教育』Vol.1，1995.

恒吉僚子「グローバル化社会における学力観」異文化間教育学会『異文化間教育』Vol.12，1998.

中井良・田代千晶・永岡慶三「教科・情報・モラルジレンマ教材を用いたオンラインディスカッション対話型授業の実践」日本教育工学会『日本教育工学会研究報告集』

12，2012.

永田佳之「持続可能な開発のための教育（ESD）と国際理解教育」日本国際理解教育学会編『グローバル時代の国際理解教育』明石書店，2010.

成田喜一郎「構成主義的学習」日本国際理解教育学会編『現代国際理解教育事典』明石書店，2012.

西穣司「地球市民を育む教師教育の展望」加藤章編著『21世紀地球社会と教師教育ビジョン』教育開発研究所，2000.

西原雅博「交渉を基盤とした授業改造の挑戦：伝達型授業から対話型授業へ」富山高等専門学校『富山高等専門学校研究収録』33号，2000，pp.55-65.

野崎志帆「市民性教育における人権と国際理解教育の課題」日本国際理解教育学会『国際理解教育』vol.17，2011.

藤田英典「学校学習の意義と構造—生活世界の変化のなかで」日本学校教育学会『学校教育研究』No.8，1993.

堀田竜次・假屋園昭彦・丸野俊一「道徳の授業における対話活動が道徳性の変容に及ぼす効果」鹿児島大学教育学部『鹿児島大学教育学部実践研究紀要』Vol.17，2007.

松山一樹「対話型鑑賞法による鑑賞授業の可能性を探る—対話授業による学習効果を検証する」美術教育学会『美術教育』290号，2007，pp.52-54.

見附陽介「M.M.バフチンの対話理論における人格とモノの概念」スラブ・ユーラシア研究センター『スラヴ研究』No.56，2009.

宮崎清孝「授業はどんな意味で対話足り得るのか—バフチンの対話論から」慶応義塾大学出版会『教育と医学』685号，2010，pp.62-69.

村田康常「哲学的人間学を学ぶ試み—絵本を用いた対話型授業—」名古屋柳城短期大学『名古屋柳城短期大学研究紀要』第34号，2012.

村松賢治「モノローグ型話し言葉からの脱却の必要」日本国語教育学会『国語教育』No.313，1998.

室靖「新しい国際理解教育としての開発教育」帝塚山学院大学国際理解研究所『国際理解』第12号，1980.

茂木和行「ソクラテスのカフェ—対話型授業への挑戦」聖徳大学『聖徳の教え育てる技能』第1号，2006，pp.101-125.

森脇健夫「「学びの協同化」の観点から見る戦後社会科実践史」臼井嘉一監修『戦後日本の教育実践—戦後教育史像の再構築をめざして—』三恵社，2013.

山岸みどり「異文化間リテラシーと異文化間能力」異文化理解教育学会『異文化理解教育』Vol.11，1997.

山西優二「参加型学習」日本国際理解教育学会編『現代国際理解教育事典』明石書店，2012.

山西優二「エンパワーメントの視点からみた日本語教育—多文化共生に向けて—」異文化理解教育学会『日本語教育』155号，2013.

山元悦子「対話能力の育成を目指して—基本的考え方を求めて—」福岡教育大学国語

科・福岡教育大学附属中学校著『共生時代の対話力を育てる国語教育』明治図書，1997.

横田和子「ことばの豊饒性と国際理解教育」日本国際理解教育学会『国際理解教育』Vol.14，2008，pp.46-63.

横田和子「葛藤のケアからみる国際理解教育の課題」日本国際理解教育学会『国際理解教育』Vol.17，2011.

吉崎静夫「授業の構造と設計」安彦忠彦・児玉邦宏・藤井千春・田中博之編著『よく分かる教育原論』ミネルヴァ書房，2012.

吉村巧太郎「グローバル社会における市民的資質」日本グローバル教育学会『グローバル教育』Vol.8，2005.

吉村雅仁「国際理解教育としての外国語授業」日本国際理解教育学会『国際理解教育』Vol.16，2010，pp.57-66.

米田伸次「「平和の文化」の創造にむけて」帝塚山学院大学国際理解研究所『国際理解』30号，1999.

米田伸次「国際化に対応した教育のこれまでとこれから」図書文化社『指導と評価』Vol.158-No.688，図書文化，2000.

和井田清司「探求型ディベート学習の理論と実践」武蔵大学『武蔵大学教職課程研究年報』27号，2013.

若井彌一「大学における教員養成と教員免許制度の改革方向」若井彌一編著『教員の養成・免許・採用・研修』教育開発研究所，2008.

渡邊あや「フィンランドにおける言語活動充実のための取組」山形県教育センター編『山形教育』No.360，2011，pp.14-17.

おわりに

　本書は、兵庫教育大学大学院連合学校教育研究科に提出した博士論文「グローバル時代の対話型授業の研究」（2016年3月に「博士（学校教育学）取得」）に加筆・修正を行ったものである。

　筆者は、東京都葛飾区の小学校教員、私立目白学園中学・高校教員として、24年間にわたり勤務した。この間、クウェート日本人学校、ブラジル・ベロオリゾンテ補習授業校、カナダ・バンクーバーの高校にも勤務してきた。東京都から派遣され上越教育大学大学院で、村田貞雄先生、若井彌一先生、西穣司先生等の薫陶を得て、修士論文「国際理解教育の基礎的研究〜わが国の教科書分析を中心として〜」を執筆した。

　小・中・高の教師時代の体験が子供たちの潜在能力・可能性への信頼を信念とさせた。上越教育大学大学院で指導を受けた先生方、また「華の3期生」と呼称された、近藤護、小室哲範、瀬戸健氏たち個性豊かで優秀な院生時代からの仲間との交流が、理論と実践の融合の重要性を感得させてくれた。

　日本国際理解教育学会と日本学校教育学会、グローバル教育学会、異文化間教育学会等の学会に所属し、さまざまな研究分野の多くの研究者・実践者と交流できたことは、グローバル時代の教育、学校教育における「対話の活用」について研究を深める契機となった。スキル教育研究会（現共創型対話学習研究会）の仲間たちと実践研究を継続し、また、全国各地を訪ね、授業を参観し、ときには自身で授業を行い、また教師たちと語り合った日々は、発見・気づき・感動に満ち、教育実践の深遠さを実感させてくれた。

　いつの頃からか、自分が探究していく場所を発見したと思えた。多くの教育実践の場に参加してきた。そこから得られるものは、学問といえるような

ものではなく、体系化することもできないけれども、そこには筆者を夢中にさせる真実があり、陶酔させるものがあった。現実と学問との間にある、不思議な、そして感動に満ちた領域へ入っていったことを感得していた。国際理解教育研究で追究してきたグローバル時代の人間形成と学校教育における対話の活用を関連させ、理論と実践を融合しつつ「事実として学習者が学びの喜びを実感しつつ、自己成長していく」授業を探究していきたいと考えはじめた。

　その思いを具現化し、兵庫教育大学大学院連合学校教育研究科に論文を申請することができ、本書が刊行できるのは、長い年月を振り返れば、ご指導・啓発してくださった方々のご支援によるものであると改めて気がつく。ご厚意に深く感謝し、お礼を申し上げたい。

　4年前、西村公孝先生（鳴門教育大学大学院教授）のすすめで、これまでの実践研究・理論研究の集大成として、博士論文に取り組むことにした。躊躇していた筆者に、西村先生は、研究者として博士論文を書くことの意義を熱心に語ってくださった。この先生のご厚情に背中をおされ、気後れしつつ、博士論文に取り組む決意をした。

　しかし、厳しい年月であった。論文の構想づくりに呻吟し、深まりのない文章記述に、自己の非才さを痛感させられた。先行きが見通せず、疲れ果て、「あきらめよう」と思うときも一度ならずあった。「グローバル時代の人間形成」「対話」や「対話型授業」に関するさまざまな言説を考察し、分析・整理・集約することには、激しい吹雪の中で高き峰を這い上がるような困難さがあった。広く深い雪原に喘ぎ、超えねばならぬ、そそり立つ岸壁に怯んだ。そうした中でフツフツと沸き上がってきたのは「荒ぶる魂」であった。教育の実践・理論研究の仲間達に、多くの教え子達に誇れる自分の生き方をしたい。その思いが前に進む活力を蘇らせてくれた。何よりも、折にふれ、はげまし、支援してくれた仲間たちがいたことが、困難さを打破する活力となった。

　主指導教員（主査）として梅野正信先生（上越教育大学大学院教授）にご指導いただけたことは僥倖であった。構想から提出に至る過程で、行き詰まる

たびに、適切な教示をいただき、すすむべき方向を助言してくださった。ある一日、先生は研究室で、年長者が自己の集大成としての博士論文を書くことの意義をしみじみと語ってくださった。先生の折々の励ましに勇気づけられてきた。先生の温かな、そして厳しいご指導なくして博士論文を書き上げることはできなかった。また、審査にあたっていただいた安藤知子先生（上越教育大学大学院教授）、林　泰成先生（上越教育大学大学院教授）、越　良子先生（上越教育大学大学院教授）、西村公孝先生（鳴門教育大学大学院教授）に深く感謝申し上げます。

　博士論文の執筆は、教育における理論と実践との往還・融合の有効性を確認させてくれた。当初、焦りから先行研究の収集と列記に意を注いでいたが、それは研究史の記述であり、論文とはいえないと気づかされた。先達たちの論考を読み、博士論文には、学的世界に新たな地平を開拓する意味がなければならず、新たな思考を生み出す要件は、あくまで独創性であるとの考えに至った。

　他の追随でない、自分独自の着想を納得してもらうためには、先行研究の考察・分析が必要である。それにより自己の論文の意義・位置づけが明確にされる。また、先行研究の精緻な分析と整理により、独創はやせた線のようなものでなくなり、ふっくらした幹になることに気づいた。爾来、対話、対話型授業に関する文献・論文を収集し、読破し、そこから得たさまざまな言説を、整理し、系統づけるため、浮遊型思索を繰り返しながら自分なりの理論構築を志向した。

　佐藤学先生（学習院大学教授）の「学びの共同体」に関わる言説は、本書の「対話型授業」研究の基調であった。佐藤先生のほぼすべての文献を読んだ。付箋をつけ、啓発される文章は書き写した。付箋だらけの本が書架にならんだ。その作業により自己の対話論・授業論の骨格を形成することができた。佐藤学先生の研究室を訪れ、直接指導を受け、多数の著書をいただき、また盟友の諏訪哲郎先生（学習院大学教授）と3人で、度々目白駅近くの居酒屋や寿司屋で語り合うことができた。そこでの談義もまた、対話研究を深める貴重

な契機となった。

　研究には、時間が必要なことも知った。ひとつの着想は、そのままでは意味をもたない。さまざまな資料・情報によって、着想は徐々に膨らみはじめる。これがしっかりした構想になるためには、混合・醸成の「とき」がいる。平面的・量的なまとめでなく、立体的な構想にするためには、整理・統合・昇華が必要であり、時間がかかる。優れた論文の書き手が長い時間を必要とした理由を知る思いがした。

　大学の役職をもつ教員としての業務を遂行しつつ博士論文に対するのは厳しいことであった。次々と難題が起き、その解決に心を乱され、時間を奪われることは辛いことであった。しかし、あるときはっと気づいた。教育現場の教師達は、こうした多忙かつ心理的圧迫の多い日々の中で、教育実践の高みを希求している。そのことに思いを馳せれば、この日々の中で論考を記すことにこそ自分らしさがあると。

　この間、大学での業務を支援し、また折に触れ研究室を訪ね、語り合ってくれた目白大学児童教育学科の田尻信壹先生、中山博夫先生、山本礼二先生はじめ、仲間たちに心から感謝したい。平野めぐみ、内橋美佳、福井夏海峯村恒平、江川あゆみの歴代の助手さんたち、また助教の秋元香菜子さんのそこはかとない支援は、しみじみとうれしく、論文執筆の勇気を与えて頂いた。ありがとうございました。

　大学・大学院のゼミ生をはじめとする教え子たちとの交流は至福のときであった。卒論・修論指導、進路指導をした。しかし、彼らからも人間としての貴重なものを数多く得させてもらった。教え子たちとの交流は、自身の教師としての使命感、自信と勇気を喚起させる源泉であった。

　理論と実践とのの往還・統合は博士論文「グローバル時代の対話型授業の研究」の基本テーマであった。教育実践者が、分析・考察が不十分な学術用語に依拠して実践を創ることには、皮相的・形式的な実践に陥る危惧がある。理論の限定的性格を理解し、理論をうまく活用する力を育むことが望まれる。他方、教育分野の理論研究がときとして形式・作法重視、模倣的であり、真

おわりに　269

に創造的でないと批判されるのは、現実の教育現場の実相との隔離に原因があるのではなかろうか。

　実践研究の対象校は7校であったが、執筆までの期間、できる限り、全国各地の学校を訪問し、先生方と語り合ってきた。多くの学校では、授業の構想段階・授業参観・事後の検討会に観察・分析者としてではなく、共創者として参加してきた。

　教育実践現場で教師達と実践研究を共にしていると、何気ない、ささいな活動に深い意味を見出すことがある。思いもかけない気づき、発見がある。同じ学校の実践研究に数年にわたり参加してくると、汗のにおいのする、地道な実践が、豊かな果実を実らせていくことに気がつく。それは子どもたちの成長であり、教師たちの驚くような教育実践力の向上に具現化されていく。

　その成長・向上の大きな契機は理論研究と実践研究との往還・融合にある。対話論や授業論などの理論研究の成果を活用することは教師の認識を深め、学習者の多様な意見・発想を受けとめる教育活動を創造させる。他方、実践現場から生起する多彩な実践知を受け入れることにより，理論研究は新たな知的世界を拓いていくことができる。

　いま必要なのは、実践から生起する事実を編み直し理論化し、他方、理論研究が提示する言説や用語について、考察・分析・翻訳し実践研究に資する、実践と理論を橋渡しする研究である。これが、博士論文の執筆から得た考えであり、今後も自己の課題と自覚していることである。

　教員生活を振り返ると実に多くの先生方に出会い、グローバル時代の教育や、学習論、対話論についてご指導・ご示唆をいただいた。

　日本学校教育学会の仲間たちであり、目白大学退職の記念誌ともいうべき『教育のいまとこれからを読み解く』(教育出版、2016) の編著者であった和井田清司先生（武蔵大学教授）、佐々木幸寿先生（東京学芸大学教授）、金井香里先生（武蔵大学教授）、黒田友紀先生（日本大学准教授）、北田佳子先生（埼玉大学准教授）、青木一先生（信州大学准教授）、国際理解教育研究の先達米田伸次先生、柔軟な発想でいつも新たな方向を示してくれた山西優二先生（早稲田大学教授）、質的研究について示唆してくれた成田喜一郎先生（東京学

芸大学大学院教授)、広い視野から啓発してくれた森茂岳雄先生（中央大学教授)、国際理解の基盤について語り合った釜田聡先生（上越教育大学大学院教授)、安藤雅之先生（常葉大学大学院教授)、共創型対話学習研究所の実践研究の仲間たち、池田康文、米澤利明、今田晃一、山崎滋、澤井史郎、山本幸子、保坂一仁、荒川景子、石田好宏、小嶋祐伺郎、川口修、鹿野啓文、久保田一志、田川寿一、白石邦彦、坂村昭博、淵脇泰夫、守内映子、幸田隆、湯沢卓、手島利夫、西尾恵理子、原梨絵、堀内正樹、山口修司、丸茂哲雄、宮地敏子、山内隆之、善元幸夫、正木亨、熊谷尚、荒川仁美、松岡祐子、多田亮介の各先生等々、励まし、支援してくださった多くの方々に記して謝意を表したい。

この20余年間、全国各地の学校を訪問し対話型授業の実践研究に参加してきた。北海道、青森県、山形県、宮城県、東京都、埼玉県、千葉県、群馬県、栃木県、神奈川県、山梨県、静岡県、新潟県、滋賀県、兵庫県、鳥取県、山口県、高知県、長崎県、沖縄県宮古島市には3〜5年間継続して訪問し、島根県には10余年にわたり毎年2〜3回は招聘を受け、授業作りに参画してきた。

国立大学の附属校では、秋田大学附属小、福島大学附属小、宇都宮大学附属中、茨城大学附属中、富山大学附属小、滋賀大学附属小、金沢大学附属小、大阪教育大学附属池田（中・高)、奈良教育大学附属中、神戸大学附属住吉中等学校、岡山大学附属（幼・小・中)、広島大学附属（小・中・高)、愛媛大学附属小、上越教育大学附属（小・中)、東京学芸大学附属竹早園（幼・小・中)の実践研究に、大半の学校では、3年以上継続して関わってきた。

2017年度に至り、ついに全国の都道府県すべての学校を訪問できた。こうした全国各地の学校の授業づくりに、共創者として参加し，先生方と率直な語り合いをしてきたことが、筆者の教育実践研究に広がりと厚みをもたらしてくれた。

10余年にわたり兼任講師を務めた、立教大学大学院の科目「国際理解教育研究」の履修生のみなさんとの知的対話が、創意・発見・気づきの豊潤な時空であったことも記しておきない。

おわりに　271

　博士論文提出後1年半が過ぎ、今後探究していきたい新たな研究課題が集約されてきた。いま、課題と自覚しているのは、第1は、「間」と「場」の考察である。対話では、多様な対象との「間」と「場」の在り方が大きな意味をもつ。

　「間」を形成するものは「境界」であろう。対話における境界とは、壁や直線で分離されるものではない。相互浸透を可能とする点線により、仕切られ、またその点線自体も動的であることが、対話の意義を有用ならしめる。異なる存在との「動的な境界への眼差し」をもち、相互浸透への「場」をつくることが重要と思える。

　こうした考えから、自己・他者・対象との対話をつくる「間」「場」の在り方の考察が、対話型授業の探究に必要と考え始めている。

　第2の課題は「深い思考力」の育成である。現代の社会における深刻な問題は、「浅さ」にあると考える。皮相的な人間関係、気楽さをよしとする軽薄な会話、自分をごまかし表面上体裁を繕ったりする悲しむべき傾向、本質を見てとろうとしない浅薄な見方・考え方が青少年の世界に蔓延しているように思えてならない。多様な文化や価値観をもつ、他者と共生・共存・共創していくためには、深い思考力、深い響感力、深い対話力、などの「深さ」が必要ではなかろうか。

　対話型授業の意義は、一人ひとりの学習者が、思考を深めることにある。深い思考力は、ものごとを、多角的、多面的、多層的に見たり、考えたりすること、自分とは異なる発想、感覚などを拒否せず、むしろそのよさに興味をもち、それを生かそうとすることにより培われる。対話型授業において「深い思考力」を育むための要件を多くの実践研究仲間と探究していきたいと思っている。

　最後に私ごとではあるが、家族への感謝も述べておきたい。精神的支えであり、論文の構成・文章の推敲の相談相手・支援者であった妻、小学校教員となった息子、ドッグセラピーの普及活動に取り組む娘、そして3人の孫たち、この家族の支えにより、苦境を乗り越え、知的世界への旅を歩み続けること

ができた。ありがとう。

　対話型授業の普及・発展を願う筆者にとって、本書が刊行されることは、やはり嬉しいことであった。本書刊行を快く引き受けてくださり、懇切な対応をいただいた株式会社東信堂、下田勝司社長に心からの感謝を申し上げたい。ありがとうございました。

　2017 年 9 月　柴犬龍之介と爽やかな風が流れゆく、初秋の木立の中を歩きつつ

多田　孝志

〈追　補〉

　博士論文提出後も、教育の理論と実践の融合を目指し、本研究で提唱した
「グローバル時代の対話型学習」の学習論を学校での実践研究へと援用する
ため、全国各地の学校での協同研究を展開してきた。その中で、博士論文の
調査対象校のその後の研究の進展について、平成28年度の各学校の研究紀
要の記述、また各校を訪問しての先生方との対話から、概要を記しておく。

　○　金沢大学附属小学校
　研究テーマ「考える子を育む―問いのつながる授業―」。思考の深化を、
①対象と向き合い、自ら働きかけることにより、自分の問いを持つ姿、②自
分の問いを言葉にして伝える姿、③他者の思いや考えに興味をもち、問うこ
とで理解を深めようとする姿（共感的理解）、④簡単に分かったことにしてし
まわず、多角的な視点から問いつづける姿、⑤問いに向き合い、協働解決し
ていく姿（論理的な練り上げ）と捉える。
　「考えを深める子　学ぶ楽しさを味わう授業」を目指す。「考える子と
は、新たに得た情報や知識を既有の知識と関連づけて思考・表現する子」と
し、・多角的な視点からさまざまな関係の中で対象をとらえ直し、見えてい
ないことまで推論する子、・解決したことや学んだことを、さまざまな場で
用いる子、自分の考えを他者と分かち合い、深めたり広げたりする子、とし、
実践研究を継続している。

　○　秋田大学教育文化学部附属小学校
　研究主題「仲間と共につくる豊かな学びⅡ―新たな価値を創造する『対話』
を目指して」、対話型授業研究の発展として「思考をアクティブにする」を
目指して実践研究を進める。3年間にわたる対話型授業研究を基盤に、対話
を活用した教科の本質に迫る実践研究を展開している。各教科ごとに、教科
のねらいを高次に達成させるための対話の活用方法を探究する。共通課題と

して、子供たちが生き生きと考え、思考を深めていく、アクティブな思考を生起させるため、重層的、多角的見方・考え方ができるような学習方法を開発している。

○ 東京都瑞穂町立瑞穂第五小学校

ふるさと学習「みずほ学」の探究、「関わる」「知る」「体験する」をキーワードにふるさとの自然・文化を知る学習、地域の人々と関わりをもつ学習を展開する。

対話を活用した授業研究の継続により多様な人々との関わりにおいて「対話」の活用が有効であることが明らかになった。

また、自然豊かな地域の特性の生かし「対象・材」をしっかり見つめ合い、また感じとる現場性や身体性による「感性を重視」した対話を活用してきた。さまざまな対象との関わりに対話が有用に機能していることも明らかにしてきた。これらの成果を生かし、持続可能な開発のための教育の実践研究に取り組んでいる。

○ 東京都文京区立千駄木小学校

「通じ合い、響き合い、創り合う対話力の育成〜子供たちが夢中になり語り合う対話型授業を目指して〜」を研究テーマとした、「深い対話力」を高める対話型授業の探究、このための日常的指導、授業中の具体的手立て、教師の見取り、自己内対話と他者との対話の往還、各教科の特色を生かした指導法などを研究している。

「話し合い」を活発にすることができるようになったが、内容を深めるということについては、不十分なところがあるとの教師集団の認識にたち、積極的に自分の意見を伝えたり、多角的に物事を考えたりすることができるように具体的な指導法の開発研究を継続している。

○ 東京都江東区立八名川小学校

「ESD の理論と実践〜対話による学びの深化」をテーマに対話型授業の実

践的研究を継続する。目指す児童像を「グローバル時代を生き抜くために困難な問題に立ち向かい、さまざまな人々と力を合わせて解決し、より良い未来を創ろうと行動する子ども」とする。研究主題に迫る手立てとして、学習意欲を高めるため「学びに火をつける」を目指し、①問題に気付かせる。②火をつける。③テーマを決める、の過程を指導上明確にする。また、「考え方や学び方の軌跡が分かるもの」にするため、達成目標を明らかにし、（子どもにとっては学習問題）自分の成長や自分の意見、友達の意見が分かるようなワークシート等の工夫や学習の軌跡を作る。さらに、多様な方法や考え方、違う角度から見る学習を展開している。

○ 栃木県上三川町立明治南小学校
「グローバル時代の対話」の12の要件による実践研究を継続する。新たな取り組みとして、対話を基調とした算数の授業を通して、主体的、協調的、創造的な問題解決力の育成を目指し「学習者主体の授業」を実践研究している。
　このための具体的手立てとして、子供たちが思考を深める課題の設定、多様な対話形態の工夫、教師の見取りの重要性、既習事項の蓄積と活用（ノート指導等）、「比較する」「つなげる」「わける」などの、思考を深め・広げるためのキーワードの設定と活用などの具体的手立てを開発している。

事項索引

【あ行】

間 ··· 271
異文化間教育 ·············· 14, 24, 25, 28, 59, 265
エスノグラフィー ································ 16, 115

【か行】

海外・帰国子女教育 ································ 24
開発教育 ···························· 23-25, 28, 38
学習指導要領 ···························· 4, 10, 178
学習者主体の対話型授業 ········ 135, 250-252
拡張的学習 ·· 115
課題探求型学習 ···································· 88
活動理論 ·· 115
環境設定 ········ 57, 101, 105, 149, 151, 206, 231
関係性 ········ 35, 37-40, 45-48, 93-95, 105, 203,
235, 246, 250-252
感性 ··················· 39, 42, 78, 91-93, 100, 106
聴く ····· 69, 70, 79, 149-152, 160, 175, 235, 236
教育実践の分析 ······················ 112, 113, 115
共感・イメージ力 ····· 35, 39, 42, 45, 48, 68, 78,
79, 101, 104, 106, 196, 203, 246, 251
共生 ········· 26, 38, 40, 41, 43-47, 56, 58, 73, 74,
102-105, 203, 241, 246
共創 ········· 44-48, 64, 65, 67-69, 75, 96, 97, 99,
101-105, 203, 248-251
共創型対話 ································ 67, 68
協同・共創型教師 ···························· 249, 250
協同を原理とする学習論 ···················· 84-86

グローバル時代に対応した人間形成 ····· 3, 4, 46
グローバル時代の対話 ······16-18, 56, 58-60, 73,
75, 77-79, 84, 100, 102, 103, 106, 175,
202-204, 233, 234, 236, 238, 241, 242,
245-250
グローバル時代の対話型授業の要件 ····84, 213,
247
厳密性 ···································· 113, 202
合意形成 ·· 67
構成主義を原理とする学習論 ···················· 90
国語科教育 ·································· 8-11, 216
国際理解教育 ···························· 22-26, 28, 59
国立教育政策研究所 ·························· 33
混沌・混乱 ·········· 70, 105, 107, 120, 213

【さ行】

差異性 ···································· 100, 236,
参加型学習 ································ 88, 89
思考の深化・深い思考 ········· 38, 42, 102, 106,
164, 241, 242
自己変革・成長力 ······· 35, 38, 42, 68, 79, 100,
203, 235, 246
システム論 ································ 93-95
持続可能な開発のための教育 ···· 30-32, 35, 38,
43, 90
実践研究 ·········v, 5-7, 10-18, 112-125, 131-143,
145, 147, 150-152, 154-161, 163-167,
169-179, 181-184, 192, 194, 195, 197,
202-208, 212-216, 231, 233, 234,

　　　　　236-238, 241-243, 245-248

実践知⋯⋯⋯ 16, 113, 155, 175, 194, 197, 242,
　　　　　246, 269

実践の中の知の生成⋯⋯⋯⋯⋯⋯⋯⋯⋯ 113

社会との関連を重視した対話⋯⋯⋯ 52, 55, 57

修養としての学び⋯⋯⋯⋯⋯⋯⋯⋯⋯ 86, 87

主体性・主体的行動力⋯⋯⋯⋯37-39, 41, 42,
　　　　　45-48, 104-106, 121

受容的能動性⋯⋯⋯⋯⋯⋯⋯⋯⋯ 101, 236

省察的実践研究⋯⋯⋯⋯⋯⋯⋯⋯⋯⋯⋯ 113

真の対話⋯⋯⋯⋯⋯⋯⋯⋯⋯⋯52-55, 66

青少年の内向き志向⋯⋯⋯⋯⋯⋯⋯⋯⋯⋯ 4

【た行】

対話型授業の実践的研究⋯⋯⋯⋯⋯⋯⋯ 112

対話型授業の特質⋯⋯⋯⋯⋯ 15, 104, 106, 245

対話型授業の要件⋯⋯⋯ 206, 207, 212, 213, 246

対話スキル⋯⋯⋯⋯⋯⋯⋯⋯⋯⋯⋯⋯⋯ 156

対話の概念⋯⋯⋯⋯⋯ 11, 60-63, 79, 226, 235

対話の基礎力⋯⋯⋯⋯⋯⋯⋯ 69, 70, 139, 206

対話の形態⋯⋯⋯⋯⋯⋯⋯⋯⋯⋯⋯ 60, 61

対話の類型⋯⋯⋯⋯⋯⋯⋯⋯⋯⋯⋯⋯⋯ 65

多重知能理論⋯⋯⋯⋯⋯⋯⋯⋯⋯⋯⋯⋯ 92

多文化共生社会⋯⋯⋯⋯⋯⋯⋯⋯ 74, 97, 241

多様性⋯⋯⋯ 28, 32, 33, 35, 39, 40, 45-48, 57, 58,
　　　　　74, 77, 92, 104-108, 120, 196, 203, 213,
　　　　　235-237, 241, 242, 246

地球市民教育⋯⋯⋯⋯⋯⋯⋯⋯⋯⋯⋯⋯ 27

沈黙⋯⋯⋯⋯⋯ 72, 76-80, 120, 196, 206, 213, 219

統合の思想⋯⋯⋯⋯⋯⋯⋯⋯⋯⋯⋯⋯ 96, 97

当事者意識⋯⋯⋯⋯⋯ 37, 41, 45-48, 68, 88, 203,
　　　　　235, 246

同僚性⋯⋯⋯⋯⋯⋯⋯⋯⋯⋯⋯ 99, 205, 249

【な行】

21世紀型能力⋯⋯⋯⋯⋯⋯⋯⋯⋯ 6, 33, 35-37

日本グローバル教育学会⋯⋯⋯⋯⋯⋯⋯⋯ 24

日本国際理解教育学会⋯⋯⋯⋯⋯⋯⋯ 24, 38

【は行】

話す⋯⋯⋯⋯⋯⋯⋯⋯⋯⋯⋯⋯⋯ 70, 71, 79

反省的実践家⋯⋯⋯⋯⋯⋯⋯⋯⋯⋯⋯⋯ 114

非言語表現⋯⋯⋯⋯⋯ 71-73, 104, 106, 107, 120,
　　　　　196, 213

批判的思考⋯⋯⋯ 35, 37, 55, 58, 75, 98, 120, 197,
　　　　　235

不確実性・曖昧さ⋯⋯⋯ 77, 102, 103, 107, 236,
　　　　　237

複雑系の科学⋯⋯⋯⋯⋯⋯⋯⋯⋯⋯⋯ 95, 96

部分的真実⋯⋯⋯⋯⋯⋯⋯⋯⋯⋯⋯⋯⋯ 115

文化の多様性に関する世界宣言⋯⋯⋯⋯⋯ 25

【ま行】

未来志向性⋯⋯⋯⋯⋯⋯⋯⋯⋯⋯⋯⋯ 35, 38

物語り的探究⋯⋯⋯⋯⋯⋯⋯⋯⋯⋯⋯⋯ 116

【や行】

ユネスコ⋯⋯⋯⋯⋯⋯⋯⋯⋯ 23-25, 31, 38, 58

【ら行】

リフレクティビディア⋯⋯⋯⋯⋯⋯⋯⋯⋯ 118

理論研究⋯⋯⋯ 16-18, 22, 84, 85, 98, 125, 138,
　　　　　197, 202-207, 212, 213, 234, 235, 238,
　　　　　241, 242, 245-248

理論と実践の融合⋯⋯⋯⋯ 16, 27, 202, 265, 273

著 者

多田孝志（ただ たかし）

1945 年　山梨県生まれ
1969 年　東京学芸大学教育学部小学校教員養成課程卒業京都公立小学校教諭（〜 1993 年）
1976 年　在外教育施設 派遣教員　クウェート日本人学校（〜 1978 年）
1979 年　在外教育施設 派遣教員　ブラジル・ベロオリゾンテ補習授業校（〜 1982 年）
1987 年　上越教育大学大学院学校教育研究科学校教育専攻修士課程修了　教育学修士
1993 年　目白学園中学校・高等学校教諭（〜 1998 年）
　　　　　カナダ WEST VANCOUVER SECONDARY SCHOOL 教諭（〜 1994 年）
1998 年　青山学院女子短期大学部非常勤講師（〜 2012 年）
2001 年　目白大学助教授（2002 年同教授，2006 年同大学院教授〜 2016 年）
2005 年　立教大学大学院異文化間コミュニケーション研究科、兼任講師（〜 2016 年）
2007 年　東京大学教育学部非常勤講師（〜 2010 年）
2011 年　学習院大学文学部非常勤講師（〜 2016 年）
2016 年　博士（学校教育学）
2016 年　金沢学院大学文学部教授（現在に至る）

（専門） 国際理解教育　対話論

（学会活動等）
　日本学校教育学会（元会長　現常任理事）　日本国際理解教育学会（元会長，現顧問）
　日本グローバル教育学会（常任理事）、異文化間教育学会（名誉会員）
　共創型対話教育研究所所長

（主著）
『学校における国際理解教育』（単著　東洋館出版社　1997 年）
『地球時代の教育とは』（単著　岩波書店　2000 年）
『地球時代の言語表現』（単著　東洋館出版社　2003 年）
『対話力を育てる』（単著　教育出版　2006 年）
『共に創る対話力』（単著　教育出版　2009 年）
『授業で育てる対話力』（単著　教育出版　2011 年）
『グローバル時代の学校教育』（共編　三恵社　2013 年）
『持続可能性教育』（共著　教育出版　2015 年）
『未来を拓く児童教育学―現場性・共生・感性―』（共編　三恵社　2015 年）
『教育の今とこれからを読み解く 57 の視点』（共編　教育出版　2017 年）

グローバル時代の対話型授業の研究——実践のための 12 の要件——

2017 年 12 月 10 日　初　版第 1 刷発行　　　　　　　　　　　　　　　　　〔検印省略〕

＊定価はカバーに表示してあります。

著者 © 多田孝志　発行者 下田勝司

印刷・製本／中央精版印刷株式会社

東京都文京区向丘 1-20-6　郵便振替 00110-6-37828

〒 113-0023　TEL 03-3818-5521 (代)　FAX 03-3818-5514

株式
会社

発 行 所
東 信 堂

Published by TOSHINDO PUBLISHING CO., LTD.

1-20-6, Mukougaoka, Bunkyo-ku, Tokyo, 113-0023 Japan

E-Mail：tk203444@fsinet.or.jp　http://www.toshindo-pub.com

ISBN978-4-7989-1462-6　C3037　©TADA Takashi

東信堂

アメリカ公立学校の社会史
—コモンスクールからNCLB法まで
W・J・リース著／小川佳万・浅沼茂監訳　四六〇〇円

アメリカ 間違いがまかり通っている時代
—公立学校の企業型改革への批判と解決法
D・ラヴィッチ著／末藤美津子訳　三八〇〇円

教育による社会的正義の実現——アメリカの挑戦（1945-1980）
20世紀アメリカ教育史
D・ラヴィッチ著／末藤美津子訳　五六〇〇円

学校改革抗争の100年——20世紀アメリカ教育史
アメリカの挑戦
D・ラヴィッチ著／末藤・宮本・佐藤訳　六四〇〇円

アメリカ学校財政制度の公正化
竺沙知章　三四〇〇円

現代アメリカの教育アセスメント行政の展開
—マサチューセッツ州（MCASテスト）を中心に
北野秋男編　四八〇〇円

アメリカ公民教育におけるサービス・ラーニング
唐木清志　四六〇〇円

[増補版]現代アメリカにおける学力形成論の展開
石井英真　四六〇〇円

ハーバード・プロジェクト・ゼロの芸術認知理論とその実践
—内なる知性とクリエイティビティを育むハワード・ガードナーの教育戦略
池内慈朗　六五〇〇円

アメリカにおける学校認証評価の現代的展開
浜田博文編著　二八〇〇円

アメリカにおける多文化的歴史カリキュラム
—スタンダードに基づくカリキュラムの設計
桐谷正信　三六〇〇円

EUにおける中国系移民の教育エスノグラフィ
山本須美子　四五〇〇円

現代ドイツ政治・社会学習論
—「事実教授」の展開過程の分析
大友秀明　五二〇〇円

現代教育制度改革への提言 上・下
日本教育制度学会編　各二八〇〇円

現代日本の教育課題
—二一世紀の方向性を探る
村田翼夫・上田学編著　二八〇〇円

人格形成概念の誕生——近代アメリカの教育概念史
田中智志　三六〇〇円

社会性概念の構築——アメリカ進歩主義教育の概念史
田中智志　三八〇〇円

グローバルな学びへ——協同と刷新の教育
田中智志編著　二〇〇〇円

学びを支える活動へ——存在論の深みから
田中智志編著　二〇〇〇円

グローバリゼーションとカリキュラム改革
—海外研究者が見た「総合的な学習の時間」
L・マクドナルド／田中智志編著　二七〇〇円

グローバル時代の対話型授業の研究
多田孝志　二八〇〇円

社会形成力育成カリキュラムの研究
—実践のための12の要件
西村公孝　六五〇〇円

社会科は「不確実性」で活性化する
—未来を開くコミュニケーション型授業の提案
吉永潤　二四〇〇円

〒113-0023　東京都文京区向丘1-20-6
TEL 03-3818-5521　FAX 03-3818-5514　振替 00110-6-37828
Email tk203444@fsinet.or.jp　URL:http://www.toshindo-pub.com/

※定価：表示価格（本体）＋税

東信堂

附属新潟中式「3つの重点」を生かした確かな学びを促す授業
——教科独自の眼鏡を育むことが「主体的・対話的で深い学び」の鍵となる！
新潟大学教育学部附属新潟中学校　編著
柞磨昭孝　編著
二〇〇〇円

ICEモデルで拓く主体的な学び
——成長を促すフレームワークの実践
柞磨昭孝
二〇〇〇円

社会に通用する持続可能なアクティブラーニング
——ICEモデルが大学と社会をつなぐ
土持ゲーリー法一
二五〇〇円

ポートフォリオが日本の大学を変える
——ティーチング/ラーニング/アカデミック・ポートフォリオの活用
土持ゲーリー法一
二五〇〇円

ティーチング・ポートフォリオ——授業改善の秘訣
土持ゲーリー法一
二〇〇〇円

ラーニング・ポートフォリオ——学習改善の秘訣
土持ゲーリー法一
二五〇〇円

「主体的学び」につなげる評価と学習方法
——カナダで実践されるICEモデル
S・ヤング&R・ウィルソン著
土持ゲーリー法一〈訳〉
二〇〇〇円

溝上慎一 監修　アクティブラーニング・シリーズ（全7巻）

主体的学び　別冊　高大接続改革
主体的学び研究所編
一八〇〇円

主体的学び　創刊号
主体的学び研究所編
一八〇〇円

主体的学び　2号
主体的学び研究所編
一六〇〇円

主体的学び　3号
主体的学び研究所編
一六〇〇円

主体的学び　4号
主体的学び研究所編
一六〇〇円

主体的な学び
主体的学び研究所編
一八〇〇円

①アクティブラーニングの技法　授業デザイン
水戸部修治・畷永正朗編
一六〇〇円

②アクティブラーニングとしてのPBLと探究的な学習
成田秀夫編
一八〇〇円

③アクティブラーニングの評価
石井英真編
一六〇〇円

④高等学校におけるアクティブラーニング：理論編【改訂版】
松下佳代編
一六〇〇円

⑤高等学校におけるアクティブラーニング：事例編
溝上慎一編
一六〇〇円

⑥アクティブラーニングをどう始めるか
溝上慎一編
二〇〇〇円

⑦失敗事例から学ぶ大学でのアクティブラーニング
亀倉正彦
一六〇〇円

アクティブラーニングと教授学習パラダイムの転換
溝上慎一
二四〇〇円

大学のアクティブラーニング
河合塾編著
三二〇〇円

「学び」の質を保証するアクティブラーニング
——3年間の全国大学調査から
河合塾編著
三〇〇〇円

「深い学び」につながるアクティブラーニング
——全国大学の学科調査報告とカリキュラム設計の課題
河合塾編著
二八〇〇円

アクティブラーニングでなぜ学生が成長するのか
——経済系・工学系の全国大学調査からみえてきたこと
河合塾編著
二八〇〇円

〒113-0023　東京都文京区向丘1-20-6
TEL 03-3818-5521　FAX03-3818-5514　振替 00110-6-37828
Email tk203444@fsinet.or.jp　URL:http://www.toshindo-pub.com/

※定価：表示価格（本体）＋税

東信堂

多様性と向きあうカナダの学校
——移民社会が目指す教育　　児玉奈々　二八〇〇円

カナダの女性政策と大学　　犬塚典子　三九〇〇円

多様社会カナダの「国語」教育と大学（カナダの教育3）　　関口礼子編著・浪田克之介　三八〇〇円

21世紀にはばたくカナダの教育（カナダの教育2）　　小林順子他編著　二八〇〇円

ケベック州の教育（カナダの教育1）　　小林順子　二〇〇〇円

トランスナショナル高等教育の国際比較——留学概念の転換　　杉本均編著　三六〇〇円

チュートリアルの伝播と変容——イギリスからオーストラリアの大学へ　　竹腰千絵　二八〇〇円

[新版]オーストラリア・ニュージーランドの教育
——グローバル社会を生き抜く力の育成に向けて　　青木麻衣子・佐藤博志編著　二〇〇〇円

戦後オーストラリアの高等教育改革研究　　杉本和弘　五八〇〇円

オーストラリアのグローバル教育の理論と実践
——開発教育研究の継承と新たな展開　　木村裕　三六〇〇円

オーストラリアの教員養成とグローバリズム　　本柳とみ子　三六〇〇円

オーストラリア学校経営改革の研究
——自律的学校経営とアカウンタビリティ　　佐藤博志　三八〇〇円

オーストラリアの言語教育政策
——多文化主義における「多様性と」「統一性」の揺らぎと共存　　青木麻衣子　三八〇〇円

英国の教育　　日英教育学会編　三四〇〇円

イギリスの大学——対位線の転移による質的転換　　秦由美子　五八〇〇円

統一ドイツ教育の多様性と質保証——日本への示唆　　坂野慎二　二八〇〇円

ドイツ統一・EU統合とグローバリズム
——教育の視点からみたその軌跡と課題　　木戸裕　六〇〇〇円

教育における国家原理と市場原理
——チリ現代教育史に関する研究　　斉藤泰雄　三八〇〇円

中央アジアの教育とグローバリズム　　嶺井明・川野辺敏編著　三二〇〇円

インドの無認可学校研究——公教育を支える「影の制度」　　小原優貴　三三〇〇円

タイの人権教育政策の理論と実践
——人権と伝統的多様な文化との関係　　馬場智子　二八〇〇円

バングラデシュ農村の初等教育制度受容　　日下部達哉　三六〇〇円

マレーシア青年期女性の進路形成　　鴨川明子　四七〇〇円

東アジアにおける留学生移動のパラダイム転換
——大学国際化と「英語プログラム」の日韓比較　　嶋内佐絵　三六〇〇円

〒113-0023　東京都文京区向丘 1-20-6
TEL 03-3818-5521　FAX 03-3818-5514　振替 00110-6-37828
Email tk203444@fsinet.or.jp　URL:http://www.toshindo-pub.com/

※定価：表示価格（本体）＋税

東信堂

放送大学に学んで
—未来を拓く学びの軌跡
放送大学中国・四国ブロック学習センター編 … 二〇〇〇円

ソーシャルキャピタルと生涯学習
J・フィールド 矢野裕俊監訳 … 二五〇〇円

成人教育の社会学—パワー・アート・ライフコース
高橋満編著 … 三二〇〇円

NPOの公共性と生涯学習のガバナンス
高橋満 … 二八〇〇円

コミュニティワークの教育的実践
高橋満 … 二〇〇〇円

学級規模と指導方法の社会学
—実態と教育効果
山崎博敏 … 三二〇〇円

高等専修学校における適応と進路
伊藤秀樹 … 四六〇〇円

「夢追い」型進路形成の功罪
—後期中等教育のセーフティネット
荒川葉 … 二八〇〇円

進路形成に対する「在り方生き方指導」の功罪
—高校進路指導の社会学
望月由起 … 三六〇〇円

教育から職業へのトランジション
—若者の就労と進路職業選択の社会学
山内乾史編著 … 二六〇〇円

教育と不平等の社会理論
—再生産論をこえて
小内透 … 三二〇〇円

マナーと作法の社会学
加野芳正編著 … 二四〇〇円

マナーと作法の人間学
矢野智司編著 … 二〇〇〇円

〈シリーズ 日本の教育を問いなおす〉

拡大する社会格差に挑む教育
西村和雄・大森不二雄編 … 二四〇〇円

混迷する評価の時代
—教育評価を根底から問う
倉元直樹・木村拓也編 … 二四〇〇円

教育における評価とモラル
西村和雄・大森不二雄・倉元直樹・木村拓也編 … 二四〇〇円

《大転換期と教育社会変革構造：地域社会変革の学習社会論的考察》
戸瀬信之編

第1巻 教育社会史
—日本とイタリアと
小林甫 … 七八〇〇円

第2巻 現代的教養I
—生活者生涯学習の地域的展開
小林甫 … 六八〇〇円

第2巻 現代的教養II
—技術者生涯学習の生成と展望
小林甫 … 六八〇〇円

第3巻 学習力変革
—社会構築と地域自治と
小林甫 … 近刊

第4巻 社会共生力
—東アジアと成人学習
小林甫 … 近刊

〒113-0023　東京都文京区向丘1-20-6　　TEL 03-3818-5521　FAX03-3818-5514　振替 00110-6-37828
Email tk203444@fsinet.or.jp　URL·http://www.toshindo-pub.com/

※定価：表示価格（本体）＋税

東信堂

- 大学の自己変革とオートノミー —点検から創造へ　寺﨑昌男　二五〇〇円
- 大学教育の創造 —歴史・システム・カリキュラム　寺﨑昌男　二五〇〇円
- 大学教育の可能性 —教養教育・評価・実践　寺﨑昌男　二五〇〇円
- 大学は歴史の思想で変わる —FD・評価・私学　寺﨑昌男　二八〇〇円
- 大学改革 その先を読む　寺﨑昌男　一三〇〇円
- 大学自らの総合力 —理念とSD そしてSD　寺﨑昌男　二〇〇〇円
- 大学自らの総合力II —大学再生への構想力　寺﨑昌男　二四〇〇円
- 21世紀の大学：職員の希望とリテラシー　寺﨑昌男・立教学院職員研究会　編著　二五〇〇円
- ミッション・スクールと戦争—立教学院のディレンマ　老川慶喜・前田一男編　五八〇〇円
- 一貫連携英語教育をどう構築するか—「道具」としての英語観を超えて　鳥飼玖美子編著　一八〇〇円
- 英語の一貫教育へ向けて　立教学院英語教育研究会編　二八〇〇円

- 大学評価の体系化　大学基準協会編　三二〇〇円
- 高等教育の質とその評価 —日本と世界　山田礼子編著　二八〇〇円
- アウトカムに基づく大学教育の質保証 —チューニングとアセスメントにみる世界の動向　深堀聰子　三六〇〇円
- 高等教育質保証の国際比較　羽田貴史・杉本和弘編　三六〇〇円
- 学士課程教育の質保証へむけて —学生調査と初年次教育からみえてきたもの　山田礼子　三二〇〇円
- 新自由主義大学改革 —国際機関と各国の動向　細井克彦編集代表　三八〇〇円
- 新興国家の世界大学戦略 —世界水準大学をめざすアジア・中南米と日本　米澤彰純監訳　四八〇〇円
- 東京帝国大学の真実　舘昭　四六〇〇円
- 日本近代大学形成の検証と洞察　舘昭　二〇〇〇円
- 原理・原則を踏まえた大学改革を —場当たり策からの脱却こそグローバル化の条件　舘昭　二八〇〇円
- 学生支援GPの実践と新しい学びのかたち —学生支援に求められる条件　清水栄子・浜島幸司・大野勇人　二八〇〇円
- アカデミック・アドバイジング その専門性と実践 —日本の大学へのアメリカの示唆　清水栄子　二四〇〇円

〒113-0023　東京都文京区向丘1-20-6　　TEL 03-3818-5521　FAX03-3818-5514　振替 00110-6-37828
Email tk203444@fsinet.or.jp　URL:http://www.toshindo-pub.com/

※定価：表示価格（本体）＋税